Das Buch

Immer wieder auftretende Reproduktion von Vorurteilen
findet man nicht nur am rechten Rand des politischen
Spektrums. Mit der Zusammenfassung neuerer Arbeiten
zur Vorurteilsforschung geht es Wolfgang Benz darum, den
Bogen vom historischen Vorurteil zu aktuellen Feindbildern
zu schlagen. Denn »das negative Fremdbild steht am Anfang der agierten Feindseligkeit, wie sie als individuelles
fremdenfeindliches Delikt, als gemeinsamer Angriff gegen
stigmatisierte Minderheiten, als kollektive Raserei gegen
Fremde bis hin zum organisierten und geplanten Völkermord zum Ausdruck kommt«. Dabei dient das Phänomen
des Antisemitismus, »das wohl älteste soziale und politische Vorurteil überhaupt«, als Paradigma für die Ausgrenzung von Minderheiten in Vergangenheit und Gegenwart.

Der Autor

Wolfgang Benz ist Leiter des Zentrums für Antisemitismusforschung an der TU Berlin und Autor und Herausgeber
zahlreicher Veröffentlichungen zur Zeitgeschichte.

Wolfgang Benz

Feindbild und Vorurteil

Beiträge über Ausgrenzung und Verfolgung

Deutscher
Taschenbuch
Verlag

Von Wolfgang Benz
sind im Deutschen Taschenbuch Verlag erschienen:
Potsdam 1945 (4522)
Die Gründung der Bundesrepublik (4523)

Von Wolfgang Benz herausgegeben:
Antisemitismus in Deutschland (4642)
Legenden, Lügen, Vorurteile (4666)
Dimension des Völkermords (4690)

Von Wolfgang Benz und Barbara Distel herausgegeben:
Die Dachauer Hefte
1: Die Befreiung (4606)
2: Sklavenarbeit im KZ (4607)
3: Frauen. Verfolgung und Widerstand (4608)
4: Medizin im NS-Staat. Täter, Opfer, Handlanger (4609)
5: Die vergessenen Lager (4634)
6: Erinnern oder Verweigern (4635)
7: Solidarität und Widerstand (4667)
8: Überleben und Spätfolgen (4705)
Die Reihe wird fortgesetzt.

Originalausgabe
Juni 1996
© Deutscher Taschenbuch Verlag GmbH & Co. KG, München
Umschlaggestaltung: Dieter Brumshagen unter
Verwendung eines Photos von Gerhard Gäbler
Gesetzt aus der Sabon 10/12˙ (Winword 6.0)
Gedruckt auf säurefreiem, chlorfrei gebleichtem Papier
Gesamtherstellung: C. H. Beck'sche Buchdruckerei, Nördlingen
Printed in Germany · ISBN 3-423-04694-5

Inhalt

Vorwort   7

1. Fremdenfeindlichkeit als Vorurteil und
politische Aggression   9

2. Vorurteil und Erinnerung
Der Krieg gegen die Sowjetunion im Bewußtsein
der Deutschen 20

3. Flucht und Vertreibung
Zur politischen Instrumentalisierung von
Feindbildern 48

4. Die Bundesrepublik im Kalten Krieg 64

5. Von der »Judenfrage« zur »Endlösung«
Zur Geschichte mörderischer Begriffe 89

6. Die Aktualität des Vorurteils
Antisemitische Stereotype in Deutschland 115

7. Vorurteil und Realität
Das Lager Marzahn: Nationalsozialistische
Verfolgung der Sinti und Roma und ihre anhaltende
Diskriminierung 139

8. Mythos und Vorurteil
Zum modernen Fremdbild des Zigeuners 170

9. Wiederbelebter Antisemitismus in Osteuropa . . . 195

Nachweise 218

Vorwort

Vorurteile spielen im privaten Alltag wie im öffentlichen Leben die Rolle von Katalysatoren für individuelle und kollektive Frustrationen und Aggressionen. Vorurteile verdichten sich zu Feindbildern, die als Bestandteile politischer Ideologien instrumentalisiert werden können. Das negative Fremdbild steht am Anfang der agierten Feindseligkeit, wie sie als individuelles fremdenfeindliches Delikt (gegen Ausländerunterkünfte in direkter Konfrontation, aber auch beiläufig), als gemeinsamer Angriff gegen stigmatisierte Minderheiten (Pogrom), als kollektive Raserei gegen Fremde (wie im September 1992 in Rostock geschehen) bis hin zum organisierten und geplanten Völkermord zum Ausdruck kommt.

An historischen und aktuellen Beispielen sollen im folgenden diese Funktionen und Wirkungen verdeutlicht werden. Fremdenfeindliche Konstrukte aus tradierten Vorurteilen und instrumentalisierten Feindbildern gehörten beim Überfall auf die Sowjetunion zur Ausrüstung wie im Kalten Krieg nach 1945 zum Waffenarsenal, sie bildeten auch einen wesentlichen Teil der Motivation bei der Vertreibung der Deutschen aus den Ostgebieten und benachbarten Siedlungsräumen. Alte und neue antisemitische Stereotype, die die Ausgrenzung und Vernichtung von Menschen vorbereiteten und ermöglichten – die semantische Grundlegung des Völkermords erfolgte durch Begriffsbildungen wie »Judenfrage« und »Endlösung« –, gehören ebenso in das Untersuchungsspektrum wie literarische Traditionen und Denkstrukturen der Verweigerung gegenüber den »Zigeunern«. Daß die Mythologisierung die mörderische Realität von Auschwitz überdauerte, läßt sich am Schicksal der Sinti und Roma ebenso demonstrieren wie am Fort- und Wiederaufleben der Judenfeindschaft, nicht nur in Osteuropa.

Die in diesem Band versammelten Studien sind aus unterschiedlichem Anlaß entstanden, aber sie sind zusammengehörende Elemente und Ergebnisse interdisziplinärer Arbeit auf dem Feld der Antisemitismusforschung, die sich versteht als vom Phänomen der Judenfeindschaft ausgehende Vorurteilsforschung im weiteren Sinne, die alle Minderheiten einbezieht. Antisemitismus als das wohl älteste soziale und politische Vorurteil überhaupt, das im 20. Jahrhundert im millionenfachen Völkermord mit noch lange anhaltenden Folgen ausgelebt wurde, dient als Paradigma für den Vorbehalt gegenüber Minderheiten und daraus resultierender Ausgrenzung durch die Mehrheitsgesellschaft schlechthin.

Die Einladung zu einem Forschungsaufenthalt an der MacQuarie University in Sydney im Sommer 1995 bot außer der Teilnahme an Projekten des Centre for Comparative Genocide Studies auch die Möglichkeit, die Beiträge durchzusehen, zu überarbeiten und zu ergänzen. Mein herzlicher Dank dafür gilt meinen australischen Gastgebern, und ebenso allen Mitarbeitern des Zentrums für Antisemitismusforschung der TU Berlin, denen ich mich über die wissenschaftliche Zusammenarbeit hinaus freundschaftlich verbunden fühle.

Berlin, im Januar 1996
Wolfgang Benz

1. Fremdenfeindlichkeit als Vorurteil und politische Aggression

Im folgenden soll ein Versuch unternommen werden, an historischen Beispielen zu zeigen, wie Feindschaft gegen Fremde instrumentalisiert werden kann, wie Vorurteile in politische Aggression umgesetzt werden. Drei Wirkungszusammenhänge sind zu unterscheiden, wenn Feindbilder aufgebaut und benutzt werden, nämlich Selbstbestätigung und Ausgrenzung, Schuldzuweisung und Sinnstiftung, Angst und Realitätsverweigerung.

Selbstbestätigung und Ausgrenzung

>»Die Serben sind alle Verbrecher,
> Ihr Land ist ein dreckiges Loch.
> Die Russen, die sind nicht viel besser,
> Und Keile kriegen sie doch.«

Unter vielen ähnlichen, nationale Eigenschaften der Feinde charakterisierenden Verbalinjurien fand sich auch dieser Spruch auf Eisenbahnwagen, die im Sommer 1914 deutsche Soldaten an die Fronten des Ersten Weltkrieges transportierten.[1] Xenophobische Feindbilder beherrschten den Alltag, die Engländer galten jedermann als hinterlistig, die Franzosen als atheistisch, schlampig und

---

[1] Zitat nach Ernst Johann (Hrsg.), Innenansicht eines Krieges. Bilder, Briefe, Dokumente 1914–1918, Frankfurt a. M. 1968, S. 20.

arrogant, die Italiener als feige und treulos, die Russen als Barbaren.

Diese Charakterisierung hing umgekehrt den Deutschen an, aber sie fühlten sich nicht sonderlich beschwert davon. Der Kunsthistoriker Wilhelm Waetzold machte gar einen Ehrentitel daraus. Er argumentierte in einem Traktat in der Zeitschrift ›Kunst und Künstler‹ folgendermaßen: »Als der Krieg ausbrach, haben wir es wohl alle mit grenzenlosem Staunen erlebt, daß sich plötzlich zwischen den Völkern Abgründe des Nichtverstehens und des Hasses zeigten, die uns durch Handel und Verkehr, durch wissenschaftliche und künstlerische Beziehungen ein für allemal überbrückt zu sein schienen. Plötzlich standen Rasse gegen Rasse, Nation gegen Nation in nackter Unvereinbarkeit des Fühlens und Wollens. Gleich überraschend kam uns aber zum Bewußtsein das Gefühl der Gemeinsamkeit des Denkens und Glaubens, Liebens und Hassens im eigenen Volke. Wir hatten es schon fast vergessen, daß es in Wahrheit eine Volksseele gibt. Als dann aus dem feindlichen, ja auch aus dem neutralen Ausland, immer vernehmlicher das Schmähwort: ›Barbaren!‹ zu uns herüber scholl, nahmen wir es gelassen hin als ein Anzeichen dafür, daß mit dem Erwachen uralter Volksinstinkte auch eines der ältesten geschichtlichen Schlagwörter von neuem lebendig geworden ist.«[2]

Der Gelehrte wies nach, daß sich vom alten Rom über die Zeiten der Völkerwanderung zum humanistischen Italien und zum modernen Frankreich das Barbaren-Ressentiment unverändert gehalten habe, es sei also hoffnungslos, »gegen die Mauer von Vorurteil, Mißverständnis, Unkenntnis und Leidenschaft« anzurennen. Denn: »Tiefer als

---

[2] Wilhelm Waetzold, Der Begriff des »Barbarischen«, in: Otto Grautoff (Hrsg.), Kunstverwaltung in Frankreich und Deutschland, Bern 1915, S. 120.

alle Individualgefühle scheinen die Rassengefühle zu wurzeln, und wo sie sich einmal von Grund auf widersprechen, da führt keine Brücke des Verständnisses von Volk zu Volk.« Geschrieben im Juli 1915.[3]

Das Zitat ist in doppeltem Sinn aufschlußreich, denn es belegt, daß das fremdenfeindliche Vorurteil sowohl der Ab- und Ausgrenzung wie der Selbstbestätigung dient. Und zwar auf der Empfängerseite ebenso wie bei den Aussendern des Ressentiments. Hochkonjunktur haben Feindbilder in Situationen vermeintlicher oder tatsächlicher Bedrohung, unter Sinnkrisen und sozialem Stress, in Phasen des Umbruchs. Sie entstehen häufig aus Frustration oder Angst, sie schaffen die Voraussetzung für Aggressionen, in letzter Konsequenz für gewaltsame Konfliktlösungsversuche, für Krieg.

Den Historiker interessieren die Folgen der in Aktionen umgesetzten Feindbilder in der Regel mehr als ihre Entstehung, auch sind die Wirkungen leichter zu erklären als die Ursachen. Für interdisziplinäre Grundlagenforschung zum Vorurteil und zur Entstehung von Gewalt besteht jedenfalls noch erheblicher Bedarf. Immerhin lassen sich zur Entstehung und Instrumentalisierung von Feindbildern schon einige allgemeine Feststellungen treffen.

Vorurteile und Stereotype verdichten sich bei gebotenem Anlaß zu geschlossenen Feindbildern, die hohe integrative Kraft haben. Dieser Prozeß läßt sich – in Krisenzeiten, im Krieg, oder zur Beförderung bestimmter politischer Absichten – beschleunigen durch Propaganda oder andere Einwirkungen auf die öffentliche Meinung. Voraussetzung für den Aufbau und die Instrumentalisierung von Feindbildern ist immer ein Kristallisationskern von Realität oder von auf allgemeinem Konsens beruhender Überzeugung als Pseudo-

---

[3] Ebenda, S. 128.

realität; ein Körnchen solcher Wahrheit muß dem Vorurteil zugrunde liegen, damit es breite Wirksamkeit entfalten kann. Die Integration über Feindbilder kann durch äußere Feinde ebenso erfolgen wie durch innere Feinde.[4] Das Bild des verschlagenen, statt kämpferischen Habitus zu zeigen lieber Handel treibenden Briten stand im Ersten wie im Zweiten Weltkrieg gegen das Bild vom tapferen deutschen Krieger, dessen schlichte Tüchtigkeit im deutschen Selbstverständnis keine Chance der Durchsetzung gegen die britische Durchdringung der Welt hatte. Im kollektiven Bewußtsein der Deutschen war schließlich die Vorstellung fest verankert, das perfide Albion mache dem Deutschen Reich die ihm zustehende Geltung in der Welt, den wohlverdienten »Platz an der Sonne« streitig. Die kollektive Paranoia kulminierte dann im Ersten Weltkrieg in der weithin gebrauchten vaterländischen Grußformel »Gott strafe England«. Erwidert wurde sie mit ebensolchem Ernst: »Gott strafe es!« In einer zu Beginn des Ersten Weltkrieges erschienenen Anthologie, die viele Auflagen erlebte, findet sich im Kapitel »Die Feinde« ein typisches Pamphlet, das die Xenophobie gegen England in geradezu religiöser Form ritualisiert. Die letzte Strophe des umfänglichen Gedichts lautet:

»Dich werden wir hassen mit langem Haß,
Wir werden nicht lassen von unserem Haß,
Haß zu Wasser und Haß zu Land,
Haß des Hauptes und Haß der Hand,
Haß der Hämmer und Haß der Kronen,
Drosselnder Haß von siebzig Millionen,

---

[4] Vgl. neuerdings Christoph Jahr, Uwe Mai, Kathrin Roller (Hrsg.), Feindbilder in der deutschen Geschichte. Studien zur Vorurteilsgeschichte im 19. und 20. Jahrhundert, Berlin 1994.

Sie lieben vereint, sie hassen vereint,
Sie haben alle nur einen Feind: England.«[5]

Den kultivierten Gefühlen fremdenfeindlichen Abscheus korrespondiert die Überzeugung der eigenen moralischen Überlegenheit, aus der Selbstbestätigung und Strafgewalt abgeleitet werden. Dies dient dann der Legitimierung kriegerischer Handlungen wie dem Überfall auf Belgien, wie folgendes Beispiel, ein Artikel im ›Hamburger Fremdenblatt‹, belegt: »Mit zitterndem Ingrimm nur kann man den Berichten von den Scheußlichkeiten in Belgien lauschen. Um Jahrhunderte erscheint die menschliche Gesittung zurückgeschraubt. Wahrlich, es ist an der Zeit, daß in Städten wie Antwerpen und anderen belgischen Orten die Sicherheitsorgane einer Kulturnation einmal nach dem Rechten sehen. Wenn nicht alles täuscht, ist ja der deutsche Schutzmann auf dem Wege dazu.«[6]

Integration über Feindbilder bedarf aber nicht zwingend äußerer Feinde. Es lassen sich auch Vorurteile gegen Minderheiten und Randgruppen innerhalb der eigenen Gesellschaft sensibilisieren und zum Feindbild verdichten. Marxisten, Freimaurer, Juden (um drei wichtige Gruppen zu nennen) wurden zu unterschiedlichen Zeiten, im 19. Jahrhundert und wieder nach dem Ersten Weltkrieg, instrumentalisiert. Dazu war es freilich notwendig, sie erst zu Fremden zu machen; sie mußten aus der Mehrheitsgesellschaft ausgegrenzt werden. Dazu dienten Attribute wie »vaterlandslos« für die internationalistisch orientierten sozial-demokratisch organisierten Arbeiter. Die Juden

---

[5] Aus dem ersten der Lissauer'schen Flugblätter ›Worte in die Zeit‹, zit. nach Erwin Rosen (Hrsg.), Der große Krieg. Ein Anekdotenbuch, Stuttgart o. J., S. 253 ff.
[6] Ebenda, S. 269.

wurden wie die Freimaurer als fremd und als verschwörerisch, als den Staat und die Gesellschaft unterwühlend, Sitte und Ordnung »zersetzend« diffamiert. Der Einheit stiftende Zweck für die Mehrheit war, eben weil das vermeintliche Körnchen historischer Realität hinter den Ressentiments durchschimmerte, leicht zu erreichen. Denn die Freimaurer waren durch ihre geheimen Riten und ihre Exklusivität suspekt, die Juden hatten eine eigene Religion und eigene Rituale, sie waren überdies durch tradierte religiöse Vorbehalte, durch die Erinnerung an ihre einstige Ghettoisierung und durch ihre Berufs- und Sozialstruktur stigmatisiert. Die hochassimilierten deutschen Juden, die allenfalls noch durch ihre Religionszugehörigkeit, vielfach aber gar nicht mehr von anderen Deutschen zu unterscheiden waren, die in jeder Beziehung Deutsche waren, mußten durch politische Propaganda und soziale Diffamierung erst wieder zu Fremden gemacht werden, damit sie die Funktion der ausgegrenzten feindlichen Minderheit für die daran Interessierten wahrnehmen konnten.[7]

Schuldzuweisung und Sinnstiftung

Ein Plakat des extrem antikommunistischen, regierungsamtlich geförderten »Volksbunds für Frieden und Freiheit« aus dem Jahre 1952 zeigt einen Soldaten der Roten Armee, der eine Frau an sich reißt. Der beziehungsreiche Text zum Bild »Frau, komm . . .« deutet auf »das Ende vom Liede«:

---

[7] Vgl. Detlev Claussen, Grenzen der Aufklärung. Zur gesellschaftlichen Geschichte des modernen Antisemitismus, Frankfurt a. M. 1987; Jacob Katz, Vom Vorurteil bis zur Vernichtung. Der Antisemitismus 1700–1933, München 1989; Ernst Simmel (Hrsg.), Antisemitismus, Frankfurt a. M. 1993.

Wenn man nämlich Pieck, Grotewohl und Genossen, den damaligen Machthabern der DDR, folge, dann werde man von der Sowjetunion, dem bolschewistischen Erzfeind, vergewaltigt und verschlungen. Zur Immunisierung gegen die kommunistische Herrschaft in Ostdeutschland wurde in diesem Fall ein gängiges, schon vom nationalsozialistischen Propagandaminister Goebbels mit großem und anhaltendem Erfolg propagiertes Feindbild benutzt, das des Russen als eines plündernden, kultur- und zivilisationslosen Barbaren, des nur von niederen Trieben und Befehlen gesteuerten Apparatschiks.

Das Stereotyp der NS-Zeit erwies sich auch in der Folge, im Kalten Krieg, als brauchbar. Umgekehrt setzte die östliche Propaganda ebenfalls tradierte Vorurteile ein. Amerikaner erschienen als fette, Zigarren rauchende Plutokraten, die zum eigenen Vorteil die Wirtschaft anderer Nationen zerstören. Die Legende von den Kartoffelkäfern, die angeblich von amerikanischen Flugzeugen abgeworfen wurden, um die Ernährungsbasis der Deutschen im Zweiten Weltkrieg zu vernichten, wurde nach dem Krieg erneut in Dienst gestellt, diesmal von der SED, um gegen die USA Stimmung zu machen und, zur Zeit des ersten Deutschlandtreffens der FDJ in Berlin Pfingsten 1950, um die Jugendlichen der DDR zum Einsatz auf den Feldern zu motivieren. »Ami-Käfer sollen unsere Ernte vernichten. Sie bedrohen damit auch Deine Lebensgrundlage!« lautete der Haupttext, illustriert durch ein Kartoffelkäfer streuendes US-Flugzeug. Die weitere Botschaft lautete: »Die Kartoffelkäfer vernichten ist Kampf gegen die Kriegspläne der Imperialisten. Dein Kampf gegen die verderbenbringende Pest aus den USA ist Kampf für den Frieden.« Die Kartoffelkäferplage existierte (auch in Westdeutschland) in den Nachkriegsjahren tatsächlich. Der politischen Propaganda bot sie eine Projektionsmöglichkeit zur Identifizierung und zur Brandmarkung eines universalen Feindes, und zwar weit über den Anlaß hinaus. Mit der Zuweisung der Sündenbock-Funktion an »den Feind« war der Versuch zur Sinnstiftung einer notwendigen aber unbeliebten Tätigkeit verbunden: Kartoffelkäfer klauben als Werk zur Herbeiführung des Weltfriedens.

Mit einer regierungsamtlichen Dokumentation der DDR aus dem Jahre 1950 war die Linie noch weiter gezogen, auf dem Titelbild waren »Amerikaner« und »Amikäfer« graphisch zur Übereinstimmung gebracht: Dem vorwärtsstrebenden Ungeziefer im Schmuck der amerikanischen Nationalfarben müsse Halt geboten werden, suggerierte schon der Umschlag der Broschüre. Die westdeutsche KPD vollendete schließlich die Metapher auf einem Wahlplakat, das einen mit Stars and Stripes und dem Dollarsymbol gezeichneten Käfer zeigt, dazu folgenden Text: »Er frißt 10 Milliarden jährlich an Besatzungskosten. Wir arbeiten nicht für Schmarotzer und Besatzer.«[8]

Die Beispiele zeigen in klassischer Weise, wie ein Feindbild aufgebaut, eingesetzt und für verschiedene Zwecke instrumentalisiert wird, zunächst um Schuld zu delegieren: Der Fremde wird als böswilliger Verursacher eines konkreten Übelstandes denunziert, dann generell als Feind markiert, und weit über den konstruierten Anlaß hinaus wird der Kampf gegen ihn als sinnvoll propagiert. Die Räson der Diffamierung Fremder liegt einmal in der Schuldzuweisung und zum anderen in der daraus gewonnenen oder doch erhofften Motivierung der eigenen Reihen.

---

[8] Deutschland im Kalten Krieg 1945–1963, hrsg. von Dieter Vorsteher, Deutsches Historisches Museum, Berlin 1992, S. 92, 148 f.

Angst und Realitätsverweigerung

Aus Verlust- und Bedrohungsängsten resultieren Aggressionen, die in politischen, sozialen und ökonomischen Extremsituationen den besten Nährboden finden. Der Nationalsozialismus hatte Erfolg, weil er – alte Vorurteile ausnützend – die Feindschaft gegen eine Minderheit zum Angelpunkt seiner Ideologie machte. Mit den Juden gab es Aggressionsobjekte, die in den zwanziger Jahren für die Rechtsextremisten dieselbe Funktion hatten wie heute die Ausländer. Mit der Projektion allen Ungemachs – verlorener Erster Weltkrieg, Inflation, außenpolitische Demütigung, soziale Deklassierung vieler Bürger – auf die Minderheit der Juden waren Erklärungsmuster für diejenigen angeboten, die Angst hatten, sich bedroht oder um etwas gebracht fühlten und dafür »Schuldige« suchten. Die xenophobische Dimension der Judenfeindschaft herauszuarbeiten kostete zunächst einige Anstrengung. Denn man mußte die Realität der deutschen Juden durch die antisemitischen Zerrbilder des ›Stürmer‹ verdrängen. Die Juden wurden durch unermüdliche Propaganda mit Hilfe tradierter Vorurteile wieder zu Fremden gemacht, ausgebürgert und verfolgt.

Um den Vernichtungsprozeß in Gang zu bringen, wurden die vorhandenen Ängste mobilisiert und in Feindbilder umgesetzt: Das Konstrukt einer Weltverschwörung des internationalen Judentums stimulierte die Idee vom Kreuzzug gegen die Fremden, für die »die Juden« stellvertretend mit allen bösen Eigenschaften ausgestattet wurden. In der NS-Propaganda waren sie ebenso die Urheber und Drahtzieher des Bolschewismus als des größten Unheils östlicher Herkunft wie die Protagonisten des Großkapitals als des Weltübels westlicher Provenienz.

Die Wahrnehmungsstrukturen der Deutschen veränderten sich unter dem Einfluß der nationalsozialistischen Regie von öffentlichem Bewußtsein und öffentlicher Meinung bis zur Verdrängung von Realität. Schließlich glaubte ein beträchtlicher Teil der Bevölkerung an die Pseudorealität der jüdischen »Überfremdung« und »Zersetzung« Deutschlands und nahm die mörderische Verfolgung der zu Fremden gewordenen Mitbürger mindestens billigend in Kauf. Darauf folgten nach dem Ende der NS-Herrschaft Amnesie, Schuldabwehr und Verdrängung, die eine Transformation des Vorurteils zum neuen Antisemitismus bewirkten.[9]

Die Instrumentalisierung von Antisemitismus zum Feindbild läßt sich in der Gegenwart in allen Funktionen, von der ausgrenzenden Selbstbestätigung über die schuldzuweisende Sinnstiftung bis zu realitätsverweigernder Angstabwehr, in Osteuropa wieder beobachten. Als fremdenfeindliche Chiffre wird Antisemitismus in Lettland wie in Polen im politischen Tagesgeschäft benutzt. Dabei können sich Feindbilder durchaus überlagern: Wenn den Juden wie 1940 in Rumänien oder im Baltikum Kollaboration mit der sowjetischen Okkupationsmacht vorgeworfen wurde, was dann unter der anschließenden deutschen Herrschaft die freudige Mitwirkung an ihrer Verfolgung und Ermordung stimulierte[10], so dient jetzt die Erinnerung an den Holocaust – genauer: die Abwehr des Erinnerns – im Baltikum, in Polen, in Rußland, Weißrußland, der Ukraine der Verdrängung eigener damaliger Zustimmung zum Völkermord: Schuldvorwürfe werden deshalb an die Juden adressiert bis hin zum absurden Vorwurf, sie hätten unter Stalin Schlüsselstellungen im Sowjetreich

---

[9] Vgl. Gesine Schwan, Die politische Relevanz nicht verarbeiteter Schuld, in: Jahrbuch für Antisemitismusforschung 2 (1993), S. 281–297; s. a. Wolfgang Benz (Hrsg.), Antisemitismus in Deutschland. Zur Aktualität eines Vorurteils, München 1995.

[10] Vgl. Bernhard Press, Judenmord in Lettland 1941–1945, Berlin 1992.

besetzt, sie hätten unter Lenin maßgeblich zur Durchsetzung der kommunistischen Herrschaft beigetragen, sie seien gar die Erfinder der bolschewistischen Ideologie gewesen.[11]

Am Beispiel des Antisemitismus läßt sich deshalb vielleicht am besten zeigen, daß Fremdenfeindschaft als Mittel der Politik mit Hilfe nahezu beliebig einsetzbarer Projektionen funktioniert. An die Stelle der Juden können andere Minderheiten, Volksgruppen oder Völker treten, und an der Austauschbarkeit der Aggressionsobjekte wird auch die politische Qualität fremdenfeindlicher Konstrukte deutlich. Sie stehen als Chiffren für antiaufklärerischen Eifer, für irrationalen Fanatismus, für die Abwehr von Vernunft.

---

[11] Wolfgang Benz, Tradierte und wiederentdeckte Vorurteile im neuen Europa. Antisemitismus, Fremdenhaß, Diskriminierung von Minderheiten, in: Zeitschrift für Geschichtswissenschaft 41 (1993), S. 485– 493.

2. Vorurteil und Erinnerung

Der Krieg gegen die Sowjetunion
im Bewußtsein der Deutschen

Der Krieg gegen die Sowjetunion war von Hitler als Welt-
anschauungs-, Rassen- und Vernichtungskrieg gedacht, und
so wurde er auch geführt: gegen den Bolschewismus als
Ideologie, gegen die Völker der Sowjetunion als Angehörige vermeintlich minderwertiger Rassen, gegen die jedes Mittel bis zur vollkommenen Vernichtung erlaubt schien. Die
meisten Deutschen – ganz gleich, ob sie Nationalsozialisten
waren oder dem Regime kritisch gegenüberstanden – folgten, ohne zu zögern. Vielen genügte als Antrieb blinder
Glaube und vollkommene Hingabe an die nationalsozialistische Führung, die meisten handelten im Einklang antikom-
munistischer Überzeugung mit dem Gefühl kultureller Überlegenheit und dem Bewußtsein, ihrem Vaterland zu dienen,
ihre Pflicht zu tun, wenn sie nach Osten marschierten. Von
Schuldgefühlen waren die Soldaten und Offiziere der deutschen Wehrmacht jedenfalls nicht gepeinigt, als sie den
Überfall auf die Sowjetunion ausführen mußten.

   Dumpfe Zuversicht in der Gewißheit des Sieges prägte
vielfach die Reaktionen nach dem Überfall zu Beginn des
Ostfeldzuges im Sommer 1941. Ein Unteroffizier schrieb,
es sei gut, daß es jetzt losgehe, »über kurz oder lang wäre
die Auseinandersetzung doch einmal gekommen«. Jetzt
habe »die Judenheit uns auf der ganzen Linie« von den
»Plutokraten bis zu den Bolschewiken den Krieg erklärt.
Alles steht in einer Front gegen uns, was judenhörig

20

ist«.[1] Ein Gefreiter meinte (am 3. Juli 1941), einer seiner Wünsche gehe jetzt in Erfüllung: »[. . .] nach diesem gottes-lästerlichen Land wollte ich schon immer gerne ziehen. Diesmal wird bestimmt Schluß gemacht mit einer gott-feindlichen Macht.«[2]

Zur Zuversicht kam – vielleicht schon ein Element der Selbstbeschwichtigung – die Prävention: »Das deutsche Volk hat eine gewaltige Verpflichtung unserem Führer ge-genüber, denn wenn diese Bestien, die hier unsere Gegner sind, nach Deutschland gekommen wären, wäre ein Mor-den eingetreten, wie es die Welt noch nicht gesehen hätte.« So steht es im Brief eines Unteroffiziers Anfang Juli 1941 zu lesen.[3] Ein Obergefreiter zeigte sich stolz, beim Feldzug gegen den Bolschewismus dabeisein zu dürfen, und als »rassisch« überlegene Herrenmenschen fühlten sich viele. So teilte einer seine Beobachtung mit: »Es ist ein Volk, das langer und guter Schulung bedarf, um Mensch zu werden. Charakter und Wesen der Russen gehören noch viel mehr ins Mittelalter als in die Neuzeit.«[4] Ein anderer fand: »Gerade jetzt erkennt man so richtig, wie es um unsere Frauen und Kinder bestellt wäre, wenn diese [. . .] russi-schen Horden in unser Vaterland hätten eindringen kön-nen. Habe hier Gelegenheit, mir diese unkultivierten, viel-rassigen Menschen anzusehen und zu beobachten. Gott sei Dank ist dies bis jetzt vereitelt worden, daß diese unsere Heimat nicht haben plündern und rauben können.«[5] Die Primitivität der Lebensformen wurde immer wieder her-

[1] Das andere Gesicht des Krieges. Deutsche Feldpostbriefe 1939–1945, hrsg. v. Ortwin Buchbender und Reinhold Sterz, München 1982, S. 71 f.
[2] Ebenda, S. 72.
[3] Ebenda, S. 74.
[4] Ebenda, S. 76.
[5] Ebenda, S. 78.

21

vorgehoben: »[. . .] nur Dreck und Verfall – das ist das Sowjetparadies.«[6]

Ein deutscher Unteroffizier vor Moskau faßte Ende Oktober 1941 zusammen, was er als Wirkung von Propaganda, Ausfluß von Rechtfertigungsstreben und Besorgnis vor der Zukunft empfand: »Nun sind auch wir im letzten großen Kampf vor Moskau mit dabei. Hoffentlich gelingt es, die bolschewistische Hauptstadt noch vor Einbruch der großen Kälte zu bezwingen. Der Krieg hier in Rußland ist ein ganz anderer als sonst mit einem Staat. Das sind keine Menschen mehr, sondern wilde Horden und Bestien, die durch den Bolschewismus in den letzten 20 Jahren so gezüchtet wurden. Ein Mitleid mit diesen Menschen darf man nicht aufkommen lassen, denn sie sind alle sehr feige und hinterlistig.«[7]

Fügt man die Teile zu einem Bild zusammen, so ergibt sich der Befund, daß die Deutschen zu Beginn des Krieges gegen die Sowjetunion offenbar mehrheitlich davon überzeugt waren, für eine gute Sache zu kämpfen; daß es notwendig sei, den Bolschewismus als Weltanschauung in die Knie zu zwingen, und daß alle Methoden gegen diesen Gegner erlaubt seien, denn er wurde nicht nur als eminent gefährlich, sondern auch als äußerst minderwertig betrachtet. Der Hochmut der Aggressoren hielt auch an, als sich das Kriegsglück gewendet hatte, als der Winter die Kampfmaschinerie der Wehrmacht lähmte und als schließlich die Katastrophe von Stalingrad sich vollzog. Aber gleichzeitig wurde der Druck, das Geschehene zu rechtfertigen, dem Überfall einen Sinn zu geben, immer stärker, denn im Falle der Niederlage mußte die Rache der Sowjetunion gefürchtet werden. Man gestand es sich nicht ein,

[6] Ebenda, S. 85.
[7] Ebenda, S. 85.

mußte aber doch gewärtig sein, daß Rechenschaft und Wiedergutmachung des Schadens verlangt würden, und zwar dafür, daß bis zu 55 Millionen Sowjetbürger zeitweise in deutscher Hand waren, daß sowjetisches Land verwüstet war, daß in den besetzten Gebieten Frauen, Kinder und Alte drangsaliert und in den Kriegsgefangenen- und Arbeitslagern die arbeitsfähigen Sowjetbürger barbarisch behandelt wurden. Fast drei Millionen »Ostarbeiter« waren im Einsatz in Deutschland, insgesamt wurden wohl 15 Millionen Sowjetbürger als Arbeitssklaven für deutsche Zwecke ausgebeutet. Ganz zu schweigen von den Kriegsgefangenen, die man kaltblütig verhungern ließ oder ermordete, mehr als drei Millionen an der Zahl. Im Winter 1941/42 starben täglich etwa 6000 Soldaten der Roten Armee im Gewahrsam der deutschen Wehrmacht.[8]

Diese Greuel gehörten lange Zeit zu den Tabus der westdeutschen Nachkriegsgesellschaft, und als deutsche Historiker Ende der siebziger Jahre diese Tatsachen ans Licht brachten, wollten es viele nicht glauben.[9] Die Beteuerungen ehemaliger Wehrmachtsangehöriger, von Verbrechen nichts gewußt zu haben, waren zur Routine geworden, und zum Ritual gehörte die Schuldzuweisung an die SS, die allein für Verletzungen des Kriegsrechts, für den ideologischen Krieg gegen Minderheiten verantwortlich gemacht wurde. Neuere Forschungen und eine Ausstellung im Gedenkjahr 50 Jahre nach dem Ende des Zweiten Weltkriegs haben die

---

[8] Vgl. Christian Streit, Keine Kameraden. Die Wehrmacht und die sowjetischen Kriegsgefangenen 1941–1945, Stuttgart 1978.

[9] Auf ähnliche Ablehnung in Teilen der deutschen Öffentlichkeit wie das Buch von Streit stieß auch: Helmut Krausnick und Hans-Heinrich Wilhelm, Die Truppe des Weltanschauungskrieges. Die Einsatzgruppen der Sicherheitspolizei und des SD 1938–1942, Stuttgart 1981.

Beweise öffentlich gemacht, daß das schöne Bild von der ehrenhaften Armee nicht stimmte.[10]

Mit eigenem Leid hatte man die Erinnerung an die im deutschen Namen verübten Verbrechen zu überdecken versucht. Dazu boten sich zunächst Ausschreitungen der Roten Armee bei der Eroberung und Besetzung Ostdeutschlands an. Sie dienten aber nicht nur dazu, die Exzesse der deutschen Wehrmacht und der »Einsatzgruppen« der SS auf sowjetischem Territorium zu verdrängen, sie waren auch geradezu willkommen zur nachträglichen Begründung der eigenen Greueltaten. War doch jetzt eine jede Missetat eines Rotarmisten der Beweis, wie notwendig der Beschluß zur Vernichtung der Sowjetunion eigentlich gewesen sei. Ganz verständnislos waren viele Deutsche am Kriegsende, daß die westlichen Verbündeten der Sowjetunion grenzenlosen Abscheu vor den Tätern von Auschwitz und Treblinka, von Majdanek und Babi Jar hatten, während manche doch hofften, sie würden sich – im Interesse des christlichen Abendlandes – mit ihnen gegen ihre ehemaligen Opfer verbünden.

Als sich in den frühen Morgenstunden des 22. Juni 1941 drei Heeresgruppen der Deutschen Wehrmacht – 153 Divisionen – gegen die Sowjetunion in Marsch setzten, war dies ein Überfall auf ein Land, mit dem ein Nichtangriffspakt existierte. Dem »Unternehmen Barbarossa« war keine Kriegserklärung vorausgegangen, die deutsche Führung hatte nicht einmal einen Vorwand gesucht oder – wie im Krieg gegen Polen – Legenden konstruiert oder einen Anlaß

---

[10] Vgl. Hannes Heer und Klaus Naumann (Hrsg.), Vernichtungskrieg. Verbrechen der Wehrmacht 1941–1944, Hamburg 1995; s. a. Gehorsam bis zum Mord? Der verschwiegene Krieg der deutschen Wehrmacht. Fakten, Analysen, Debatte, Hamburg 1995 (Zusammenstellung von Artikeln und weitere Beiträge in der Reihe Zeit-Punkte).

24

inszeniert. Der Überfall endete vier Jahre später, im Mai 1945, zwar mit der vollständigen Niederlage des Aggressors, mit der bedingungslosen militärischen Kapitulation der Wehrmacht und der politischen des Deutschen Reiches, aber für die überfallene Sowjetunion war der »Große Vaterländische Krieg« eine Katastrophe von schwer vorstellbarem Ausmaß. Viele Millionen Tote enthält die sowjetische Bilanz des Zweiten Weltkrieges, Opfer waren Zivilisten ebenso wie Soldaten der Roten Armee. Die Zerstörung und Verwüstung auf sowjetischem Territorium warfen die Länder der Sowjetunion um Jahrzehnte zurück und behindern ihre Entwicklung bis heute.

Im Gedächtnis der Deutschen, in unserem kollektiven Bewußtsein, sind die Leiden der sowjetischen Menschen und die Schrecken des Krieges auf sowjetischem Boden aber immer noch nicht – mindestens nicht in ihrem Ausmaß – präsent. Für die Jüngeren mögen die Ereignisse zu weit zurückliegen, für die Angehörigen der mittleren Generation ist die Wahrnehmung bestimmt durch die Bilder der unbarmherzigen sowjetischen Besatzungsmacht, die sich durch Raubbau an den Ressourcen der Ostzone zu entschädigen suchte, ihr dann, in Gestalt der DDR, das sowjetische politische, ökonomische und ideologische System aufzwang. Die Kriegsgeneration schwieg oder drängte die schrecklichen Bilder und Erfahrungen aus ihrem Gedächtnis. Deckerinnerungen an die deutschen Kriegsgefangenen, die in der Sowjetunion zurückgehalten wurden, an die Grausamkeiten der Roten Armee bei der Besetzung Deutschlands, an das Schicksal der Flüchtlinge und der Vertriebenen dienten dazu, die deutschen Grausamkeiten und Verbrechen in Vergessenheit geraten zu lassen.

In der Erinnerung der meisten Zeitgenossen wurde so aus dem Überfall auf die Sowjetunion ein Krieg, den man als schicksalhaft oder notwendig empfand, und mit dieser

Empfindung war die eigene Mitwirkung ohne weitere Reflexion zu rechtfertigen. Und aus dem kollektiven Gedächtnis verschwunden sind folgerichtig die Befehle der deutschen Führung, die geltende Gesetze der Kriegsführung außer Kraft setzten und den Kampf gegen die Sowjetunion zum Vernichtungs- und Ausrottungskrieg machten.[11]

Zur Illustration dieser Abwehrmechanismen mag folgendes Beispiel dienen. Im Herbst 1988 hatte Bundespräsident Richard von Weizsäcker in Bamberg vor Historikern eine Ansprache gehalten, in der er unter anderem sagte, die Deutschen seien von Verbrechern geführt worden, und das deutsche Volk wisse dies »gerade auch dort, wo es dies lieber nicht wissen will«. Ein Freundeskreis angesehener Männer in einer norddeutschen Stadt fühlte sich durch solche Feststellung beschwert und schrieb an den Bundespräsidenten mit der Bitte zu erklären, wie dies gemeint gewesen sei. Die Hanseaten, erfolgreiche und einflußreiche Unternehmer, Vorstands- und Aufsichtsratsmitglieder, Ärzte, Studiendirektoren und Professoren, Träger von Auszeichnungen und Orden, damals Kriegsteilnehmer als junge Offiziere oder Unteroffiziere, hielten Weizsäckers Äußerungen für mißverständlich, ja eigentlich für diskriminierend. Sie argwöhnten, der Bundespräsident hänge der »Kollektivschuldthese« an, und bezogen in einem Memorandum Stellung gegen die Vermutung, das deutsche Volk sei der Komplizenschaft mit seiner damaligen Führung

---

[11] Vgl. Gerd R. Ueberschär und Wolfram Wette (Hrsg.), Der deutsche Überfall auf die Sowjetunion. »Unternehmen Barbarossa« 1941, Frankfurt a. M. 1991; Omer Bartov, Hitlers Wehrmacht. Soldaten, Fanatismus und die Brutalisierung des Krieges, Reinbek 1995; Paul Kohl, Der Krieg der deutschen Wehrmacht und der Polizei 1941–1944. Sowjetische Überlebende berichten, Frankfurt a. M. 1995.

verdächtig.[12] Das Gegenteil sei der Fall, schrieben sie, das deutsche Volk habe »in seiner Gesamtheit bis 1945 an den Fronten wie in der Heimat ungeheure Leistungen erbracht. Die Basis dafür war die aus dem traditionellen Denken gewonnene Ethik, in die Pflicht zu gehen und den Kampf ehrenvoll zu führen. Alle anderen Erwägungen traten zurück. Hinzu trat das Vertrauen in die Reichsführung, und zwar unter den besonderen Bedingungen eines Schicksalskampfes im Kriege. In dieser Situation war das Volk nicht Mitwisser von Verbrechen.«[13] Dies herauszustellen, erschien den Petenten von entscheidendem historischen Gewicht. Darauf kamen sie immer wieder zurück.

Man kann dieser Anstrengung zur Rettung der eigenen Unschuld Dokumente entgegenhalten, aus denen hervorgeht, wie gut viele Angehörige der Wehrmacht wußten, daß die Lehren ethischer Grundsätze des Krieges im Kampf gegen die Sowjetunion nicht eben eifrig beachtet wurden, daß Gefangene mißhandelt oder getötet wurden[14], ganz abgesehen vom »Kommissarbefehl«, der die Ermordung von »bolschewistischen« oder »jüdischen Funktionären« in der Roten Armee anordnete, ganz abgesehen auch von den »Einsatzgruppen« der SS, die mit Unterstützung der Wehr-

[12] Der Briefwechsel mit dem Bundespräsidenten wurde nebst einigen anderen Schriftstücken (darunter biographische Notizen der Mitglieder des Freundeskreises) mit Schreiben vom 14. Mai 1991 von Rechtsanwalt Dr. H. Willner mit folgender Begründung ins Archiv der Friedrich-Naumann-Stiftung gegeben: »Wir möchten der einseitigen Erklärung einer Kollektivschuld des deutschen Volkes entgegentreten [. . .]. Als Zeitgenossen wollen wir auf diese Weise beitragen, daß die Nachwelt sich selbst ein Urteil bilden kann.«

[13] Heinz Döll an Bundespräsident von Weizsäcker, 23. 6. 1989. Archiv der Friedrich-Naumann-Stiftung, Gummersbach.

[14] Vgl. zum Beispiel Hannes Heer (Hrsg.), »Stets zu erschießen sind Frauen, die in der Roten Armee dienen«. Geständnisse deutscher Kriegsgefangener über ihren Einsatz an der Ostfront, Hamburg 1995.

macht mindestens eine halbe Million jüdischer Menschen in der Sowjetunion ermordeten.

Ein solches Dokument ist der Bericht des Majors i. G. von Gersdorff über eine Frontreise im Dezember 1941, der als Anlage zum Kriegstagebuch des Oberkommandos der Heeresgruppe Mitte überliefert ist. Ein ganz offizielles Dokument also, in dem es heißt: »Bei allen längeren Gesprächen mit Offizieren wurde ich, ohne darauf hingedeutet zu haben, nach den Judenerschießungen gefragt. Ich habe den Eindruck gewonnen, daß die Erschießungen der Juden, der Gefangenen und auch der Kommissare fast allgemein im Offizierskorps abgelehnt wird, die Erschießung der Kommissare vor allem auch deswegen, weil dadurch der Feindwiderstand besonders gestärkt wird. Die Erschießungen werden als eine Verletzung der Ehre der Deutschen Armee, in Sonderheit des Deutschen Offizierskorps betrachtet. Je nach Temperament und Veranlagung der Betreffenden wurde in mehr oder weniger starker Form die Frage der Verantwortung hierfür zur Sprache gebracht. Es ist hierzu festzustellen, daß die vorhandenen Tatsachen in vollem Umfang bekannt geworden sind und daß im Offizierskorps der Front weit mehr darüber gesprochen wird, als anzunehmen war.«[15]

Gegen unterdrückte Erfahrung und Erinnerung, sei es kollektiv oder individuell, hilft das Zitieren von Quellentexten freilich wenig. Die Abwehr ist quasi institutionalisiert und wird in Stereotypen immer wieder neu artikuliert. Die Aufrechnung deutscher Verbrechen mit alliierten

---

[15] Bericht des Majors i. G. von Gersdorff über eine Frontreise vom 5. 12. bis 8. 12. 1941, Bundesarchiv/Militärarchiv, hier zit. nach Gerd R. Ueberschär und Wolfram Wette (Hrsg.), Der deutsche Überfall auf die Sowjetunion. »Unternehmen Barbarossa« 1941, Frankfurt a. M. 1991, S. 344.

Kriegshandlungen gehört in den Katalog solcher Verhaltensweisen, und folgerichtig stellten die norddeutschen Honoratioren dem damaligen Bundespräsidenten auch die Frage: »Müssen sich – in analoger Anwendung Ihrer Betrachtungsweise – etwa auch die Russen für Stalins Untaten verantwortlich oder gar schuldig fühlen? Gibt es irgendein anderes Volk, das sich mit dem Wissen von heute selbst der Untaten bezichtigt, um die es seinerzeit gar nicht gewußt hat?«[16]

Zwei Argumentationsmuster werden hier deutlich. Einmal wird darauf rekurriert, »die anderen« hätten auch Schuld auf sich geladen (welche und gegen wen auch immer), woraus sich anscheinend die Relativierung der eigenen Schuld ergibt, und zweitens kommt es – und zwar entscheidend – darauf an, daß man damals nichts gewußt hat von den Verbrechen des Regimes, daß man also als Soldat oder in der Heimat nicht Mitwisser und stillschweigender Komplize Hitlers gewesen sein kann. »Auf die Frage des Herrn Bundespräsidenten, ›wo wir waren, was wir gemacht haben . . .‹, antworten wir also: Wir waren im Kriege an den Fronten, unsere Eltern, Frauen und Angehörigen in der Rüstungsindustrie und in den kriegswichtigen Betrieben oder in der Kinderbetreuung, in der Bedürftigenpflege oder in Lazaretten eingesetzt. Unser Denken und Handeln war durch den erbarmungslosen Kampf ›festgenagelt‹. Wir hatten diese Zeit als Volk einfach zu bestehen. Dafür fühlten wir uns verantwortlich, jeder einzelne für sich. Auf Ihre letzte Frage in der angeführten Passage Ihrer Rede, ›welche Verantwortung wir damals schwer versäumt haben‹, können wir als ehemalige Soldaten und Bürger nur antworten: Keine.«[17]

---

[16] Anlage zum Brief H. Döll an Bundespräsident, 23. 6. 1989, S. 2.
[17] Ebenda.

Und zur Abstützung des Arguments wird immer wieder auf die Entbehrungen, Leiden und Leistungen der Deutschen verwiesen, aber auch auf die Ohnmacht des einzelnen unter dem diktatorischen Regime. Unterstellt wird dabei jedoch auch, daß der Krieg unumgänglich war, ein Naturereignis sozusagen, wenn nicht gar ein notwendiger präventiver Schlag, um sowjetischer Bedrohung zuvorzukommen.

Auch hier ist die Beweisführung in dem Memorandum der Bremer Honoratioren an den Bundespräsidenten typisch. Das deutsche Volk habe, so heißt es dort, »später, ab 1939 im Kriege, den es nun einmal zu führen hatte, schwer gelitten und dennoch höchste Leistungen vollbracht, in den Städten und an den Fronten. Die Bevölkerung hat diesen Kampf damals als Schicksal auf sich genommen. Die stets gegenwärtige universale Spannung von Freiheit und Schicksal hat im Kriege eine dramatische Zuspitzung erfahren. Und manche sind daran zerbrochen: Die Dimensionen der persönlichen oder geschichtlichen Freiheit waren so gut wie ausgeschaltet.«[18]

Hinter dem Rücken des deutschen Volkes seien die Massenmorde an den Juden verübt worden, unter strengster und wirkungsvoller Geheimhaltung – diese Feststellung bezeugt ebenso die Seriosität derer, die das konstatieren, wie auch ihren Leidensdruck, der von ihrer Mitwirkung am Krieg des nationalsozialistischen Deutschland rührt, denn sie geben mit der Bemerkung einerseits zu erkennen, daß sie nicht ins rechtsradikale Lager gehören, in dem der Judenmord geleugnet oder verharmlost wird, sie machen aber auch deutlich, daß sie einen Teil der Wahrheit aus dem Bewußtsein ausblenden. Wenn nämlich behauptet wird, »im

---

[18] Ebenda, S. 5.

Kriege selbst dominierte die Ethik, die traditionell kriegsführende Völker bis heute beherrscht«[19], dann wird mindestens das Schicksal der sowjetischen Kriegsgefangenen und der zur Zwangsarbeit verpflichteten Sowjetbürger ignoriert. Und dieses Schicksal vollzog sich vor vieler Augen. Die Leiden der Gefangenen und der Ostarbeiter waren öffentlich.

In der Lüneburger Heide existierten ab Juli 1941 »Russenlager«. Etwa 100 000 Gefangene waren dort, in unmittelbarer Nähe von Bergen-Belsen, untergebracht. »Untergebracht« ist ein sehr euphemistischer Begriff für das Vegetieren hinter Stacheldraht, ohne ein Dach über dem Kopf, bei ganz unzureichender Verpflegung. Erdlöcher hatten sich diejenigen gegraben, die den Transport – Hunderte Kilometer zu Fuß bis zur Reichsgrenze, dann in Güterwagen – überlebt hatten. Das Stalag X D/310 Wietzendorf war eines dieser Lager in der Heide. Die Männer aßen Gras und Baumrinde, mußten unreines Wasser trinken. Im August 1941 herrschte schon die Ruhr, die Sterblichkeit war riesenhaft. Die Bevölkerung der Gegend pilgerte sonntags zum »Russenlager«, um am Lagerzaun den sensationellen Anblick zu genießen. Zu Hunderten fanden sich die Leute ein, und als der Lagerkommandant die Zufahrtswege den Gaffern versperren wollte, plädierte der zuständige Bürgermeister dagegen: »Es kann nicht schaden, wenn sich die Bevölkerung diese Tiere in Menschengestalt ansieht, zum Nachdenken angeregt wird und feststellen kann, was geworden wäre, wenn diese Bestien über Deutschland hergefallen wären.«[20]

---

[19] Ebenda, S. 4.
[20] Zit. nach: Sowjetische Kriegsgefangene 1941–1945. Leiden und Sterben in den Lagern Bergen-Belsen, Fallingbostel, Oerbke, Wietzendorf, Sonderausstellung der Niedersächsischen Landeszentrale für politische Bildung, Gedenkstätte Bergen-Belsen 1991, S. 14.

Im Herbst 1941 begann mit einer Fleckfieberepidemie das Massensterben. In drei Monaten kamen mehr als 50 000 Menschen in den Heidelagern um. Die Lager Wietzendorf und Oerbke wurden, weil sie praktisch ausgestorben waren, im Frühjahr 1942 aufgelöst. Sie hatten sich in Massengräber verwandelt. Es gibt die Tagebucheintragung eines deutschen Landsers, der in Wietzendorf eingesetzt gewesen war. Unter dem Datum des 27. Januar 1942 berichtet er folgendes: »Heute starben 101. Und 65 Kranke kamen von Arbeitskommandos zurück ins Lager – zum Sterben. Nachmittags bin ich mit unserem Beerdigungskommando hinaus zum Friedhof gegangen [. . .]. Der Friedhof mitten in der Heide, abseits von der Straße nach Munster, birgt schon fast 13 000 Tote. Zu Beginn des großen Sterbens wurden sie einzeln beigesetzt, und jeder bekam einen Sarg, jedes Grab einen Namen [. . .]. Als die Sterbeziffer anstieg, wurde der leere Sarg vom Friedhof wieder mit zurückgebracht. Dann kamen je 100 Leichen in ein Massengrab, und ein schlichtes Kreuz mit Nummern genügte für die Kartei. Die kriegsgefangenen Grabschaufler, mit Spitzhacken und Spaten, haben Mühe, in den hartgefrorenen Boden einzudringen. Als ich neben dem offenen Massengrab wartete, kam die letzte Fuhre für heute angefahren. Die steifgefrorenen Körper, ausgemergelte Gerippe, polterten von oben herab [. . .]. Vollkommen abgestumpft warfen die beerdigenden Iwans ›ihre‹ Toten in das offene Massengrab, und wenn ihre Hände zum Verpacken nicht genügten, dann nahmen sie ihre Füße zu Hilfe.«[21]

Alfred Rosenberg, Reichsminister für die besetzten Ostgebiete und Chefideologe der NSDAP, also schon von Amts wegen humanitärer Regungen ganz unverdächtig, schrieb

---

[21] Ebenda, S. 18.

in ganz anderem Zusammenhang über die Behandlung der Kriegsgefangenen im Februar 1942 an den Generalfeldmarschall Keitel, den Chef des Oberkommandos der Wehrmacht: »Deutschland führt den Kampf gegen die Sowjet-Union unter weltanschaulichen Gesichtspunkten. Der Bolschewismus soll gestürzt und etwas Besseres an seine Stelle gesetzt werden. Schon die Kriegsgefangenen müssen deshalb am eigenen Leibe erfahren, daß der Nationalsozialismus gewillt und in der Lage ist, ihnen eine bessere Zukunft zu verschaffen. Sie müssen später aus Deutschland mit dem Gefühl der Bewunderung und Hochachtung vor Deutschland und den deutschen Einrichtungen in ihre Heimat zurückkehren und so Propagandisten für die Sache Deutschlands und des Nationalsozialismus werden.« Das angestrebte Ziel sei nicht erreicht worden, fuhr Rosenberg fort: »Das Schicksal der sowjetischen Kriegsgefangenen in Deutschland ist im Gegenteil eine Tragödie größten Ausmaßes. Von den 3,6 Millionen Kriegsgefangenen sind heute nur noch einige Hunderttausend voll arbeitsfähig. Ein großer Teil von ihnen ist verhungert oder durch die Unbilden der Witterung umgekommen.« Rosenberg beklagte auch die Erschießungen von Kriegsgefangenen, »die zum Teil nach Gesichtspunkten durchgeführt wurden, die jedes politische Verständnis vermissen lassen.«[22]

Dies schrieb einer der ältesten Gefolgsleute Hitlers an den ranghöchsten Offizier der deutschen Wehrmacht. Es war auch keine Gefühlsduselei, sondern politisches und propagandistisches Kalkül, wenn der Reichsminister sich bestürzt zeigte, daß die Wehrmacht keinen Unterschied zwischen Gefangenen und Überläufern machte: »Die deutsche Propaganda hat bekanntlich in Millionen von Exem-

---

[22] Reichsminister Rosenberg an Chef OKW, Generalfeldmarschall Keitel, 28. 2. 1942, Nürnberger Dokument PS 81.

plaren Flugblätter jenseits der Linien abgeworfen und die Rot-Armisten zum Überlaufen aufgefordert, wobei ihnen ausdrücklich gute Behandlung und ausreichende Ernährung zugesichert wurden. Diese Versprechen wurden nicht gehalten. Der Überläufer wurde genau so wie viele Kriegsgefangene verprügelt und dem Hungertode preisgegeben.«[23]

Im Feldpostbrief des Unteroffiziers Robert Rupp an seine Frau, geschrieben 1941 am Ende der ersten Woche des Krieges gegen die Sowjetunion, finden sich nicht nur Beweise für solchen verbrecherischen Umgang mit den gefangenen Rotarmisten, der Brief wirft auch ein erschreckendes Licht auf die Mentalität deutscher Soldaten: »Man erzählt, ein Befehl des Führers sei herausgekommen, daß Gefangene und solche, die sich ergeben, nicht mehr erschossen werden dürfen. Das freut mich. Endlich! Viele Erschossene, die ich liegen sah, lagen mit erhobenen Händen da und ohne Waffen und sogar ohne Koppel. Mindestens hundert sah ich so liegen. Man erzählt, daß sogar ein Parlamentär, der mit weißer Fahne kam, niedergeknallt wurde! Nachmittags wird gesagt, daß ganze Kompanien der Russen geschlossen sich ergeben. Die Methode war schon schlimm. Man hat auch Verwundete erschossen [. . .].«[24]

Zu fragen ist hier nicht nur, welche Spuren dieses Geschehen in der Psyche der Handelnden hinterlassen mußte und wie die Handelnden damit lebten (und noch leben). Erklärt sich das Schweigen eines großen Teils der heute alten Männer aus ihrem Unvermögen, das Erlebte als Verursachtes und Mitzuverantwortendes anzunehmen und an-

---

[23] Ebenda.
[24] Feldpostbrief des Unteroffiziers Robert Rupp vom 1. 7. 1941, zit. nach Reinhard Rürup (Hrsg.), Der Krieg gegen die Sowjetunion 1941–1945. Eine Dokumentation, Berlin 1991, S. 60.

zuerkennen? Oder wäre es – schlimmer noch – trotziges Festhalten an der Richtigkeit, am Sinn des damals Verübten? Zu fragen ist aber auch, ob das Wüten der deutschen Soldaten auf sowjetischem Boden noch andere und ärgere Ursachen hatte als die stereotyp zur Erklärung vorgebrachte Berufung auf militärische Befehle, gegen die es angeblich keine Möglichkeit der Verweigerung gegeben hat.

Wir wissen es längst besser. Am 13. Juli 1942 ermordeten Angehörige des Reserve-Polizeibataillons 101 in Jozefow in Polen befehlsgemäß 1500 Juden, Männer, Frauen, Kinder durch Genickschuß. Der Bataillonskommandeur war verzweifelt über den Befehl, die Ausführenden waren erbittert und deprimiert; aber wer nicht mitmachen wollte, wurde ausdrücklich von der »Aktion« suspendiert. In weiteren Massakern im Distrikt Lublin des Generalgouvernements, als Begleit- und Wachpersonal bei Deportationen nach Treblinka, bei Ghettoräumungen, bei der »Judenjagd« (dem Aufspüren und Töten Versteckter), schließlich bei der »Aktion Erntefest« in Majdanek und Poniatowa gewöhnten sich die Männer an das Morden. Die knapp 500 Mann waren schließlich an mindestens 83 500 Morden im besetzten Polen beteiligt.[25] Nicht nur den Historiker interessiert die Frage, wie im Alltag des Völkermords Familienväter als Mordmaschine funktioniert haben (nicht alle: Man konnte sich ja weigern und entziehen, andere entwickelten dagegen zunehmend Mordlust und Sadismus).

Der Prozeß der Desensibilisierung unter Gruppendruck und der wachsende Anpassungswille läßt sich vielleicht erklären durch die Arbeitsteiligkeit des Mordens, durch die Entpersönlichung des Mordvorgangs, durch die Wirkung der Feindbilder. Die Folgerung liegt jedenfalls nahe, daß

---

[25] Vgl. Christopher R. Browning, Ganz normale Männer. Das Reserve-Polizeibataillon 101 und die Endlösung in Polen, Reinbek 1993.

autonome Moral als Position eher die Ausnahme bildete, daß Menschen in Extremsituationen zu jeder Aufgabe disponibel sind, wenn sie durch die Ideologie der Ausgrenzung, durch Feindbilder dazu disponiert wurden.

In Jugoslawien führte die deutsche Wehrmacht – nicht die SS – in den Jahren 1941 und 1942 unter der selbstbeschwichtigenden Formel »Partisanenkrieg« einen Ausrottungsfeldzug gegen die Minderheiten der Juden und Roma. 1941 lebten 17 000 Juden in Serbien unter deutscher Herrschaft, ein Jahr später wurde das unter deutscher Militärverwaltung stehende Gebiet »judenfrei« gemeldet. Unter dem Vorwand der Partisanenbekämpfung wurden Juden und Roma als Geiseln genommen und im Zuge militärischer »Strafexpeditionen« erschossen. Im Zusammenwirken von Wehrmacht, Militärverwaltung und Auswärtigem Amt wurden in zahlreichen Aktionen jüdische Männer und männliche Roma ermordet. Ein Oberleutnant Walther berichtete am 1. November 1941 über »die Erschießung von Juden und Zigeunern« durch Angehörige des Infanterieregiments 433: »Das Ausheben der Gruben nimmt den größten Teil der Zeit in Anspruch, während das Erschießen selbst sehr schnell geht (hundert Mann vierzig Minuten) [. . .]. Das Erschießen der Juden ist einfacher als das der Zigeuner. Man muß zugeben, daß die Juden sehr gefaßt in den Tod gehen – sie stehen sehr ruhig –, während die Zigeuner heulen, schreien und sich dauernd bewegen, wenn sie schon auf dem Erschießungsplatz stehen.«[26] Die zentrale Rolle der Wehrmacht bei den Kriegsverbrechen in

---

[26] Zit. nach Walter Manoschek, »Gehst mit Juden erschießen?« Die Vernichtung der Juden in Serbien, in: Heer und Naumann (Hrsg.), Vernichtungskrieg, S. 47; s. a. W. Manoschek, »Serbien ist judenfrei!« Militärische Besatzungspolitik und Judenvernichtung in Serbien 1941/42, München 1993.

VI. Der Bogen.

Serbien ist evident. Das Beispiel zeigt auch, belegt durch Berichte, Briefe und andere Dokumente, daß die Ermordung der durch Ideologie ausgegrenzten Menschen – Juden, Roma, Kommunisten – dem Bewußtseinsstand der Truppe nicht widersprach, im Gegenteil: »Mit dem Einsetzen des Partisanenaufstandes konnten die im Bewußtsein bereits verschmolzenen Feindbilder nun auch real zur Deckung gebracht und in Vernichtungshandlungen umgesetzt werden.«[27]

Man könnte, auf der Suche nach den Ursachen militärischer Brutalität und Grausamkeit, historischen Parallelen nachspüren. Da gibt es die Tagebucheintragung des Krupp-Direktors Wilhelm Muehlon aus dem Ersten Weltkrieg, der sich damals als scharfer und kritischer Beobachter des deutschen Militarismus ungeheuer unbeliebt machte. Am 30. August 1914 notierte er – angesichts deutscher selbstgerechter Kriegsbegeisterung und der Vorwürfe aus Belgien und Frankreich, die deutsche Kriegsführung sei barbarisch – folgendes in sein Tagebuch: »Allgemein gesprochen, wird man vom deutschen Soldaten wohl sagen dürfen, daß er von Natur gutmütig ist und harmlosen Menschen nichts zuleide tut, solange er keine Hindernisse auf seinem vorgeschriebenen Wege findet. Einmal gestört, wird er furchtbar, weil ihm ein höheres Unterscheidungsvermögen fehlt, weil er nur seine Pflicht, aber kein individuelles Gewissen kennt und zudem in Aufregungen geradezu blind und hypernervös wird [. . .]. Innerlich erst zögernd vor dem Greuel des Krieges, aber unbedingt dem Befehl gehorchend, der ihn vorwärts treibt, [. . .] hilflos ohne diesen Befehl, der seine ganze Sicherheit, seine ganze Rechtfertigung ist. Dann aber auch rasch an alle Greuel gewöhnt und von fürchterlichem

---

[27] Manoschek, »Serbien ist judenfrei!«, S. 53.

Ernst erfüllt, sobald ihm Furchtbares befohlen.«[28] Dieses Psychogramm soldatischen Verhaltens war aufgrund von Ereignissen in Belgien entstanden, die noch als Ausfluß von Bedrohung und Hysterie verstanden werden konnten. Der deutsche Soldat in Belgien 1914 hatte Angst und reagierte hysterisch, aber der deutsche Soldat in Rußland und der Ukraine 1941 fühlte sich als überlegener Herrenmensch, der nach eigenen Gesetzen gegen die Feinde und deren Frauen und Kinder handelte.

Die Betrachtungen zur Mentalität des deutschen Landsers sollen hier nicht vertieft werden, festgehalten werden muß freilich, daß die deutsche Kriegsführung an der Ostfront des Zweiten Weltkriegs vielfach Formen hatte, die mit den Ansprüchen einer zivilisierten und kulturell hochstehenden Nation an sich selbst nicht in Einklang zu bringen waren. Dessen waren sich die Krieger auch vielfach bewußt. Wirkungen dieses Bewußtseins sind das – damals wie heute artikulierte – Rechtfertigungsstreben, man habe sich sozusagen prophylaktisch barbarisch verhalten müssen, weil der Gegner barbarisch gewesen sei. Vor allem aber äußerte sich das schlechte Gewissen in den geraunten Andeutungen über schreckliche Dinge, die im Osten geschahen. Das Geraune, von Heimaturlaubern in Gang gebracht, setzte sich fort und lebt in manchen Stammtischrunden wohl weiter bis zum heutigen Tag. In Trauer über das Geschehene umgesetzt wurden das Wissen oder die Ahnung über die Exzesse der deutschen Kriegsführung, die Mißhandlungen der sowjetischen Zivilbevölkerung, die Geiselnahmen, die willkürlichen Erschießungen bei der Partisanenbekämpfung aber nur von den wenigsten.

---

[28] Wilhelm Muehlon, Ein Fremder im eigenen Land. Erinnerungen und Tagebuchaufzeichnungen eines Krupp-Direktors, 1908–1941, hrsg. v. Wolfgang Benz, Bremen 1989, S. 168 f.

38

Die sowjetischen Kriegsgefangenenlager, in denen deutsche Soldaten bis in die fünfziger Jahre festgehalten wurden, hätten die Möglichkeit zur Reflexion über die Probleme geboten. Der alltägliche Kampf ums Überleben, die
Fortdauer des Überlegenheitsgefühls gegenüber »den Russen«, Frustration wegen der Willkür der Gewahrsams-
macht Sowjetunion, die Überzeugung, individuell großes
Unrecht zu erleiden, und nicht zuletzt die Nachwirkungen
nationalsozialistischer Propaganda standen bei den meisten
Kriegsgefangenen den potentiellen Anstrengungen zur Be-
sinnung und Einkehr entgegen. Die Gefühlslage der Kriegsgefangenen beschreibt Heinz Pust in Aufzeichnungen über
seine Erfahrungen in sowjetischen Lagern als Mischung aus
Mißtrauen, Oppositionsgeist, Verhärtung: »Auch lebte in
uns eine Art Überlegenheitsgefühl gegenüber den Russen
fort. Das hatte es sicher bei vielen Deutschen schon vor der
Zeit des Nationalsozialismus gegeben, die NS-Propaganda
hatte die Überlegenheit der Deutschen gegenüber allen
anderen Völkern ständig im Munde. Und der Augenschein
beim Einmarsch oder Aufenthalt in der Sowjetunion während des Krieges und auch noch jetzt in der Gefangenschaft
schien manches davon zu bestätigen: die schlechten Wohnverhältnisse, miserable Straßen, einfachste Kleidung, unge-
nügende sanitäre Einrichtungen, die geringe Bildung der
einfachen Leute schienen auf einen kulturell-zivilisato-
rischen Rückstand hinzuweisen. Daran mochten auch andere Erfahrungen, etwa in bezug auf Geschicklichkeit und
Ausdauer, auf Improvisationsfähigkeit und praktisch-
technisches Verständnis, wenig zu ändern, auch nicht die
teilweise anzutreffende exzellente Beschlagenheit in Teil-
gebieten westeuropäischer Kultur [. . .]. Auch als Soldaten
hatten wir eigentlich immer dieses Überlegenheitsgefühl
gehabt, daß wir bei gleichen Stärkeverhältnissen in bezug
auf Truppenstärke und Bewaffnung ›die Russen in die

Steppe zurückjagen‹ würden. Auch hier vermochten andere Erfahrungen, etwa die, daß zumindest in den letzten Kriegsjahren allein der Ruf ›Die Russen kommen!‹ ganze Bataillone zu zügelloser Flucht veranlaßt hatte, nicht viel zu ändern. Aber nun hatten uns diese Russen ja besiegt. Woran mochte das bloß liegen? Die Erklärung lag scheinbar auf der Hand: die zahlenmäßige Überlegenheit und die amerikanischen Lieferungen! [. . .]. So suchte sich unser Hochmut überall seine Nahrung, und die Russen, insbesondere die, mit denen wir im Lager zu tun hatten, bezeichneten wir geringschätzig stets als ›Kanaken‹.«[29]

Ansätze zur Aufarbeitung der Vergangenheit, zur Betrachtung der eigenen Beteiligung am nationalsozialistischen Rassen- und Vernichtungskrieg gab es – offenbar situationsbedingt – nicht. Heinz Pust suchte das zu erklären: »Aber waren nicht doch die Enthüllungen über die schrecklichen Verbrechen der NS-Zeit geeignet, manchen nachdenklich zu machen? Vielfach wurden die Meldungen darüber als propagandistische Übertreibungen abgetan, zum Teil wohl gar ganz geleugnet. Auf jeden Fall bestand die Tendenz, dieses Kapitel einer kleinen wissenden Führerschicht und der kleinen Gruppe von Ausführenden in die Schuhe zu schieben, von denen sich die Masse der ›anständigen Deutschen‹ abhob. Vielleicht war dieses Deutungsmuster nicht nur eine faule Ausrede, ein Wegschieben der Verantwortung, vielleicht war es notwendig für die psychische Widerstandskraft und damit das Überleben: im Augenblick der Niederlage und der Ungewißheit über unser weiteres Schicksal war ein Rest von moralischer Integrität,

[29] Heinz Pust, Als Kriegsgefangener in der Sowjetunion. Erinnerungen 1945–1953, in: Kriegsgefangenschaft. Berichte über das Leben in Gefangenenlagern der Alliierten, hrsg. v. Wolfgang Benz und Angelika Schardt, München 1991, S. 37 f.

auch wenn sie nur eingebildet war, eine – möglicherweise lebenserhaltende – Stütze. Wie sich diejenigen, die selber an Greueln beteiligt gewesen waren oder mehr, als sie zugaben, davon gewußt haben, mit ihrem Gewissen arrangierten, weiß ich nicht, denn darüber wurde nicht gesprochen.«[30]

Einige haben sich von Beweisen deutscher Greueltaten überzeugen lassen, nachdem sie in sowjetische Kriegsgefangenschaft geraten waren, und haben die Konsequenzen in die Praxis umgesetzt. Das hieß, sie schlossen sich dem Nationalkomitee Freies Deutschland an und versuchten, von den sowjetischen Linien aus mit Mitteln der Propaganda die Kameraden zur Kampfeinstellung, zur Desertion zu bewegen.

Otto Engelbert hatte sich im Frühjahr 1943 in einem sowjetischen Sammellager dazu bestimmen lassen, sich als Propagandist dem sowjetischen Apparat der Antifa-Erziehung anzuschließen. Überzeugt hatte ihn ein sowjetischer Propagandaoffizier, der Major Lew Kopelew: Eines Tages »zog Major Kopelew während einer Besprechung einen Packen Fotografien aus der Tasche und bat uns, sie anzusehen. Es waren Aufnahmen von Hinrichtungen, die meisten durch Erhängen. Einzeln oder in Gruppen umstanden den Schauplatz Männer in deutschen Uniformen, den Opfern am nächsten wohl die Henker, von Wichtigkeit geschwellt. Die gehenkten Zivilisten mochten Partisanen sein, Helfer, Verdächtige oder Geiseln. Seit meiner Zeit bei einer rückwärtigen Einheit in Staraja Russa wußte ich um solche Aktionen, auch um ihre seltsame Anziehungskraft auf manche Menschen. Zwei oder drei der Aufnahmen aber zeigten eine riesige Grube. So weit man von oben hineinsehen konnte,

---

[30] Ebenda, S. 41 f.

war ihr Boden mit nackten Leichen bedeckt. Am Rande dieser Grube standen im Abstand von einigen Metern zwei Männer in Uniform, jeder ein nacktes Opfer vor sich, dem er den Lauf seiner Pistole in den Nacken drückte. Im Hintergrunde aber drängte sich, von Bewaffneten umringt, eine kaum zu zählende Menge nackter Männer und Frauen: die nächsten Opfer in Erwartung und im Angesicht ihres Endes. Man sagte uns, daß man diese Fotos bei deutschen Soldaten gefunden habe, bei Gefallenen und Gefangenen, oder in verlassenen Bunkern. Offenbar führten ihre Besitzer sie bei sich als ›Souvenirs‹ [. . .]. Unfaßbares war geschehen und geschah noch, täglich, vielleicht stündlich. Und das geschah, wenn auch ohne unseren Wunsch und Willen, doch in unserem Namen. Wir waren mitverantwortlich.«[31]

Daß die Sowjetunion deutsche Kriegsgefangene jahrelang zurückhielt und ihre Arbeitskraft zum Wiederaufbau des zerstörten Landes benutzte, wurde als exorbitanter Bruch des Völkerrechts von den Bürgern und der Regierung der Bundesrepublik beklagt, aber das gewiß traurige Schicksal der deutschen Gefangenen wurde kaum je in Bezug gesetzt zur Versklavung und Vernichtung sowjetischer Gefangener und Zwangsarbeiter in Deutschland. Aus der Erinnerung getilgt wurden damit die Spuren des Vernichtungskrieges gegen die Bürger der Sowjetunion, der auch auf deutschem Boden geführt worden war. Massenerschießungen sowjetischer Kriegsgefangener hatten ja mitten im Deutschen Reich stattgefunden, etwa in Hebertshausen in Oberbayern, wenige Kilometer vom KZ Dachau entfernt.

Die 2,8 Millionen »Ostarbeiter«, die zur Zwangsarbeit ins Reich deportiert wurden, vegetierten unter Lebensbe-

---

[31] Otto Engelbert, Schule des Propagandisten, in: Heinrich Böll und Lew Kopelew, Warum haben wir aufeinander geschossen?, Bornheim-Merten 1981, S. 109 f.

dingungen, die denen im KZ ähnelten. Oft und gerne kolportierte Erzählungen über ukrainische oder russische Landarbeiter, die es auf deutschen Guts- und Bauernhöfen recht gut gehabt hätten, ändern am Gesamtbild wenig oder nichts. Anstelle von Rechten war ihnen eine Gehorsamspflicht als Grundlage des Normenkatalogs der Unterworfenen gegenüber dem deutschen Herrenvolk auferlegt. Ungeheure Arbeitsleistungen wurden von sowjetischen Kriegsgefangenen und Zwangsarbeitern verlangt, ohne daß ihre – ja auf Vernichtung zielende – Behandlung und Ernährung verbessert worden wäre. Dem NS-Regime galten diese Menschen als im gleichen Maße minderwertig wie widerstandsfähig. Goebbels hatte es im Juli 1942 bei einer Ministerkonferenz so ausgedrückt: »Es gibt Lebewesen, die deshalb so widerstandsfähig sind, weil sie so minderwertig sind. Ein Straßenköter ist auch widerstandsfähiger als ein hochgezüchteter Schäferhund. Deshalb ist aber der Straßenköter nicht wertvoller. Eine Ratte ist auch widerstandsfähiger als ein Haustier, weil sie unter so schlechten sozialen und wirtschaftlichen Verhältnissen lebt, daß sie sich schon eine gesunde Widerstandskraft aneignen muß, um überleben zu können. Auch der Bolschewist ist widerstandsfähig.«[32]

Traurige Beispiele für den Rassenkrieg – in diesem Fall gegen Kinder – wie für die kollektive Amnesie finden sich bei der Behandlung des unerwünschten Nachwuchses, den Ostarbeiterinnen hatten. Trotz strenger Verbote wurden ukrainische und russische Zwangsarbeiterinnen schwanger und bekamen Kinder. Hatte man anfänglich Schwangere in die Heimat zurückgeschickt, so konnte man in den letzten

---

[32] Zit. nach Christian Streit, Keine Kameraden, S. 197; vgl. Willi A. Boelcke, Wollt Ihr den totalen Krieg? Die geheimen Goebbels-Konferenzen 1939–1943, München 1969, S. 336.

Kriegsjahren auf die Arbeitskraft der Mütter nicht mehr verzichten, wollte aber die Kinder, auch aus ideologischen Gründen, nicht bei ihnen lassen. Die Schwangerschaften und Geburten kamen vor allem beim landwirtschaftlichen Einsatz vor (in Südbayern gab es im Januar 1944 im Bereich der Land- und Hauswirtschaft 11600 Arbeiterinnen aus der Sowjetunion und aus Polen, 708 Kinder waren registriert, und weitere 383 Schwangerschaften waren bekannt). Es sei untragbar, hieß es amtlich, »wenn auf den Bauernhöfen fremdrassige Kinder mit deutschen Kindern aufwachsen«.

Manche dieser Kinder hatten aber deutsche Väter, das gab dem Problem in deutschen Augen noch eine zusätzliche Dimension. Heinrich Himmler hatte mit einem Erlaß vom 27. Juli 1943 Vorsorge getroffen, daß im Einzelfall jeweils richtig reagiert wurde: Handelte es sich um fremdrassige Mütter und Kinder, durften sie »auf keinen Fall durch deutsche Einrichtungen betreut, in deutsche Kinderheime aufgenommen oder sonst mit deutschen Kindern gemeinsam aufwachsen und erzogen werden«. Für diese Kategorie unerwünschten Nachwuchses wurden »Ausländerkinder-Pflegestätten« eingerichtet, das waren Betreuungseinrichtungen der schlichtesten Art. War ein Elternteil des Kindes jedoch Deutscher oder Angehöriger »artverwandten, stammesgleichen Volkstums«, so sollte alles daran gesetzt werden, das Kind »nach Möglichkeit dem Deutschtum zu erhalten«.[33] Die Hybris nationalsozialistischen Rassendenkens kommt auch hier kraß zum Ausdruck. Im einen Fall

---

[33] Runderlaß des Reichsführers-SS vom 27. 7. 1943, betr. Behandlung schwangerer ausländischer Arbeiterinnen und der im Reich von ausländischen Arbeiterinnen geborenen Kinder, Allgemeine Erlaßsammlung RSHA (Reichssicherheitshauptamt), Archiv des Instituts für Zeitgeschichte München.

sollte kein Tropfen deutschen oder stammesgleichen Blutes verlorengehen, im anderen Fall drohte die physische Vernichtung. Ein Beispiel: In Markt Indersdorf in Oberbayern, unweit von Dachau, ist der Tod von 30 Kindern von Zwangsarbeiterinnen standesamtlich beurkundet worden. Als Todesursache der Babys war Brechdurchfall, chronische Darmentzündung, ab 11. Dezember 1944 dann nur noch »angeborene Lebensschwäche« angegeben. In diesem Ort war im September 1944 eine dieser von Himmler befohlenen »Ausländerkinder-Pflegestätten« eingerichtet worden, und alles deutet darauf hin, daß die unerwünschten Kinder an Unterernährung starben. Deutlicher ausgedrückt: Man hat sie bewußt und planmäßig verhungern lassen.

Die toten Kinder wurden auf dem Friedhof in Markt Indersdorf begraben und vergessen. Vier Jahrzehnte später errichtete man, nachdem ein Journalist Recherchen zu diesem Aspekt der Lokalgeschichte angestellt und ihr Ergebnis veröffentlicht hatte, ein Gedenkkreuz. Obwohl viele von den Vorgängen gewußt hatten, hinterließen sie keinen Eindruck, der über das individuelle Erinnern an einzelne Ostarbeiterinnen hinausging oder der das dumpfe Grauen darüber reflektiert hätte, daß in der Baracke, in die die Ausländerkinder gebracht wurden, Schreckliches geschehen ist.[34]

Verweigern oder Erinnern – der Befund scheint nach Betrachtung der verschiedenen Reflexionsebenen ziemlich eindeutig: Die Deutschen haben sich jahrzehntelang gegen das Erinnern entschieden. Die Ursachen sind vielfältig: Unterdrückte Gefühle von Scham und Schuld gehören sicherlich ebenso dazu wie Nachwirkungen der national-

---

[34] Vgl. Hans Holzhaider, Die Kinderbaracke von Indersdorf, in: Dachauer Hefte 3 (1987), S. 116–124.

sozialistischen Propaganda, die das Bewußtsein der Überlegenheit der Germanen über die Slawen kultivierte, um beispiellose Verbrechen scheinbar zu legitimieren. Traditioneller und in der Nachkriegszeit neu genährter Antikommunismus, Gefühle der Bedrohung durch die Sowjetunion und ihre politische und ökonomische Ideologie halfen bei der Rechtfertigung des Geschehens, das mit der Vokabel »Krieg« pauschal umschrieben wurde, womit aber tatsächlich Versklavung und Ausrottung gemeint waren.

Beim Aufbau von rechtfertigenden Deckerinnerungen waren Exzesse der Roten Armee (beziehungsweise vieler einzelner Soldaten) bei der Eroberung und Besetzung Deutschlands dienlich, ja willkommen. Das jahrelange Zurückhalten und die willkürliche Behandlung deutscher Kriegsgefangener in der Sowjetunion lieferten weitere Bausteine zur Denkfigur extremer Bedrohung durch die Sowjetunion, der man zuvorzukommen versucht habe. Damit begründen Soldaten der Wehrmacht und der Waffen-SS bis heute ihren Einsatz an der Ostfront: Man habe den Russen und Asiaten, die auf Stalins Befehl das Abendland überrennen wollten, zuvorkommen und Einhalt gebieten müssen.

Aus dieser Wurzel entsprangen auch die absurden deutschen Wunschträume, aus denen den Westalliierten die in solcher Sicht kardinale politische Fehlentscheidung des Frühjahrs 1945 angelastet wurde: Die Reste der deutschen Wehrmacht hätten nach der Niederlage Seite an Seite mit den USA, Großbritannien, Frankreich und den anderen Nationen des Westens gegen die Sowjetunion weiterkämpfen sollen. Das waren nicht nur die Hirngespinste Heinrich Himmlers in den letzten Kriegstagen; an die Richtigkeit und Möglichkeit eines solchen Konzepts glauben wohl heute immer noch etliche.

Durch den Kalten Krieg, durch die Teilung Deutschlands, die Berlin-Blockade, die jahrzehntelange Konfrontation der Machtblöcke fühlen sie sich möglicherweise bestätigt. Der Kalte Krieg schuf jedenfalls eine weitere Tradition, die der Erinnerung an Ursachen und Folgen des deutschen Überfalls im Wege stand: Die Teilung Deutschlands diente ebenfalls dazu, die Sowjetunion – verkörpert durch Stalin, den man als eine Hitler gleichwertige Verkörperung des Bösen sah – in der Rolle des Feindes und Hauptschuldigen zu halten. Darüber hinaus wurde er – anläßlich des »Historikerstreits« ist das breit diskutiert worden – in Anspruch genommen als originärer Verursacher des »europäischen Bürgerkrieges«, in dem Hitler, folgt man den Thesen des Protagonisten Nolte, reflektorisch reagiert habe, wonach der Nationalsozialismus als die im Vernichtungskrieg gegen Russen und im Völkermord von Auschwitz kulminierende Ideologie auf exogene Ursachen zurückgeführt werden könnte.[35] In einem zweiten Aufguß konservativer Kritik an Weizsäckers Rede von 1985 wallten solche Vorstellungen wieder auf in der Diskussion, die im Frühjahr 1995 von Interessenten darüber entfacht wurde, ob der 8. Mai 1945 der Tag der Befreiung oder der Beginn deutschen Leidens – »Vertreibungsterror«, »neue Unterdrückung im Osten«, »Teilung unseres Landes« – sei.[36] In den Leserbriefspalten (dort lassen sich Vorurteile so bequem wie wirkungsvoll vorbringen) werden diese Feindbilder, mit denen Erinnerungen überdeckt und bekämpft werden, wohl noch lange am Leben gehalten.

---

[35] Als wissenschaftlich verbrämter Kristallisationskern ideologischer Absichten vgl. Ernst Nolte, Streitpunkte. Heutige und künftige Kontroversen um den Nationalsozialismus, Berlin 1993.

[36] Anzeige »8. Mai 1945 – Gegen das Vergessen«, in: Frankfurter Allgemeine Zeitung, 5. 5. 1995.

3. Flucht und Vertreibung

Zur politischen Instrumentalisierung von Feindbildern

Der Zwölfjährige aus dem Hultschiner Ländchen[1] bekommt epileptische Anfälle, wenn er sich daran erinnert: Im Jahr 1945, irgendwo in Mähren, haben Tschechen Deutsche gefesselt, zu Paketen zusammengeschnürt, kreuzweise verknotet und so auf die Balustrade der Brücke über die March gehoben. Ein einbeiniger Greis stößt die Aufgereihten, ruhig und langsam, ganz systematisch arbeitend, mit seiner Krücke in den Fluß. Wenn eine Reihe fertig ist, werden die nächsten Menschenbündel auf das Geländer gepackt. »Manche Pakete baten um Gnade. Andere schwiegen verbissen. Die Pakete winselten und radebrechten unsinnige Worte. Die Pakete beteten auch.«[2]

Sowjetische Soldaten machen dem Treiben ein Ende, verjagen die Helfer, nehmen den Mordgreis fest. Später wird er verurteilt und hingerichtet. Alle müssen zusehen, auch der Zwölfjährige aus dem Hultschiner Ländchen, der wie die anderen verschnürt auf sein Ende gewartet hatte. Irgendwann wird er von seiner traumatischen Epilepsie

---

[1] Das Hultschiner Ländchen war als von »deutschgesinnten« Mährern bewohnter Südteil des oberschlesischen Kreises Ratibor durch den Versailler Vertrag 1919 an die Tschechoslowakei, mit dem Münchener Abkommen 1938 an das Deutsche Reich und 1945 wieder an die Tschechoslowakei gekommen.

[2] Karl von Wetzky, Gojele – oder: eines Christenbuben jüdische Abenteuer, nachdem die Zeit der Scho'a zu Ende war, Berlin 1994, S. 12 f.

geheilt, aber er erinnert sich weiter an den Oberlehrer Resnitzeck, der ein sehr gepflegtes Deutsch sprach und einen Zwicker trug, an die anderen, die von der March in die Donau gespült wurden, während sie ertranken. Im autobiographischen Roman (›Gojele‹) hat Karl von Wetzky die Episode aus dem Leben des Zwölfjährigen, der als gebürtiger Deutscher 1946 zusammen mit seiner Mutter aus Mähren ausgesiedelt werden sollte, beschrieben. Greuelgeschichten? Ja. Aber sie sind ein Teil historischer Realität, die nicht von Legenden überwuchert, tabuisiert und verdrängt und dadurch, Feindbilder stabilisierend, fortdauernder Feindschaft Nahrung geben darf.

Auf der Potsdamer Konferenz hatten im Sommer 1945[3] die drei Großmächte festgeschrieben, was längst beschlossen war: Die Vertreibung der deutschen Minderheiten aus Polen, aus der Tschechoslowakei und aus Ungarn. Die deutschen Ostgebiete, die an Polen fallen sollten und die von der Roten Armee bereits der Verwaltung durch die Provisorische Polnische Regierung unterstellt worden waren, seien menschenleer, die Deutschen seien alle geflohen, hatte Stalin in Potsdam behauptet und damit die Konferenzteilnehmer beruhigt, sofern sie überhaupt beunruhigt waren über das Schicksal der Menschen, denen die »ordnungsmäßige Überführung« aus Polen, der Tschechoslowakei und Ungarn bevorstand. In humanen Formen sollte die Vertreibung erfolgen, die Churchill im Dezember 1944 vor dem britischen Unterhaus »das befriedigendste und dauerhafteste Mittel«, Frieden zu stiften, genannt hatte:

---

[3] Vgl. Wolfgang Benz, Potsdam 1945. Besatzungsherrschaft und Neuaufbau im Vier-Zonen-Deutschland, 3. Aufl. München 1994; s. a. Klaus-Dietmar Henke, Der Weg nach Potsdam. Die Alliierten und die Vertreibung, in: W. Benz (Hrsg.), Die Vertreibung der Deutschen aus dem Osten. Ursachen, Ereignisse, Folgen, Frankfurt a. M. 1995.

»Es wird keine Mischung der Bevölkerung geben, wodurch endlose Unannehmlichkeiten entstehen wie zum Beispiel im Fall Elsaß-Lothringen. Reiner Tisch wird gemacht werden.«[4] Der Begriff »ethnische Säuberung« existierte damals noch nicht. Die Politiker orientierten sich an historischen Vorbildern, dem Bevölkerungsaustausch zwischen Bulgarien und der Türkei, der im November 1913 beschlossen worden war und die »freiwillige« Umsiedlung der jeweiligen Minderheit (auf beiden Seiten je 50 000 Menschen) bedeutet hatte. 1922/23 war auf einer Konferenz in Lausanne der Konflikt zwischen der Türkei und Griechenland dergestalt bereinigt worden, daß die ethnischen Minderheiten ausgetauscht wurden. Das bedeutete den Exodus von mehr als einer Million Griechen aus Kleinasien und von über 400 000 Türken aus Griechenland, das hieß Existenzverlust, menschliches Leid und kritische Belastung der Staatshaushalte. Die Härte der barbarischen Transaktionen war längst vergessen, als am Potsdamer Konferenztisch die alten Rezepte wieder probiert wurden.

Von Rache war nicht die Rede gewesen in Potsdam. Aber Rache gehörte 1945/46 zu den Bedürfnissen vieler, die deutsche Besatzungs- und Bevölkerungspolitik erlitten hatten. Beim Vormarsch der Roten Armee, bei der Übernahme der neuen polnischen Westgebiete, beim Prager Aufstand Anfang Mai 1945, nach dem Rückzug der Wehrmacht ließen sowjetische Soldaten, polnische Milizionäre, jugoslawische Partisanen, tschechische Bürger ihren Gefühlen gegenüber »den Deutschen« freien Lauf. Daß der Zorn der lange Unterdrückten mehrheitlich Frauen und Kinder, Greise, Zivilisten traf und nicht die politisch Verantwortlichen, die Offiziellen der deutschen Okkupationsmacht oder die Funkti-

---

[4] Rede im britischen Unterhaus am 15. 12. 1944, abgedruckt in: Winston S. Churchill, Reden 1944, Zürich 1949, S. 459 f.

onseiten des Nationalsozialismus, machte die Situation heillos und für die Betroffenen unverständlich. Erklärbar war die Reaktion von Gewalt und Demütigung, die Deutsche bei ihrer Flucht und Vertreibung erfuhren, als Reflex auf die Germanisierungsideologie und die Sklavenhaltermentalität, die Hauptbestandteil und Triebfeder der nationalsozialistischen Ostexpansion und Besatzungspolitik auf tschechischem und polnischem, weißrussischem, baltischem, russischem und ukrainischem Territorium gewesen war.[5]

Die Bestimmungen des »Polensonderstrafrechts«, die Praktiken der Ausbeutung von »Ostarbeitern« im Reich, den »Generalplan Ost«, die Grundsätze über die Behandlung »Fremdvölkischer« kannten die Opfer des tschechischen und polnischen Zorns wohl nur zum geringsten Teil. Und ob sie sich mit den Maximen nationalsozialistischer Herrschaft identifiziert hatten oder nur selbstverständliche Nutznießer, ja möglicherweise Gegner des Regimes gewesen waren, die vielleicht mit der unterdrückten Bevölkerung im Generalgouvernement oder im Protektorat Böhmen und Mähren, im Reichsgau Wartheland oder in den annektierten Sudetengebieten sympathisiert hatten, blieb unerheblich.

Nationale Wut steht als kollektive Leidenschaft außerhalb jeder Vernunft, und für leidende Teilhaber kollektiven Schicksals ist Gerechtigkeit schwerlich zu erlangen. Die Erfahrung des Vertriebenwerdens und das Erlebnis der Flucht als letzter Möglichkeit zur Rettung der physischen Existenz

---

[5] Vgl. Wolfgang Benz, Der Generalplan Ost. Zur Germanisierungspolitik des NS-Regimes in den besetzten Ostgebieten 1939–1945, in: ders. (Hrsg.), Die Vertreibung der Deutschen aus dem Osten, S. 45 ff.; Götz Aly und Susanne Heim, Vordenker der Vernichtung. Auschwitz und die deutschen Pläne für eine neue europäische Ordnung, Hamburg 1991.

gehört zu den historischen Determinanten des zwanzigsten Jahrhunderts. (Das ist keine fatalistische Beschwichtigung, sondern ein Verdikt.)[6] Gegenüber dem Leid der unfreiwillig Wandernden sind historische Kategorien ohne Sinn. Das gilt für die Armenier oder die Smyrna-Griechen am Anfang des Jahrhunderts ebenso wie für die in der Mitte des Saeculums aus ihrer Heimat verjagten Polen, wenig später für die Deutschen, für die jüdischen Displaced Persons am Ende der NS-Herrschaft[7], für Palästinenser und für bosnische Frauen in unseren Tagen nicht minder als für serbische Bauern oder kroatische Kinder, die der Räson nationaler oder ethnozentrischer Ideologien unterworfen werden.

Unzählige Menschen waren zur Zeit der nationalsozialistischen Herrschaft gezwungen, in Lagern zu vegetieren, bei unzulänglicher Ernährung und üblen sanitären Bedingungen, behandelt als Menschen dritter Klasse oder schlechter. Der Abstufungen gab es viele, die ukrainische Fremdarbeiterin in Diensten der deutschen Rüstungsindustrie stand ziemlich tief in der sozialen Rangordnung, aber weit unter ihr existierten die KZ-Häftlinge, denen vor der Vernichtung noch Arbeitsleistung abgepreßt wurde. Daß Deutsche ähnlichen Bedingungen ausgesetzt wurden, wie sie sowjetischen Kriegsgefangenen und »Fremdarbeitern« bis Kriegsende auferlegt waren und die sie für selbstverständlich gehalten hatten – der Beruhigung hatte beim störenden Anblick vielleicht die Überzeugung vom Kulturgefälle und der Glaube an Kriegsnotwendig-

---

6 Zu wesentlichen Aspekten im Rahmen der deutschen Geschichte vgl. Klaus J. Bade (Hrsg.), Deutsche im Ausland – Fremde in Deutschland. Migration in Geschichte und Gegenwart, München 1992.
7 Vgl. Angelika Königseder und Juliane Wetzel, Lebensmut im Wartesaal. Die jüdischen DPs (Displaced Persons) im Nachkriegsdeutschland, Frankfurt a. M. 1994.

keit gedient –, erschien ihnen ungeheuerlich und ungerecht.[8]

Eine Lehrerin aus Liegnitz in Niederschlesien schildert die anschließende Zeit, in der Deutsche der Willkür und Rechtlosigkeit preisgegeben waren, nachdem das Blatt sich gewendet hatte: »Mit uns ging man nicht sanft um. Mit Püffen und Schlägen wurden wir zur Arbeit angetrieben. In der letzten Zeit scheute sich der Pole auch nicht, im Falle irgendeines Ungehorsams hinter uns herzuschießen. Sehr zahlreich waren die Fälle, in denen Deutsche ohne Grund auf der Straße aufgegriffen wurden und tagelang ohne Nahrung im Gefängnis zubringen mußten. Viele wurden geschlagen, ohne daß sie wußten, warum [. . .]. In der ersten Zeit wunderten wir uns oft, woher die vielen Polen kamen. Später erfuhren wir dann, daß die Russen innerhalb kurzer Frist die Polen aus ihrem ursprünglichen Heimatgebiet hinausgedrängt hätten mit der Begründung, sie sollten nach dem ›menschenleeren Schlesien‹ gehen und sich aneignen, was der Deutsche besitze. Demgemäß handelten die Polen. Meist erschien der Pole allein oder in Begleitung polnischer Miliz. Die Deutschen waren gezwungen, Schränke, Kommoden oder sonstige Behältnisse zu öffnen, und dann nahm sich jeder mit den Worten: ›Alles mein‹, was er brauchte. Gefielen ihm die Betten, Matratzen oder sonstigen Möbel, so hielt einen Tag später ein Lastauto vor der Tür, und alles wurde aufgeladen.«[9]

---

[8] Ulrich Herbert, Fremdarbeiter. Politik und Praxis des »Ausländer-Einsatzes« in der Kriegswirtschaft des Dritten Reiches, Berlin, Bonn 1985; ders. (Hrsg.), Europa und der »Reichseinsatz«. Ausländische Zivilarbeiter, Kriegsgefangene und KZ-Häftlinge in Deutschland 1938–1945, Essen 1991.

[9] Erlebnisbericht der damaligen Lehrerin I. F. aus Liegnitz, Sommer 1948, abgedruckt in der vom Bundesvertriebenenministerium in Auftrag gegebenen ›Dokumentation der Vertreibung der Deutschen aus Ost-Mit-

Die Bedingungen, unter denen die Deutschen landwirtschaftliche und andere schwere Arbeiten verrichten mußten, waren elend, die polnischen Bewacher unbarmherzig, und wenn sie sich einen Spaß gönnten, brachte es den Opfern zusätzliches Leid. Die Klage über Willkür und Grausamkeit gegenüber den Deutschen ist aber ohne Erinnerung an das, was den Peinigern zuvor angetan wurde, und das Unverständnis, daß Deutschen solches geschehen konnte, entsprach dem Bewußtsein höheren Wertes, das durch die neuen Umstände aufs bitterste gekränkt war. Und umgekehrt war es den vermeintlichen Barbaren notwendig, die deutschen Herrenmenschen elend zu sehen, weil sie so viel von ihnen erlitten hatten, weil sie hofften, ihren Schmerz um Verlorenes durch Grausamkeit lindern zu können.

Der Strom der Heimatvertriebenen und Flüchtlinge, der sich aus den verlorenen Ostgebieten und aus Ost-Mitteleuropa in das verkleinerte und vierfach geteilte Deutschland ergoß, schien nicht zu versiegen. Ende Oktober 1946 wurden in den vier Besatzungszonen über 9,6 Millionen Heimatvertriebene gezählt. Die britische Zone hatte am 1. April 1947 einen Bevölkerungszuwachs von 3,67 Millionen (oder 18%) gegenüber 19,8 Millionen Einwohnern im Jahre 1939 zu verzeichnen. Die Einwohnerzahl der US-Zone vergrößerte sich um 3,25 Millionen (23%), die der sowjetischen Zone um 3,16 Millionen (16%), die französische Zone nahm nur ganz wenige Flüchtlinge widerwillig auf. Bei der Volkszählung im September 1950 hatte sich die Zahl um mehr als zwei Millio-

---

teleuropa‹, die 1954–1963 in 8 Bänden erschien. Zugrunde liegen dieser Dokumentation tausende Erlebnisberichte und Interviews, seriös aufgearbeitet von namhaften Wissenschaftlern. Zit. nach dem unveränderten Nachdruck: Die Vertreibung der deutschen Bevölkerung aus den Gebieten östlich der Oder-Neiße, Band 2, München 1984, S. 362 f.

nen erhöht, die Gesamtbilanz nennt schließlich über 16 Millionen Menschen, die nach dem Ende der NS-Herrschaft das Schicksal von Flucht und Vertreibung hatten, die in der Bundesrepublik und in der DDR neues Heimatrecht erwarben.[10] Den größten Anteil der Wanderungsbewegung mußten die Agrarländer Mecklenburg-Vorpommern, Schleswig-Holstein, Niedersachsen und Bayern aufnehmen, weil dort die Ernährung und Behausung eher möglich war als in den Industriegebieten. Aber auch in Nordrhein-Westfalen gehörten von 100 Einwohnern 13 in die Kategorie der »Entwurzelten«, wie Vertriebene, Flüchtlinge und Evakuierte amtlich genannt wurden.

Wegen der strengen Zuzugsbeschränkung kamen jedoch verhältnismäßig wenig Flüchtlinge ins Ruhrgebiet (1946 machten sie dort 3,5% der Bevölkerung aus). Vor allem arbeitsfähige junge Männer durften ins Revier, sie waren begehrt als »Neubergleute«, und sie hatten in der Regel weniger Schwierigkeiten, akzeptiert zu werden, als die Flüchtlingsfamilien auf dem Land, die als Fremde, als Störer des häuslichen Friedens, als unerwünschte arme Leute mit ungewohnten Sitten und Gebräuchen empfunden wurden. Die Einheimischen ließen die Flüchtlinge das Fremdsein spüren.

Und die sozialen Probleme schienen kaum lösbar. Die Vertriebenen erwarteten Wohnung und Arbeit, Entschädigung für erlittene Verluste und Betreuung in existentieller Not. Die Besatzungsbehörden erwarteten die möglichst reibungslose Integration der Neubürger, untersagten ihnen deshalb den Zusammenschluß in eigenen politischen Organisationen (die Flüchtlingspartei BHE entstand erst 1949

---

[10] Herkunft und Verbleib der Heimatvertriebenen, in: Bundesgesetze und Leistungen für die Geschädigten des Krieges und der Kriegsfolgen, Bonn 1957, S. 14 f.

nach dem Ende des Lizenzzwangs für politische Parteien) und veranlaßten die für Heimatvertriebene damals zuständigen Länderregierungen zum Erlaß von Sozialgesetzen.

Das bayerische ›Flüchtlingsgesetz‹ vom Mai 1946 postulierte aufgrund der Vorgaben der Alliierten ein organisches Aufgehen der Flüchtlinge im bayerischen Volk, aber das entsprach kaum der Volksstimmung. Es war noch ein ziemlich weiter Weg, bis die Sudetendeutschen, die mehrheitlich in Bayern angesiedelt wurden, in politischen Sonntagsreden als vierter bayerischer Volksstamm (neben Altbayern, Franken und Schwaben) gefeiert wurden. Der Bericht eines bayerischen Beamten über seine Inspektion der Unterbringungsverhältnisse von 600 Flüchtlingen in Neunburg vorm Wald im Juli 1946 illustriert das Problem des Fremdseins eindrucksvoll: »In den von mir besichtigten Räumen waren Angehörige beiderlei Geschlechts und aller Jahrgänge untergebracht, Erwachsene, Kinder – Jugendliche (völlig mit Ungeziefer behaftet). Persönlichen zuverlässigen Informationen zufolge bedeuten die sittlichen Zustände bei diesen auf solche Weise Untergebrachten nicht nur eine sittliche Zerrüttung der heranwachsenden Flüchtlingsgeneration, vielmehr bedeutet diese Zerrüttung die Erzeugung von Zersetzungszellen der sittlichen Haltung der angestammten Bevölkerung [. . .].«[11]

Sittliche Entrüstung, wie hier im Übermaß demonstriert, hat meist konkrete Hintergründe, und auch hier hatte die

---

[11] Kurzbericht zur Lage der Flüchtlinge und Einheimischen, Bayerisches Hauptstaatsarchiv MArb, vorl. Nr. 333, zit. nach Friedrich Prinz, Integration und Neubeginn. Dokumentation über die Leistungen des Freistaates Bayern und des Bundes zur Eingliederung der Wirtschaftsbetriebe der Vertriebenen und Flüchtlinge und deren Beitrag zur wirtschaftlichen Entwicklung des Landes (im Auftrag des Bayerischen Staatsministeriums für Arbeit und Sozialordnung), Bd. 2, München 1984, S. 889 ff.

scheinheilige fremdenfeindliche Argumentation ihren Zweck. Dem Beamten ging es darum, dringend notwendige Landarbeiter zu rekrutieren, und er sah eine einfache Lösung: »Während in diesen Lagern die Flüchtlinge sich ohne Arbeit befinden, besteht ernste Gefahr für die Sicherung der landwirtschaftlichen Erzeugung wegen Mangel an Arbeitskräften. Die Erfüllung des christlichen Gebotes und die Verantwortung, die sich für uns daraus ergibt, verpflichtet uns, sofort von der sich hier aufzeigenden Möglichkeit einer Lösung Gebrauch zu machen und die Flüchtlinge einem Berufe zuzuführen, der sie aus dieser entwürdigenden Atmosphäre, in der sie sich befinden, in eine würdige Arbeit innerhalb Gottes freier Natur führt. Hiermit findet das christliche und soziale Gebot seine Erfüllung mit der Belohnung einer volkswirtschaftlichen Erfolgssicherung.«[12]

Das integrationsfördernde Flüchtlingsgesetz diene, so schloß die schlitzohrige Argumentation zur sozialen Deklassierung der Vertriebenen und zur Besitzstandswahrung der Einheimischen, »der Entrechtung der angestammten Bevölkerung zugunsten der Flüchtlinge«. Die Haltung xenophobischer Abwehr war aber keineswegs auf Bayern beschränkt. Die Notwendigkeit, knappen Wohnraum und Privatsphäre mit Fremden, die von Behörden eingewiesen wurden, zu teilen, war den Einheimischen nirgendwo angenehm. Sie versuchten, sich dem Beherbergungszwang möglichst zu entziehen. Ein neuer Sozialberuf entstand, der »Wohnungseinweiser«, der in kommunalen Diensten Unterkunft für die Flüchtlinge requirierte.

Wie unerwünscht die hungernden und frierenden Eindringlinge in der vor dem Bombenkrieg bewahrten Häuslichkeit der Einheimischen waren, wie notwendig sie amtli-

---

[12] Ebenda.

chen Beistand hatten, lesen wir in einem Bericht, der im Sommer 1946 in Bielefeld von einem Wohnungseinweiser verfaßt wurde: »Die Flüchtlinge finden heute oftmals einen fast oder ganz leeren Raum vor. Daß sie auf dem Fußboden schlafen müssen, ihre geringe Habe nirgends unterbringen können, nehmen sie mit Bitternis hin. Aber womit sich kaum jemand abfinden kann, ist, daß man ihm nicht einmal das Kochen gestatten will. Gesetzt den Fall, es ist keine Küchenbenutzung vorgesehen, so wäre es dennoch eine moralische Pflicht des Vermieters, den Flüchtling die Zubereitung seiner kärglichen Mahlzeiten in der Küche vornehmen zu lassen, wenigsten solange, bis ein eigener Herd zur Verfügung steht. Was soll der Flüchtling denn tun? Kein Ofen, kein Herd, kein Brennmaterial [. . .]. Der Vermieter sagt dazu: Der Flüchtling verbraucht zu viel Gas und was der Dinge mehr sind.«[13]

Die Anwesenheit der Fremden, denen gegenüber man zur Solidarität gezwungen war, erzeugte Ängste und sozialen Streß. Knapp 50 Jahre später entluden sich in teilweise vergleichbarer Konstellation die Frustrationen und Existenzängste an den Fremden in Hoyerswerda und Rostock. Wegen des signifikanteren Fremdseins der Asylbewerber war die Hemmschwelle niedriger, und der Zwang zum Wohlverhalten existierte nicht, das beschleunigte die Ausbrüche ausgrenzender Gewalt gegen Ausländer Anfang der neunziger Jahre. Auslösendes Moment war – neben Minoritätskomplexen, die in Aggression gegen Stellvertreter agiert wurden – die Befürchtung, auf Kosten Fremder zurückgesetzt zu werden.

Die Sorge der Einheimischen in der Nachkriegszeit,

---

[13] Bericht des Flüchtlingswohnungsamtes v. 27. 7. 1946, Stadtarchiv Bielefeld, zit. nach Christoph Kleßmann, Die doppelte Staatsgründung. Deutsche Geschichte 1945–1955, Bonn 1982, S. 358 f.

durch die amtliche Fürsorge zugunsten der Neubürger benachteiligt zu werden, war unbegründet. Wenn es, rein statistisch gesehen, auch gelang, einen erheblichen Teil der Flüchtlinge in ihren Berufssparten unterzubringen, so bedeutete das für viele doch sozialen Abstieg und Beschäftigung in minderer Position als in der alten Heimat. So war die Zahl der Arbeiter 1950 unter den Heimatvertriebenen überproportional größer als bei den Einheimischen. Die Währungsreform im Juni 1948 brachte für die Flüchtlinge besondere Probleme; denn der Geldschnitt begünstigte die eingesessenen Sachwertbesitzer und enteignete die Besitzer ersparten und geretteten Geldes. Ein Soforthilfegesetz sollte die ärgsten Härten lindern, bis 1952 mit der Lastenausgleichsgesetzgebung die wirtschaftliche Integration der Heimatvertriebenen begann. Insgesamt wurden mehr als 114 Milliarden DM zur Entschädigung beziehungsweise gerechteren Verteilung der Verluste aus Krieg, Vertreibung und Währungsreform aufgebracht. Der Integration dienten auch Umsiedlungen innerhalb des Bundesgebiets, um die überbelegten Länder Bayern, Niedersachsen und Schleswig-Holstein zu entlasten. Die Flüchtlingspolitik der Länder hatte aber schon Erfolge gezeigt, als 1949 das Bundesvertriebenenministerium gegründet wurde.

So war es zum Beispiel mit Hilfe der Bayerischen Landesanstalt für Aufbaufinanzierung gelungen, Industrie- und Gewerbezweige der Heimatvertriebenen durch gezielte Kreditgewährung anzusiedeln – wie die Graslitzer Musikinstrumentenherstellung in Waldkraiburg, die Egerländer Geigenbauer in der »Geigenbauersiedlung« von Bubenreuth bei Erlangen und die Gablonzer Schmuckwarenindustrie bei Kaufbeuren, um nur drei bekannte Beispiele zu nennen.[14]

---

[14] Vgl. Franz J. Bauer, Flüchtlinge und Flüchtlingspolitik in Bayern 1945–1950, Stuttgart 1982.

Als die sozialliberale Koalition im Herbst 1969 auf das Bundesministerium für Flüchtlinge und Vertriebene verzichtete, war eine beispiellose Integrationsleistung vollbracht worden. Begünstigt von der wirtschaftlichen Konjunktur und vom Arbeitsmarkt, gestützt durch sozialstaatliche Maßnahmen (das Lastenausgleichsgesetz wurde bis 1969 mehr als zwanzigmal novelliert) und durch die Summe individueller Anstrengungen hatten die am Ende des Zweiten Weltkriegs Geflohenen und Vertriebenen neue Existenzen aufgebaut, die alles andere als randständig waren.[15]

Indiz dafür, wie weitgehend die Eingliederung der Vertriebenen in der neuen Heimat gelang, ist der Bedeutungsverlust, den die Interessenverbände und die Flüchtlingspartei »Block der Heimatvertriebenen und Entrechteten« (BHE) erlitten. Der BHE, in Bund und Ländern in der ersten Hälfte der fünfziger Jahre begehrter Koalitionspartner mit beachtlichen Wählerzahlen, verschwand Anfang der siebziger Jahre ganz von der politischen Bildfläche; da der

---

[15] Zum Problem der Integration generell vgl. folgende Quellen und Literatur: Bundesministerium für Vertriebene, Flüchtlinge und Kriegsgeschädigte (Hrsg.), Zeittafel der Vorgeschichte und des Ablaufs der Vertreibung sowie der Unterbringung und Eingliederung der Vertriebenen und Bibliographie zum Vertriebenenproblem, 2 Bde, Bonn 1959–1960; dass. (Hrsg.), 10 Jahre nach der Vertreibung. Äußerungen des In- und Auslandes und eine Zeittafel, Bonn 1956; Gertrude Krallert-Sattler, Kommentierte Bibliographie zum Flüchtlings- und Vertriebenenproblem in der Bundesrepublik Deutschland, in Österreich und der Schweiz, München 1989; Die Eingliederung der Flüchtlinge in die deutsche Gemeinschaft. Bericht der ECA Technical Assistance Commission für die Eingliederung der Flüchtlinge in die deutsche Bundesrepublik, Bonn 1951 (Bundesministerium für Vertriebene); Rainer Schulze, Doris von der Brelie-Lewien und Helga Grebing (Hrsg.), Flüchtlinge und Vertriebene in der westdeutschen Nachkriegsgeschichte. Bilanzierung der Forschung und Perspektiven für die künftige Forschungsarbeit, Hildesheim 1987.

BHE stets eine Interessenpartei gewesen war, ist sein Erlöschen ein Zeichen dafür, daß die Gruppenidentität seiner Wähler nicht mehr existent war: Die Flüchtlinge waren heimisch geworden.[16]

Das war, als im August 1950 »im Bewußtsein ihrer Verantwortung vor Gott und den Menschen« die Sprecher der Landsmannschaften und die Spitzen der Vertriebenenverbände die ›Charta der deutschen Heimatvertriebenen‹ formulierten, noch nicht absehbar gewesen. In der Stuttgarter Kundgebung, bei der die Charta unter feierlichem Verzicht auf Rache und Vergeltung verkündet wurde, war auch das »Recht auf die Heimat als eines der von Gott geschenkten Grundrechte der Menschheit« postuliert worden.[17] Die Formulierung wurde im östlichen Ausland als Ausdruck von Revanchebedürfnis verstanden, und Vertriebenenpolitiker sorgten, am stärksten durch vehementen Widerstand gegen die sozialliberale Ostpolitik Anfang der siebziger Jahre und über das Schlesiertreffen 1985 (mit dem fatalen Wahlspruch »Schlesien bleibt unser!«) hinaus, für Mißverständnisse. In der DDR war man allezeit dankbar für die falschen Zungenschläge im Westen, stabilisierten doch auch die als »Revanchistentreffen« diffamierten alljährlichen landsmannschaftlichen Zusammenkünfte zu Pfingsten das offizielle Selbstbewußtsein vom sozialistischen Deutschland, das seine antifaschistische Lektion besser gelernt habe.

Die Intergrationsleistung der DDR stand den Anstrengungen und dem Erfolg der BRD indes nicht nach. Freilich bestand dort ein Teil der Lösung in der Tabuisierung des Pro-

---

16 Franz Neumann, Der Block der Heimatvertriebenen und Entrechteten 1950–1960. Ein Beitrag zur Geschichte und Struktur einer politischen Interessenpartei, Meisenheim a. Gl. 1968.

17 Charta der deutschen Heimatvertriebenen, 5. August 1950, Wortlaut in 19 Sprachen, hrsg. vom Bundesministerium für Vertriebene, Bonn o. J.

blems, denn es war grundsätzlich und ausschließlich nur von »Umsiedlern« die Rede, und die Pflege alt-heimatlichen Brauchtums und regionaler Kultur, wie sie in den Landsmannschaften der Bundesrepublik geübt wird, war wie jede emotionale Erinnerungskultur an Flucht und Vertreibung unterbunden. Die gleichzeitig verordnete Völkerfreundschaft hat allerdings, wie spätestens zur Zeit der Wende deutlich wurde, die erhofften Früchte nicht getragen. Die Tabuisierung der Vertreibung hat die Feindbilder unversehrt fortexistieren lassen.[18]

Daß die historische Dimension der Vertreibung tabuisiert werde, behaupteten freilich auch Unruhige in der Bundesrepublik immer wieder. Das Leid der Flüchtlinge würde mißachtet, die Zahl der Opfer verharmlost und die »Vertreibungsverbrechen« seien von den Politikern heruntergespielt und von den Historikern negiert worden, lautete der Vorwurf im stereotypen Klageton.[19] Er entbehrt freilich seit langem weithin der Grundlage. Allerdings hat die Bundesregierung, aus guten Gründen unglücklich taktierend, einmal den Eindruck erweckt, sie wolle die Opferzahlen der Vertreibung im Verborgenen und möglichst klein halten. Von zwei Millionen Toten als Folge von Rache, Verfolgung, schlechter Behandlung beim Exodus war, auch in der seriösen Literatur, stets die Rede. Inzwischen hat der Historiker Overmans vom Militärgeschichtlichen Forschungsamt die tatsächliche Größenordnung, die etwa bei einem Viertel des bislang Vermuteten liegt, erarbeitet.[20]

---

[18] Die Aufarbeitung der sozialgeschichtlichen Problematik der Umsiedler in der DDR bleibt trotz der Arbeiten von Wolfgang Meinicke noch ein Desiderat.

[19] Vgl. dazu die Memoiren des prominenten Vertriebenenpolitikers Herbert Hupka, Unruhiges Gewissen. Ein deutscher Lebenslauf. Erinnerungen, München 1994.

[20] Rüdiger Overmans, Personelle Verluste der deutschen Bevölkerung

Die Feststellung mindert ebensowenig wie die, daß die Vertreibung der Deutschen aus Ostmitteleuropa kein singuläres Unrecht war, das Leid der Betroffenen, und sie kann nicht im mindesten der Rechtfertigung der damaligen Ereignisse dienen.

Die Vertriebenen haben jedoch neues Heimatrecht erworben; das schließt – sonst wären die Anstrengungen sinnlos und vergeblich gewesen – alte Besitzansprüche definitiv aus. Ein auf die Vertreibung gegründetes Niederlassungsrecht für Sudetendeutsche in der tschechischen Republik ist unter Gesichtspunkten sozialer Gerechtigkeit und des inneren und äußeren Friedens genauso wenig denkbar wie ein entsprechendes Verlangen in Schlesien oder Ostpreußen. Daß das Bekenntnis zu kultureller Identität (als Schlesier, Banatdeutsche, Donauschwaben) nicht mit Besitzansprüchen verwechselt werden kann und daß die erzwungene Migration nicht in eine politische Irredenta mündete, haben die damals Vertriebenen und Geflohenen eindrucksvoll bewiesen. Das ist ihr Ruhmesblatt in der deutschen Nachkriegsgeschichte.

Der Verzicht auf Revanche und Wiedergewinn des Verlorenen ist auch der Preis für die deutsche Wiedervereinigung. Die friedliche Nachbarschaft mit der tschechischen Republik, mit Polen steht noch in den Anfängen. Um Xenophobie, Angst und Mißtrauen auf beiden Seiten der Grenzen zu überwinden, müssen die historischen Ereignisse enttabuisiert und gemeinsam erörtert werden. Erst dann und damit lassen sich die bestehenden Feindbilder auflösen.

---

durch Flucht und Vertreibung, in: Dzieje Najnowsze 26 (1994) 2, S. 51–65; vgl. ders., 55 Millionen Opfer des Zweiten Weltkrieges? Zum Stand der Forschung nach mehr als 40 Jahren, in: Militärgeschichtliche Mitteilungen 2(1990) S. 103–121.

4. Die Bundesrepublik im Kalten Krieg

Ohne die politischen Absichten und Ziele der Sieger des Zweiten Weltkriegs schon zu kennen – denn darüber wurde zunächst mit den Besiegten nicht diskutiert, und informiert wurden sie nur über das unbedingt Nötige –, beurteilten die Deutschen nach dem Zusammenbruch des Hitlerstaats die Alliierten ganz verschieden. Gegenüber der Sowjetunion hatte man andere und viel schwerwiegendere Vorbehalte als gegenüber Briten, Franzosen und Amerikanern. Das Verhältnis zu den Sowjets war durch traditionelle bürgerliche Werturteile und mehr noch durch die Wirkungen der nationalsozialistischen Propaganda vergiftet. Goebbels hatte den Deutschen kulturellen Hochmut gepredigt, sie zu Herrenmenschentum und zum Rassenkrieg gegen Russen, Ukrainer und andere als minderwertig diffamierte slawische Völker angehalten und Haß gegen die kommunistische Ideologie geschürt.

Der Schrecken, den die nach Deutschland vorrückende Rote Armee verbreitete, schien der NS-Propaganda noch recht zu geben, als ihr Apparat schon zerschlagen war. Mit der Niederlage 1945 war die Lebenslüge vieler Deutscher nicht entkräftet, Hitler habe zu Recht einen Kreuzzug gegen den in der Sowjetunion staatlich manifestierten Bolschewismus geführt, um einer vermuteten kriegerischen Aggression der Kommunisten zuvorzukommen. Diese Version der Rechtfertigung des deutschen Überfalls auf die UdSSR wurde (und wird) von den daran Interessierten genauso aufrechterhalten wie die Schuldzuweisung an die Westalliierten, die im Moment ihres Sieges über Hitler den Fehler begangen hätten, sich nicht mit den Deutschen zu verbünden, um gemeinsam mit diesen den Kampf gegen die Bolschewisten fortzusetzen. Das war so grotesk wie naiv, aber als Rechtfertigung für den trotzigen Hochmut unentwegter Hitlergläubiger und unbelehrter Deutschnationaler nach dem Zusammenbruch des NS-Staats brauchbar und beliebt. Sicherlich war die Vorstellung, an einem notwendigen Krieg mitgewirkt zu haben, auch wichtig für viele Soldaten der deutschen Wehrmacht, die einer Rechtfertigung für ihre jahrelange Loyalität bedurften, weil sie sich nicht einfach als Mitwirkende an einem Raub- und Vernichtungskrieg mit unendlichen Leiden nur schuldig fühlen wollten.

Für alle möglichen Vorbehalte gegenüber der Sowjetunion und ihren Repräsentanten im besetzten Deutschland gab es jedenfalls reichlich Gründe. In den Westzonen durfte man sie, erst insgeheim, im fortschreitenden Kalten Krieg dann auch allgemein, artikulieren. Das unterschied die Einwohner der Ostzone gründlich und je länger desto mehr von denen der Westzonen.

Aber im Westen wie im Osten zeigte man sich anpassungsfähig an die jeweilige Realität und damit auch bereit zur Abgrenzung, wenn das nötig schien. Belege dafür, daß der sowjetisch besetzte Teil Deutschlands abgeschrieben wurde, finden sich bereits ganz früh. Mitte Mai 1945 vertraute Paul Moldenhauer, ehemals bürgerlich-liberaler Abgeordneter und Reichsminister der Weimarer Republik, seinem Tagebuch die Vermutung an, Deutschland werde unter alliierter Aufsicht wohl eine Regierung bekommen, die aus Emigranten bestehen würde, aber es stelle sich die Frage: »Wird sich Rußland für den von ihm besetzten Teil diesem Regime anschließen oder werden wir ein Regime westlich und eins östlich der Elbe haben?«[1] Konrad Adenauer bedachte im Herbst 1945 die Möglichkeiten künftiger Existenz in Deutschland und ging dabei von folgender Prämisse aus: »Das von Rußland besetzte Gebiet scheint für eine nicht zu schätzende Zeit aus den Betrachtungen ausscheiden zu müssen. Die von Rußland entgegen den Potsdamer Beschlüssen vorgenommene Einsetzung einer Schattenregierung für eine Zone beweist klar, daß Rußland entschlossen ist, seine eigenen Wege zu gehen.«[2]

Im März 1946 reiste ein jüngerer Historiker, Privatdozent für Mittlere und Neuere Geschichte an der Universität Leipzig, nach München, um sich an der dortigen Universität, die ihm ein Angebot gemacht hatte, umzusehen. Der Gelehrte aus der Ostzone hielt sich zwei Wochen lang in München auf, er sah sich nicht nur in den Hörsälen gründlich um, er traf sich auch mit Politikern – Amerikanern und Deutschen – und verglich die Verhältnisse in München und Leipzig. Nach seiner Rückkehr verfaßte er einen ausführlichen Reisebericht, dessen Adressaten man freilich nur vermuten kann. Wahrscheinlich war die Ausarbeitung für Jakob Kaiser bestimmt, den Vorsitzenden der CDU in Berlin und der Sowjetischen Besatzungszone. Die Denkschrift ist aber auch in den Akten der amerikanischen Militärregierung für Deutschland in den National Archives in Washington zu finden. Der Verfasser gehörte seit ihrer Gründung der CDU in Leipzig an, baute dann die dortige Hochschulgruppe der Partei auf und übernahm etwas spä-

---

[1] Paul Moldenhauer, Politische Erinnerungen, Manuskript, Bundesarchiv Koblenz NL 19.
[2] Kriegsende und Neuanfang am Rhein. Konrad Adenauer in den Berichten des Schweizer Generalkonsuls Franz-Rudolph von Weiss 1944–1945, hrsg. v. Hanns Jürgen Küsters und Hans Peter Mensing, München 1986, S. 206.

ter das Hochschulreferat in der Ostzonen-CDU. Er war also keineswegs Kommunist, er kam aus einer bürgerlichen Theologen- und Juristenfamilie, war in der Jugendbewegung engagiert gewesen und hatte dem Nationalsozialismus sehr ablehnend gegenübergestanden.

Der Verfasser des Reiseberichts war über die politische Rückständigkeit, mit der er sich in München konfrontiert sah, recht bestürzt. Der CDU-Mann aus Leipzig fand das politische Klima in München charakterisiert durch ein »fragwürdiges bürgerliches Selbstbewußtsein«, durch die »Neigung zur Illusion«, durch das Nichterkennen der wesentlichen politischen Fragestellungen der deutschen »Gesamtsituation«. Da sich die Münchener Verhältnisse keineswegs von der politischen Stimmungslage in anderen Teilen der US-Zone unterschieden, lohnt es sich durchaus, bei der Quintessenz der Erfahrungen des Interzonenreisenden vom März 1946 noch einen Augenblick zu verweilen: »Die erregendste Erfahrung meiner Reise deutete ich anfangs schon einmal an: die Zonen entwickeln sich mit gefährlicher Schnelligkeit auseinander. Es wird offensichtlich immer schwieriger, sich von den westlichen Zonen aus ein klares Bild von der Entwicklung der östlichen zu machen. Und umgekehrt gilt dasselbe. Die Vorstellungen von der russischen Zone, auf die man jenseits der Zonengrenze trifft, sind oftmals grotesk. Hier macht sich geltend, daß das Bild weithin bestimmt wird durch die Berichte derer, die als enteignete Grundbesitzer, von Verhaftung bedrohte Stabsoffiziere oder als sonstige Leidtragende der sozialen Umwälzung, die sich hier auf kaltem Wege abspielt, emigriert sind und nun in dem Bestreben, ihre Emigration vor sich und anderen zu rechtfertigen, ihrem sehr verständlichen Ressentiment freien Lauf lassen. Andererseits macht sich bei vielen, die mit der Entwicklung der Dinge in der amerikanischen Zone unzufrieden sind, die Neigung bemerkbar, den Weg der russischen Zone in verklärtem Licht zu sehen. Es wird nicht mehr lange dauern, bis sich da so eine Art Mythos von der russischen Zone gebildet hat. Dieser Neigung liegt einmal die in allen Zonen verbreitete und psychologisch so verständliche Meinung zugrunde, daß die Misere des eigenen Lebens eine Angelegenheit der Zone sei, in der man lebt, und daß man nur in die andere überwechseln müsse, um sich von ihr zu befreien – wobei man stillschweigend die jeweilige Besatzungsmacht für Verhältnisse verantwortlich macht, für die zunächst nicht diese, sondern der unglückliche Kriegsausgang verantwortlich ist. Zum anderen spielt wohl bei der relativ optimistischen Beurteilung unserer Zone, wie ich sie gerade bei einsichtigen und politisch modern denkenden Leuten öfters gefunden habe, das Mißvergnügen an der politischen Rückständigkeit der Amerikaner mit und das Unbehagen über soviel Illusionismus und Verschrobenheit, wie sie sich im Schatten dieser Rückständigkeit breitmachen könne. Man spürt ganz einfach, was sich auch mir während meiner Reise immer wieder bestätigt hat, daß man in der russischen Zone der Realität unendlich viel näher ist als in Bayern (wo man ihr allerdings ferner sein mag als in irgendeinem anderen Teil Deutschlands).«[3]

Die Münchener Eindrücke bestärkten den Reisenden in der Gewißheit, in der Sowjetischen Besatzungszone in dem Teil Deutschlands zu leben, der den anderen Zonen in der demokratischen Entwicklung um einige Schritte voraus war. Er sah die heimischen Zustände als Fegefeuer, das den

---

[3] Wortlaut des Berichts bei Hermann Graml, Zur Frage der Demokratiebereitschaft des deutschen Bürgertums nach dem Ende der NS-Herrschaft. Hermann Maus Bericht über eine Reise nach München im März 1946, in: Miscellanea. Festschrift für Helmut Krausnick, hrsg. v. Wolfgang Benz u. a., Stuttgart 1980, S. 162 f.

anderen noch bevorstehe; an eine dauerhafte Trennung der Zonen glaubte er noch nicht: »Es ist mir auf meiner Reise seltsam ergangen: ich fuhr hier ab, mißmutig, pessimistisch hinsichtlich meiner Existenzmöglichkeiten in dieser Zone, verärgert über soviel deprimierende Erfahrungen im Täglichen und voller Hoffnung, in der anderen Zone andere Perspektiven zu finden. Was ich fand, war in mancher Hinsicht lockend: ein Leben, das soviel bunter, entspannter und bürgerlicher ist, als wir es hier in Leipzig haben, wo das Leben allerdings schon immer sehr viel grauer war als anderwärts; eine öffentliche Meinung, die von Menschen meiner Art zu denken und zu sprechen bestimmt wird, und ein öffentliches Leben, in dem sich die Minderwertigkeit nicht so aufdringlich bemerkbar macht wie hierzulande. Und doch schien mir, im Vergleich zu meinem ersten Besuch vor fünf Monaten, über vieles, was mir damals als hoffnungserweckende Triebe zu einem neuen Leben erschien, der Frost gekommen und die allgemeine Stimmung sehr viel gedrückter.«[4]

Der Verfasser des Berichts, er hieß Hermann Mau[5], hatte sich damals entschlossen, in der Ostzone zu bleiben. Er hoffte auf eine Synthese östlicher und westlicher Ordnungsvorstellungen, auf die Verbindung der bürgerlichen Errungenschaften des Rechts- und Verfassungsstaates mit einer notwendigen Sozialreform, einer partiellen Sozialisierung, wie sie gleichzeitig ja auch in der rheinischen CDU im Zeichen des christlichen Sozialismus vertreten

---

[4] Ebenda.
[5] Hermann Mau (1913–1952), Privatdozent für Geschichte in Leipzig, war auch Hochschulreferent in der CDU-Leitung der sowjetischen Besatzungszone gewesen, ab Januar 1948 Privatdozent in München und vom 1. Februar 1951 bis zu seinem Tod durch einen Autounfall im Oktober 1952 Generalsekretär des Instituts für Zeitgeschichte in München.

wurde. Hermann Maus Biographie zeigte bald, daß die Illusion einer solchen Synthese, daß der Mittelweg zwischen der Diktatur des Proletariats und dem demokratischen Rechtsstaat den Realitäten nicht standhielt. Mau, der im Frühjahr 1946 noch bewußt auf eine Option für das in den Westzonen sich etablierende Demokratiesystem verzichtet hatte, wurde im Herbst 1947 vom NKWD, dem sowjetischen Geheimdienst, verhaftet. Am Jahresende wurde er wieder freigelassen, freilich unter der Bedingung, künftig Spitzeldienste für den sowjetischen Apparat zu leisten. Daraufhin übersiedelte er im Januar 1948 nach München.

Betrachten wir noch eine andere Momentaufnahme aus der gleichen Zeit, einen »Staatsbesuch«, der im Mai 1946 in umgekehrter Richtung, von der britischen Zone aus nach Thüringen, unternommen wurde. Um ein Tauschgeschäft zustande zu bringen – 5000 Pferde aus der britischen Zone gegen Saatgut aus der Ostzone – reiste Hans Schlange-Schöningen, der Leiter des Zentralamts für Ernährung und Landwirtschaft der britischen Besatzungszone, auf Einladung der Thüringischen Landesregierung nach Weimar. Schlange-Schöningen war ein prominenter Vertreter der CDU der frühen Stunden. Vor Hitler war er im Kabinett Brüning Minister und Reichskommissar für die Osthilfe gewesen, bis 1930 hatte er der Deutschnationalen Volkspartei angehört; er war freilich in jeder Beziehung ein unorthodoxer Politiker. So hatte er sich im Frühjahr 1946 vorbehaltlos zur gelenkten Planwirtschaft auf dem Agrarsektor bekannt, denn zur Bewältigung der Ernährungsprobleme hielt er das »freie Spiel kapitalistischer und liberalistischer Kräfte« für vollkommen untauglich, politisch für sinnlos und überholt.

Schlange-Schöningen, der auch eine Bodenreform im Westen befürwortete, erschien den Vertretern der sowjetischen Besatzungsmacht als geeigneter Vertreter des deutschen Bürgertums, mit dem direkt über eine Wiederherstellung der nationalen Einheit sich zu reden lohnen könnte. Die Herkunft des ehemaligen Rittergutsbesitzers aus Pommern, der die Rapallo-Politik der Weimarer Republik mitgetragen hatte, war ebenso ein Indiz wie das damalige Amt Schlange-Schöningens, denn in der Ernährungspolitik zeigten sich die Auswirkungen der Aufteilung Deutschlands in Zonen am spürbarsten. Der Hintergrund des Staatsbesuchs in Weimar war tatsächlich auch eher politischer als wirtschaftlicher Natur. Nach seiner Rückkehr verfaßte er am 17. Mai 1946 einen Bericht in »strengstem Vertrauen« für die Britische Militärregierung, der ein erstaunlich frühes und eindeutiges Plädoyer für einen deutschen Weststaat darstellt. Die Quintessenz lautet, er habe die Überzeugung gewonnen, »daß es vielleicht nach einem letzten kurzfristig begrenzten Verhandlungsversuch mit der Sowjetregierung, um die Schuldfrage zu klären, unbedingt notwendig ist, die drei Zonen im Sinne einer zielklaren Westpolitik zu organisieren: Deutsche Zentralregierung mit Exekutivgewalt unter der Kontrolle der Westmächte, Aufhebung der Zonengrenzen, Lösung des Ruhrproblems und, wenn möglich – und gemeinsam mit Amerika dürfte das wohl möglich sein –, ein zweijähriges Moratorium für Deutschland, damit endlich ein wirtschaftlicher Aufbau möglich ist und auf diese Weise ein wirtschaftlich und politisch gesundener und fester Block gegen die russischen Bestrebungen geschaffen werden kann, der einen entschlossenen Anschluß an die westeuropäische Politik und Kultur findet. Auf diese Weise wird vielleicht in Kürze ein solches Übergewicht entstehen, daß die Russen daraufhin bis zur Oder nachgeben. Bleibt aber der jetzige Zustand, so fürchte ich, daß bei zu langem Herauszögern einer Entscheidung eine ähnliche Gefahr heraufziehen wird, wie sie für die ganze Welt einst durch Hitler entstand, die man bei rechtzeitiger Erkenntnis leicht hätte stoppen können.«[6]

Der CDU-Politiker Schlange-Schöningen hatte mit seinen Empfehlungen vorweggenommen, was ein Jahr später Kurt Schumacher vor dem Parteivorstand und anderen Spitzenpolitikern der SPD propagierte: »Die Prosperität der Westzonen [. . .] kann den Westen zum ökonomischen Magneten machen. Es ist realpolitisch vom deutschen Gesichtspunkt aus kein anderer Weg zur Erringung der deutschen Einheit möglich, als diese ökonomische Magnetisierung des Westens, die ihre Anziehungskraft auf den Osten so stark ausüben muß, daß auf die Dauer die bloße Innehabung des Machtapparates dagegen kein sicheres Mittel ist. Es ist gewiß ein schwerer und vermutlich langer Weg [. . .].«[7]

Dieses politische Konzept, besser gesagt: diese Formel, die Pragmatismus und Wunschdenken im Kalten Krieg unter einen Hut bringen sollte, beherrschte als »Magnet-Theorie« lange Jahre die politische Diskussion und half auch, den späteren Alleinvertretungsanspruch der Bundesrepublik zu untermauern.

Noch stärker an den Realitäten orientiert und sehr frühzeitig auf Abgrenzung bedacht, votierte Konrad Adenauer schon im August 1946 in einem Referat auf einer Tagung des Zonenausschusses der CDU der britischen Zone für einen Zusammenschluß der drei Westzonen: »Für uns bedarf

---

[6] Werner Abelshauser, Zur Entstehung der »Magnet-Theorie« in der Deutschlandpolitik. Ein Bericht von Hans Schlange-Schöningen über einen Staatsbesuch in Thüringen im Mai 1946, in: Vierteljahrshefte für Zeitgeschichte 27 (1979), S. 661–679, Zitat S. 679.

[7] Kurt Schumacher, 31. 5. 1947, Wortlaut in: Acht Jahre Sozialdemokratischer Kampf um Einheit, Frieden und Freiheit. Ein dokumentarischer Nachweis der gesamtdeutschen Haltung der Sozialdemokratie und ihrer Initiativen, hrsg. v. Vorstand der SPD, Bonn 1953, S. 26.

es wohl keiner Erörterung, daß es sehr wünschenswert ist, wenn nun Rußland den eisernen Vorhang nicht hochzieht und wir infolgedessen kein einheitliches Wirtschaftsleben in ganz Deutschland haben können, wir dann als zweitbeste Lösung das einheitliche Wirtschaftsleben in den drei nicht von Rußland besetzten Zonen möglichst bald verlangen müssen und dabei auch der Hoffnung Ausdruck geben dürfen, daß England, Frankreich und Amerika dann nun auch, wenn sie diesen entschiedenen Schritt gegenüber Rußland getan haben, nun auch nicht zögern werden, das Wirtschaftsleben in diesen drei westlichen Zonen wirklich zur Entfaltung kommen zu lassen.«[8]

Solche Einschätzungen und Abgrenzungen waren freilich noch nicht für die Öffentlichkeit bestimmt. Es war der Vorsitzende der SPD in Bayern, Wilhelm Hoegner, der im Juli 1947 eine Erklärung abgab, die an das Publikum gerichtet war und in der er unverblümt einen Separatfrieden zwischen den Westmächten und den Westzonen propagierte: »Die Einigung der Alliierten erfordert offensichtlich viel zu viel Zeit, als daß Deutschland in seiner heutigen ernährungspolitischen und wirtschaftlichen Lage darauf noch lange warten könnte. Infolgedessen bleibt nichts anderes übrig, als zunächst den Versuch zu einer bizonalen oder allenfalls Drei-Zonen-Regelung zu machen. Das ist der nächste Schritt, auf den die Menschen in den Westzonen mit brennender Ungeduld warten. Die wirtschaftliche Einigung müßte über kurz oder lang notwendig auch eine gewisse politische Organisation nach sich ziehen. Um alle Hemmnisse für die wirtschaftliche Entwicklung der Westzonen zu beseitigen, wäre dann wohl auch der Abschluß

---

[8] Wortlaut in: Konrad Adenauer und die CDU der britischen Besatzungszone 1946–1949. Dokumente zur Gründungsgeschichte der CDU Deutschlands, bearb. v. Helmuth Pütz, Bonn 1975, S. 171.

eines Sonderfriedens erforderlich, wenn ein allgemeiner Friede in absehbarer Zeit nicht erreicht werden kann. Das soll aber selbstverständlich keine dauernde Trennung der Ostzone nach sich ziehen; vielmehr ist zu hoffen, daß die Konsolidierung der Verhältnisse in den Westzonen zwangsläufig den Anschluß der Ostzone nach sich zieht.«[9] Die Ausgrenzung war ebenso unverblümt wie öffentlich formuliert.

Wenige Wochen vorher hatte die legendäre Münchener Ministerpräsidenten-Konferenz stattgefunden; sie hatte gezeigt, wie weit Ost- und Westdeutschland schon voneinander entfernt waren und wie sehr sich die deutschen Politiker in die Verhältnisse des Kalten Kriegs bereits eingelebt hatten. Die Tagesordnung des Treffens war das Politikum, um das gestritten wurde, seit der bayerische Ministerpräsident Hans Ehard am 7. Mai 1947 die Länderchefs aus allen vier Besatzungszonen nach München eingeladen hatte. »Gegenstand der Konferenz«, hieß es in Ehards Einladungstelegramm, solle »die Beratung von Maßnahmen sein, die von den verantwortlichen Ministerpräsidenten den alliierten Militärregierungen in Vorlage gebracht werden sollen, um ein weiteres Abgleiten des deutschen Volkes in ein rettungslos wirtschaftliches und politisches Chaos zu verhindern.«[10] Gemeint hatte man damit in der bayerischen Staatskanzlei nicht die Wiederherstellung des deutschen Nationalstaats; die Münchener Ministerpräsidentenkonferenz war vielmehr als erste Veranstaltung eines Gremiums gedacht, das die künftige

[9] Wortlaut im Nachlaß Wilhelm Hoegner, Institut für Zeitgeschichte München ED 120.
[10] Einladung zur Münchener Konferenz, 7. 5. 1947, in: Akten zur Vorgeschichte der Bundesrepublik Deutschland, hrsg. v. Bundesarchiv und Institut für Zeitgeschichte, Bd. 2, München 1979, S. 424 f.

bundesstaatliche Organisation Deutschlands garantieren sollte.

Die Amerikaner und Briten hatten keine Einwände gegen den Plan der Münchener Konferenz erhoben, der französische Militärgouverneur hatte die Erlaubnis zur Teilnahme der Regierungschefs der Länder seiner Zone jedoch davon abhängig gemacht, daß keine politischen Themen erörtert würden, daß sich die Debatte vielmehr auf wirtschaftliche Angelegenheiten beschränken würde. Die Ministerpräsidenten der britischen Zone hatten von sich aus in einer Vorbesprechung Ende Mai beschlossen, keine rein politischen Themen auf der Konferenz zu erörtern, sicherlich nicht nur deshalb, weil die Probleme der Ernährung, der Unterbringung der Flüchtlinge, des Wiederaufbaus ihnen auf den Nägeln brannten, sondern auch der Konsens- und Kompromißfähigkeit halber, um die soeben verkündete Reform der Bizonenorganisation nicht zu gefährden. Amerikaner und Briten hatten nämlich durch die Bildung gemeinsamer politischer Institutionen für die beiden Zonen mit dem Wirtschaftsrat in Frankfurt als Parlament die Weichen bereits in Richtung einer neuen Staatlichkeit gestellt, und auf diese Entwicklung setzte man Hoffnungen. Zu den Hoffnungen gehörte nicht zuletzt der Anschluß der französischen Besatzungszone an das bizonale »Vereinigte Wirtschaftsgebiet«. Es galt also, die Franzosen nicht zu verprellen, damit sie den deutschen Politikern in ihrer Zone ein bißchen Spielraum ließen, und das hieß: keine politische Debatte in München.

Diese Beschränkung und Bescheidung im Konferenzprogramm bedeutete aber fast zwangsläufig die Ausgrenzung der Vertreter der Ostzone schon im Vorfeld der Veranstaltung. Diese wiederum hatten mit der Antwort auf die Einladung nach München lange auf sich warten lassen, aber schon bei den Sondierungen, die Mitte Mai stattfanden, zu erkennen gegeben, daß man ganz andere Vorstellungen über die geplante Konferenz hatte. Den föderalistischen Bestrebungen standen SED und Sowjetische Militäradministration mißtrauisch gegenüber, umgekehrt stieß ihr Vorschlag, den Teilnehmerkreis durch Vertreter von Parteien und Gewerkschaften zu erweitern, um dem Treffen in München »die breiteste demokratische Grundlage« zu geben, im Westen auf Unverständnis, und nicht weniger die Forderung, »in den Mittelpunkt der Tagesordnung die Schaffung der wirtschaftlichen und politischen Einheit Deutschlands zu stellen« und überdies »in Anbetracht des gesamtdeutschen Interesses« den Tagungsort nach Berlin zu verlegen. So hatten es die Ministerpräsidenten der Ostzone am 28. Mai 1947 ihren bayerischen Kollegen und Gastgeber der Konferenz Ehard wissen lassen.[11]

Man sah der Begegnung mit den fünf Länderchefs der Ostzone am Abend des 5. Juni 1947 also wenig optimistisch entgegen. Carlo Schmids Erinnerung daran ist repräsentativ für die Position der Westdeutschen: »Ich hatte keine Illusionen: die Unterhändler der Sowjetzone würden die Annahme ihrer volksdemokratischen Rezepte zur Bedingung einer jeden gesamtdeutschen Einigung machen. Und diese Rezepte schienen mir nach den Erfahrungen, die man in der Ostzone gemacht hatte, nicht annehmbar zu sein. Ich war von vornherein entschlossen, mich dagegenzustellen, nicht, weil ich mich durch ein Veto der französischen Militärregierung gebunden gefühlt hätte, sondern weil ich Verhandlungen allein unter den Ministerpräsidenten der Länder über das Thema ›Herstellung der deutschen Einheit‹ zu diesem Zeitpunkt und in Anbetracht

---

[11] Ministerpräsidenten der sowjetischen Zone an den bayerischen Ministerpräsidenten Ehard, 28. 5. 1947, ebenda, S. 455.

der Absichten der Sowjetmacht für Augenauswischerei hielt.«[12]

Bei solchen Vorgaben war keine Verständigung zu erwarten, die Vertreter der Westzonen beharrten auf ihrer Marschroute, die Kollegen aus der Ostzone verlangten unbeirrt, wohl wissend, daß dies abgelehnt werde, folgenden Hauptpunkt auf die Tagesordnung zu setzen: »Bildung einer deutschen Zentralverwaltung durch Verständigung der demokratischen Parteien und Gewerkschaften zur Schaffung eines deutschen Einheitsstaates.« Sie stellten schließlich fest, wenn die westlichen Teilnehmer der Meinung seien, daß die Konferenz ohne den geforderten Punkt ein »ersprießliches Ergebnis zum Wohle des deutschen Volkes« haben könne, dann sähen sie sich zu ihrem Bedauern an der weiteren Teilnahme gehindert. Nach einem letzten schwachen Versuch Ehards, sie umzustimmen, verließen die fünf Ministerpräsidenten aus der Ostzone den Saal. Dem Gastgeber entfuhr der Ausruf, dies bedeute »die Spaltung Deutschlands«, und eine Legende des Kalten Kriegs war geboren.[13] Tatsächlich war es mehr als eine Legende, nämlich Schuldzuweisung mit der Funktion der Ausgrenzung an die Adresse der Ostzone.

Ende 1947 waren Illusionen über eine absehbare Lösung der deutschen Frage durch eine Verständigung der Alliierten auf einen Friedensvertrag nicht mehr möglich. Mit dem ergebnislosen Ende der Londoner Außenministerkonferenz schien auch die Schuldfrage hinlänglich geklärt, und den Verheißungen des amerikanischen Marshallplans hatte die Sowjetunion kein Äquivalent entgegenzusetzen. Die Be-

---

[12] Carlo Schmid, Erinnerungen, Bern, München, Wien 1979, S. 286.
[13] Vorbesprechung der Ministerpräsidenten über die Tagesordnung der Münchener Ministerpräsidentenkonferenz, 5./6. 6. 1947, in: Akten zur Vorgeschichte, S. 485 ff.

wohner Westdeutschlands waren froh über die Aussicht, wieder zu einer staatlichen Existenz zu kommen, die unter Anlehnung an die Vereinigten Staaten auch Schutz vor der allgemein befürchteten Aggressions- und Expansionslust der Sowjetunion bieten würde.

Die Reaktionen Moskaus auf die Präliminarien zur Gründung des Weststaats schienen die Befürchtungen auch zu bestätigen. Die Blockade Berlins ab Juni 1948 – ein früher Höhepunkt des Kalten Kriegs – wurde nicht als Aktion verstanden, mit der Stalin Verhandlungen über die Zukunft eines Vierzonen-Deutschlands erzwingen wollte, sondern als Griff nach Berlin, das dem sowjetischen Machtbereich zur Gänze einverleibt werden sollte. Daß die einseitige Währungsreform in den Westzonen der östlichen Seite durchaus Anlaß zu energischen Maßnahmen bot, wurde kaum bedacht; die Brutalität der sowjetischen Blockade erleichterte es auch ungemein, nur vom »Ringen um die Freiheit« Berlins und Westdeutschlands zu reden.

Nachdem die Westdeutschen längst freudig für den Westen unter Führung der USA votiert hatten, mußte auch jede Abwehrreaktion der Gegenseite als Bestätigung für den einmal eingeschlagenen Kurs gelten. Der Korea-Krieg, der im Sommer 1950 als Folge einer kommunistischen Aggression in einem wie Deutschland zweigeteilten Land im Fernen Osten ausbrach, war das Paradebeispiel schlechthin. Ein halbes Jahr nach der Gründung der Bundesrepublik sahen viele Bundesbürger ihre Ahnungen bestätigt und fühlten sich in ihrer antikommunistischen Grundhaltung bestärkt. Die Angst vor einem durch Stalin angezettelten Dritten Weltkrieg war ganz real, ebenso war der Drang nach Sicherheit und Schutz riesengroß.

Die junge Bundesrepublik errichtete – zu ihrem Schutz, wie es im allgemeinen Verständnis hieß – institutionelle Barrikaden im Kalten Krieg. Das für die »innere Sicherheit« zuständige Ressort sah es als eine seiner dringlichsten Aufgaben, durch ein Verfassungsschutzgesetz und die 1950 gegründete Behörde »Bundesamt für Verfassungsschutz« den Staatsfeinden Paroli zu bieten. Das richtete sich gegen Rechts- und Linksextremisten, gemeint und gefürchtet waren aber vor allem die Kommunisten, und zwar äußerlich in Gestalt der SED und der Regierung in Pankow, im Innern in Gestalt der KPD. Gemeinsames Bestreben des inneren wie des äußeren Feindes war die Zerstörung der freiheitlich-demokratischen Grundordnung des Weststaats – darüber herrschte in der Bundesrepublik weitgehender Konsens. Es war also nur logisch und konsequent, daß das Bundesministerium des Innern 1951 beim gerade ins Leben getretenen Bundesverfassungsgericht das Verbot der KPD beantragte. Unter der Konzeption der »wehrhaften Demokratie« war gleichzeitig das Verbot der rechtsextremistischen »Sozialistischen Reichspartei« verlangt worden. Die neonazistische Partei wurde im Herbst 1952 verboten, gegen die Kommunisten wurde bis August 1956 verhandelt. Das dann ausgesprochene Verdikt über die KPD war politisch umstritten und gewiß unnötig, denn von den 5,7 Prozent der Wählerstimmen, die sie in den ersten Bundestagswahlen 1949 errungen hatte, waren 1953 ganze 2,2 Prozent übriggeblieben. Man verbot also eine Splittergruppe, freilich mit der Begründung, daß sie umstürzlerische Ziele mit außerparlamentarischen Mitteln und mit Unterstützung des »Pankower Regimes« verfolge. Und der Argwohn gegen die potentiellen Staatsfeinde erlahmte nicht nach dem Karlsruher Urteil, er richtete sich gegen alle, die verdächtig waren, in illegaler Nachfolge prokommunistisches Gedankengut zu hegen oder sich gar propagandistisch zu betätigen. Das traf Neutralisten und Pazifisten, linksintellektuelle Nonkonformisten und bürgerliche Atomwaffengegner; unter Dauerverdacht standen die Gesellschaft für deutsch-sowjetische Freundschaft ebenso wie die 1960 gegründete Deutsche Friedensunion oder auch die vom CDU-Dissidenten Gustav Heinemann inspirierte Gesamtdeutsche Volkspartei.[14]

Der ausgrenzende Argwohn zielte auch gegen die von SPD und DGB unterstützte Aktion »Kampf dem Atomtod«, die ab Frühjahr 1958 in Großstädten Massenkundgebungen gegen die atomare Bewaffnung der Bundeswehr abhielt und eine vom Bundesverfassungsgericht im Juli 1958 untersagte Volksbefragung veranstalten wollte. Das Mißtrauen gegen christliche und linksbürgerliche Pazifisten hielt an und galt auch der Ostermarsch-Bewegung der sechziger Jahre, die mit dem Odium leben mußte, eine kommunistische Tarnorganisation zu sein. Allein die Teilnehmerzahlen widerlegten diesen Verdacht, denn von den weit über 100 000 Teilnehmern der Ostermärsche 1964 bis 1968 hatten die Kommunisten nur träumen können.[15]

Stand der Bundesgrenzschutz als Sonderpolizei an der äußeren Grenze zum kommunistischen Machtbereich, so diente seit 1952 die »Bundeszentrale für Heimatdienst« als Bollwerk politischer Bildung und pädagogischer Auseinandersetzung, insbesondere im Zeichen der Totalitarismustheorie. Aufklärung über Ideologie, Programm und Zielsetzung des Kommunismus und kommunistischer Staaten wurde unter obligatem Hinweis auf Ursachen und Wirkungen des Nationalsozialismus betrieben; im 1957 errichteten Ostkolleg der Bundeszentrale wurden in Wochenta-

---

[14] Vgl. Wolfgang Benz, Opposition gegen Adenauers Deutschlandpolitik, in: Jürgen Weber (Hrsg.), Die Republik der fünfziger Jahre. Adenauers Deutschlandpolitik auf dem Prüfstand, München 1989, S. 68 f.
[15] Vgl. Dieter Rucht, Protestbewegungen, in: Die Geschichte der Bundesrepublik Deutschland, hrsg. v. Wolfgang Benz, Frankfurt a. M. 1989, Band 2, S. 312 f.

gungen für Lehrer und andere Mittler politischer Bildungsarbeit insbesondere Theorie und Praxis des Sowjetsystems behandelt, mit dem gleichen Ziel, das auch die amtliche Publizistik zur politischen Bildung anstrebte: Vermittlung und Festigung eines Demokratieverständnisses durch Immunisierung gegen den Feind im Kalten Krieg.

Das Bundesjustizministerium nahm mit den Mitteln des Strafrechts präventiv am Kampf mit dem ideologischen Feind teil, indem es die Entscheidungen der Gerichte auf dem Gebiet des Staatsschutzes beobachtete und koordinierte. Gegenstand dieses Bemühens waren vor allem die Einschleusung »sowjetzonaler staatsgefährdender Propagandaschriften« und die »Infiltrations- und Zersetzungsversuche« von Agenten und Spionen aus der DDR, aber auch die »Wühlarbeit der illegalen KPD« nach deren Verbot 1956.

Als juristische Waffe im Kalten Krieg diente das Strafrechtsänderungsgesetz, das im Herbst 1951 in Kraft trat. Mit diesem Gesetz wurden unter anderem die Tatbestände Hochverrat und Landesverrat wieder eingeführt beziehungsweise neu definiert, und ein neues Delikt »Staatsgefährdung« wurde zur Verteidigung parlamentarisch-demokratischer Verfassungsgrundsätze unter Strafe gestellt. Bundesjustizminister Dehler hatte zur Begründung des Gesetzentwurfs im Bundestag die Freiheitsbeschränkungen verteidigt: »Ein von außen bedrohtes Volk wie das unsere und ein in sich noch nicht gefestigtes Volk wie die Bundesrepublik Deutschland« könne Angreifern gegen die freiheitliche Grundordnung »keine schrankenlose Freiheit zugestehen«[16]. Das Gesetz sollte insbesondere eine Handhabe »gegen die nur zu bekannte Wühlarbeit aus dem Osten«

---

[16] Deutscher Bundestag, Sitzung 12. 9. 1950, Sten. Bericht, S. 3105.

bieten, und zur Begründung des neuen Straftatbestandes »Staatsgefährdung« wurde darauf verwiesen, daß man sich nicht nur mit den klassischen Mitteln von Drohung und Gewalt konfrontiert sehe, sondern gegen die viel subtileren Methoden des Kalten Krieges gewappnet sein müsse.

Der Abgeordnete Wahl von der CDU erklärte als Berichterstatter, die Methoden des Kalten Krieges seien »gerade deshalb so gefährlich, weil sie die Gewaltanwendung zunächst ausschließen und weil ein System von Einzelakten entwickelt wird, von denen jeder einzelne an sich mehr oder weniger harmlos erscheint, die aber durch das Zusammenspiel aller, die von den verschiedensten Ansatzpunkten aus das gemeinsame Ziel fördern, eine Situation schaffen können, die schließlich die Staatsumwälzung unausweichlich macht und sie wie eine reife Frucht gewinnen läßt. Wir erinnern uns alle an die ›Legalität‹ der von Hitler herbeigeführten Revolution.«[17]

Hier war der aktuelle Stand staatsrechtlicher Erkenntnis auf dem Hintergrund der Erfahrung des Scheiterns der Weimarer Republik und im theoretischen Verständnis eines demokratiefeindlichen »Totalitarismus« von ganz rechts bis ganz links reflektiert. Dem widersprachen lediglich die Vertreter der KPD im Bundestag wie der Abgeordnete Fisch, der das Vorhaben als ein »Ausnahmegesetz« gegen alle diejenigen apostrophierte, »die aktiv für den Frieden und die Einheit Deutschlands« einträten und an Stelle der »auf fremdes Geheiß geschaffenen westdeutschen Bundesrepublik« einen Staat nach anderem Demokratieverständnis errichten wollten.[18] Was im Parlament unter jeweils beträchtlichem Tumult gegenseitiger Schuldzuweisung diente, war in der politischen Praxis für die Betroffenen bitterer Ernst.

---

[17] Deutscher Bundestag, Sitzung 9. 7. 1951, Sten. Bericht, S. 6304 ff.
[18] Ebenda, S. 6299.

Die neuen Staatsschutzparagraphen im Strafrecht dienten, rigoros gehandhabt und verfahrensmäßig auf wenige Strafkammern konzentriert, bis Ende der sechziger Jahre erfolgreich dem politischen Kampf im Kalten Krieg. Die Prozesse, die unter dem Feindbild der kommunistischen Bedrohung der freiheitlich demokratischen Grundordnung der Bundesrepublik geführt wurden, waren mit der Idee des Rechtsstaats nur schwer in Einklang zu bringen, es ging in zu vielen Fällen nur um die Gesinnung der Angeklagten und nicht um reale Gefährdungen des Staates, etwa im Verfahren gegen die Pazifistin Faßbinder, die zu Unrecht beschuldigt wurde, eine Agentin Moskaus zu sein (1954), oder gegen Wilhelm Elfes (1956), der eine »gesamtdeutsche Erklärung« unterzeichnet hatte und deshalb keinen Reisepaß mehr bekam, oder gegen Viktor Agartz (1957), weil er Geld aus der DDR zur Finanzierung eines Forschungsinstituts angenommen hatte.[19]

An vorderster Front im Kalten Krieg, wenngleich durch die Definition seiner Hauptaufgabe »Wiederherstellung der Einheit Deutschlands« etwas behindert, kämpfte das Bundesministerium für gesamtdeutsche Fragen. Zur Selbstrechtfertigung mußte die Schuldzuweisung wegen der mit den angewendeten Methoden nicht herstellbaren Einheit immer wieder aufs deutlichste formuliert werden: Die Sowjetunion trachte unnachgiebig und alle westlichen Vorschläge negierend zusammen mit ihren Auftragnehmern SED und Pankow-Regime danach, das gewaltsam eingeführte Sowjetsystem gegen den Willen der 17 Millionen Menschen in »Mitteldeutschland« zu erhalten und es auf die Bundesrepublik auszudehnen.

Die Aktivitäten des Ministeriums für gesamtdeutsche

---

[19] Vgl. Diether Posser, Anwalt im Kalten Krieg. Ein Stück deutscher Geschichte in politischen Prozessen 1951-1968, München 1991.

Fragen zielten angesichts der geringen Möglichkeiten, den eigentlichen Zweck zu erreichen, auf die Pflege menschlicher Verbindungen über die Demarkationslinie zwischen Ost und West hinweg, um wenigstens einen emotionalen Zusammenhalt der Deutschen zu gewährleisten. Das Bemühen war einseitig, wie aus der Tatsache hervorgeht, daß die Abschaffung des Interzonenpasses 1953 und die Erklärung der Freizügigkeit im Personenverkehr zwischen Ost und West auf die westliche Seite der »Zonengrenze« beschränkt blieb. Bis zum Herbst 1957 konnten immerhin auch noch etliche Millionen Bürger der DDR besuchsweise in die Bundesrepublik reisen.

An der Spitze des gesamtdeutschen Ressorts standen nacheinander Jakob Kaiser (1949–1957) und Ernst Lemmer (1957–1962). Beide waren Gründungsväter der Ostzonen-CDU gewesen und hatten sie in den ersten beiden Nachkriegsjahren geführt, bis sie im Dezember 1947 von der Sowjetischen Militäradministration ihrer Ämter enthoben wurden, weil sie sich geweigert hatten, am »Deutschen Volkskongreß« teilzunehmen, jenem von der SED organisierten Vorparlament, das im Sinne und als Instrument sowjetischer Deutschlandpolitik eine »vierzonale« deutsche Zentralregierung vorbereiten sollte. In der Bundesrepublik vertrat insbesondere Jakob Kaiser innerhalb der CDU dann einen weniger auf Abgrenzung zielenden und mehr das Gemeinsame betonenden Kurs in der deutschen Frage. Das brachte ihn in einen latenten Gegensatz zu Adenauer und dessen Konzeption einer »Politik der Stärke«, das prädestinierte ihn aber auch für den Posten des Ressortchefs des Ministeriums, dessen praktische Bedeutung in umgekehrtem Verhältnis zu seinem psychologischen Stellenwert stand.

Wenn in diesem Ministerium, das demonstrativ seinen Dienstsitz in Bonn und Berlin hatte, die individuelle und

menschliche Seite der deutschen Teilung so betont wurde, so unterlagen die Öffentlichkeitsarbeit (zwecks Information über die Entwicklungen in der DDR), die Förderung der »Zonenrandgebiete« und die Propagierung karitativer Aktionen (ab 1955 wurden jährlich etwa 40 Millionen Päckchen und Pakete als Liebesgaben von Privatleuten und Organisationen von West nach Ost geschickt) durchaus handfestem politischen Kalkül. Man war sich der Überlegenheit des westlichen Systems so sicher, daß man die eigenen Errungenschaften gern augenfällig machen und dadurch die Inferiorität des ideologischen Gegners entlarven wollte. So heißt es im Jahresbericht 1959 des Ministeriums: »Die privaten Besuchsreisen wie auch die durch Organisationen durchgeführten gesamtdeutschen Treffen, Begegnungen und Tagungen in der Bundesrepublik, an denen von 1956 bis 1959 rund eine Million Personen aus der Sowjetzone teilnahmen, haben das Bewußtsein der Zusammengehörigkeit unter den deutschen Menschen gefestigt. Die Besucher aus der Sowjetzone konnten sich in der Bundesrepublik von der Lügenhaftigkeit der SED-Propaganda über den ›Militarismus und die Ausbeutung in Westdeutschland‹ überzeugen, während die westdeutschen Besucher in der Sowjetzone eine konkrete Anschauung über die Verhältnisse in Mitteldeutschland erhielten.«[20]
Das Selbstverständnis bundesdeutscher Politik schloß die Überzeugung der eigenen besseren Legitimation und die Gewißheit ein, daß die vier Großmächte die Verpflichtung hatten, eine Wiedervereinigung Deutschlands herbeizuführen. Aus dem ersteren folgte der politische und moralische Alleinvertretungsanspruch Bonns. In Übereinstimmung mit

---

[20] Deutschland im Wiederaufbau 1949–1959 und Tätigkeitsbericht der Bundesregierung für das Jahr 1959, hrsg. von dem Presse- und Informationsamt der Bundesregierung, Bonn o. J., S. 95.

den Westmächten wurde die Gründung der DDR von Anfang an als rechtswidriger Akt verstanden, als Okkupationsregime von Moskaus Gnaden, das nicht durch den freien, in Wahlen geäußerten Willen der Bevölkerung der Sowjetzone legitimiert war. Die Veranstaltung freier Wahlen war deshalb auch stets die Vorbedingung, die vom Westen vor allen weiteren Schritten gestellt wurde. Symptomatisch für den Kalten Krieg war dann aber auch die Situation 1952, als Stalin den Westmächten in der berühmten Note die Wiedervereinigung Deutschlands auf der Basis künftiger Neutralität anbot. Als die verlangten freien Wahlen dann auch zugebilligt wurden, mochten die Westmächte, darin bestärkt von Adenauer, die Ernsthaftigkeit der Offerte gar nicht so genau prüfen. Auch wenn 1952 keine Chance zur Wiedervereinigung auf der Grundlage westlichen Demokratieverständnisses existierte, muß sich der Westen den Vorwurf gefallen lassen, kein Interesse daran gehabt zu haben.

Zu den Dogmen westdeutscher Außenpolitik gehörte auch die Annahme, die Sowjetunion wolle die Westmächte aus Berlin und Deutschland verdrängen, die Viermächte-Verantwortung aushöhlen und schließlich die beiden deutschen Staaten zu Verhandlungen über die Lösung der »deutschen Frage« zwingen. Bonn war mit den drei Westmächten einig, daß solche Gespräche nicht stattfinden durften. Die Alliierte Hohe Kommission, die in den ersten Jahren die Vormundschaft über die Regierung Adenauers ausübte, erklärte am 20. Oktober 1949 – zwei Wochen nach der Gründung des Oststaats –, die Regierung der DDR sei nicht berechtigt, im Namen Ostdeutschlands, geschweige denn im Namen Gesamtdeutschlands zu sprechen. Am folgenden Tag verkündete der Bundeskanzler des Weststaats unter allgemeiner Billigung des Bundestags in einer Regierungserklärung den Anspruch, nur die Bundesrepublik sei befugt, im Namen Deutschlands und des deutschen Volkes zu sprechen. Mindestens zwei Jahrzehnte lang wurde der Anspruch alltäglich in Szene gesetzt durch die Verweigerung, den Oststaat bei seinem Namen zu nennen (er sollte »die Zone« bleiben oder nur in Gänsefüßchen »DDR« gesetzt werden), während »Bundesrepublik« synonym für »Deutschland« gebraucht wurde.

Der politische Alleinvertretungsanspruch wurde im Herbst 1950 von den drei Westmächten feierlich bestätigt, und fünf Jahre später, im Dezember 1955, ein halbes Jahr, nachdem die Bundesrepublik die Souveränität erlangt hatte, wurde er mit Hilfe der Hallstein-Doktrin auf lange Jahre festgeschrieben. Der nach dem damaligen Staatssekretär im Auswärtigen Amt Walter Hallstein benannte Grundsatz bedrohte alle Staaten, die die DDR anerkennen und diplomatische Beziehungen zu ihr aufnehmen wollten, mit Sanktionen. Das galt bis Ende der sechziger Jahre. In der Regel genügte die Drohung, namentlich gegenüber armen Ländern. Im Herbst 1957 wurde es ernst, Bonn brach die Beziehungen zu Jugoslawien ab, 1963 wurde die Hallstein-Doktrin gegen Kuba angewendet.

Im Kalten Krieg war, wie die Isolation der DDR in den ersten zwei Jahrzehnten ihrer Existenz bewies, der Bonner Alleinvertretungsanspruch eine der schärfsten Waffen. Über die außenpolitischen und diplomatischen Wirkungen hinaus diente er auch der Legitimation einer beanspruchten Vormundschaft über die Bevölkerung der Deutschen Demokratischen Republik, da sie ja an freier Willensäußerung von Anfang an gehindert war. Im Zuge dieser Argumentation wurde »Freiheit« zu einem viel strapazierten Begriff. Er stand für das westliche Demokratiesystem und die damit verbundenen Vorteile. Weil er in der Argumentation der Gegenseite eine so große Rolle spielte, wurde ein anderer, nicht minder hehrer Begriff, nämlich »Frieden«, abgenutzt. Das ging in der Zeit des Kalten Krieges so weit, daß man sich als Kommunist oder als Sympathisant verdächtig machte, wenn man zu viel vom Frieden sprach.

Natürlich war das Fremdbild »BRD« in der DDR reziprok aus Metaphern zusammengesetzt, die auf Propaganda, auf individuellen Ängsten, Sehnsüchten, Hoffnungen, auf öffentlicher und privater Abwehr und auf kollektiven Überzeugungen basierten. Der Bedeutungswandel von Begriffen, die durch Feindbilder besetzt oder mit Feindbildern konnotiert sind, hatte unmittelbare Wirkung im kollektiven Bewußtsein, nicht zuletzt in der Legitimierung von Politik. Für die Bundesrepublik galt dies von ihrer Gründungsphase bis zum Zusammenbruch und Anschluß der DDR.

5. Von der »Judenfrage« zur »Endlösung«

Zur Geschichte mörderischer Begriffe

»Sie wissen nun Bescheid, und Sie behalten es für sich. Man wird vielleicht in ganz später Zeit sich einmal überlegen können, ob man dem deutschen Volke etwas mehr darüber sagt. Ich glaube, es ist besser, wir – wir insgesamt – haben das für unser Volk getragen, haben die Verantwortung auf uns genommen (die Verantwortung für eine Tat, nicht nur für eine Idee) und nehmen dann das Geheimnis mit in unser Grab.«[1] Mit diesen Worten hatte Heinrich Himmler, als Chef der SS pedantischer Betreiber einer Mordmaschine und in seinem Selbstgefühl einer der Gralsritter des nationalsozialistischen Reiches, darüber gesprochen, wie »die Judenfrage« gelöst wurde. Das Auditorium der Rede bildete die politische Elite des NS-Staates, es waren die Reichs- und Gauleiter der NSDAP, die am 6. Oktober 1943 in Posen zu einer Tagung versammelt waren, um Vorträge über die militärische, wirtschaftliche und politische Lage im vierten Kriegsjahr zu hören. Himmler redete eineinhalb Stunden lang über Probleme seines Machtbereichs, von der Partisanenbekämpfung über die Behandlung slawischer Völker, den Sturz Mussolinis und den De-

---

[1] Rede vor den Reichs- und Gauleitern in Posen am 6. 10. 1943, in: Heinrich Himmler. Geheimreden 1933–1945 und andere Ansprachen, hrsg. v. Bradley F. Smith und Agnes Peterson, Frankfurt a. M. 1974, S. 170.

fätismus in Deutschland bis zu den Ersatzschwierigkeiten der Waffen-SS.

Die Ermordung der Juden im deutschen Machtbereich stand in der Mitte des Referats. Niemals ist während des Dritten Reichs mit solcher Deutlichkeit über das Staatsverbrechen des Völkermords gesprochen worden; kein einziges Mal wurde vor einem ähnlichen Kreis von Zuhörern auf die gängigen Sprachregelungen so vollkommen verzichtet. Im Drang zur Stilisierung seiner SS verwendete Himmler Metaphern aus Heldenepos und Märtyrerlitanei und brüstete sich mit der ganzen furchtbaren Wahrheit des Genozids: »Der Satz, die Juden müssen ausgerottet werden, mit seinen wenigen Worten, meine Herren, ist leicht ausgesprochen. Für den, der durchführen muß, was er fordert, ist es das Allerhärteste und Schwerste, was es gibt [. . .]. Es trat an uns die Frage heran: Wie ist es mit den Frauen und Kindern? – Ich habe mich entschlossen, auch hier eine ganz klare Lösung zu finden. Ich hielt mich nämlich nicht für berechtigt, die Männer auszurotten – sprich also, umzubringen oder umbringen zu lassen – und die Rächer in Gestalt der Kinder für unsere Söhne und Enkel groß werden zu lassen. Es mußte der schwere Entschluß gefaßt werden, dieses Volk von der Erde verschwinden zu lassen. Für die Organisation, die den Auftrag durchführen mußte, war es der schwerste, den wir bisher hatten. Er ist durchgeführt worden, ohne daß – wie ich glaube sagen zu können –, unsere Männer und unsere Führer einen Schaden an Geist und Seele erlitten hätten.« Die Judenfrage werde in den von Deutschland besetzten Ländern bis Jahresende erledigt sein, verkündete er dann, das Thema abschließend.[2]

---

[2] Ebenda, S. 169.

Im folgenden Jahr erwähnte Himmler bei gebotener Gelegenheit »die Judenfrage« und teilte etwa Generälen der Wehrmacht mit: »Sie wurde entsprechend dem Lebenskampf unseres Volkes, der um die Existenz unseres Blutes geht, kompromißlos gelöst. Ich spreche das zu Ihnen als Kameraden aus.«[3]

Ganz öffentlich, nämlich in einem 1944 unter dem Titel ›Pesthauch der Welt‹ verbreiteten Pamphlet, begründete ein anderer prominenter Nationalsozialist den Mord an den Juden. Im Kontext der antisemitischen Tiraden, in denen keines der gängigen Stereotype fehlte, konnte man die Behauptung Robert Leys, »der Jude« sei »in Deutschland und Europa ausgerottet«, leicht übersehen und auch den folgenden Satz als das übliche Bramarbasieren nationalsozialistischer Propagandaredner abtun: »Wir Nationalsozialisten haben in Deutschland den jüdischen Geist samt den Juden vernichtet. Wir werden auch diesen Kampf nicht eher beenden, bis das Urteil über den Juden endgültig gesprochen ist. Juda muß sterben!«[4]

Gemeinsam ist den Äußerungen Himmlers und Leys, daß sie die ungeheure Realität beim Namen nannten, von Ausrottung und Vernichtung sprachen, daß sie nicht den Begriff der offiziellen Sprachregelung benutzten, nämlich »Endlösung der Judenfrage«. Spätestens ab Frühsommer 1941 meinten die Offiziellen des Dritten Reichs mit diesem Ausdruck die physische Vernichtung der Juden.[5] Zusammengesetzt war das von Bürokraten erzeugte sprachliche

---

[3] Notizen einer Rede vor Generalen der kämpfenden Truppe in Posen am 26. 1. 1944, in: Himmler, Geheimreden, S. 202.

[4] Robert Ley, Pesthauch der Welt, Dresden 1944, S. 74.

[5] Vgl. Eberhard Jäckel und Jürgen Rohwer (Hrsg.), Der Mord an den Juden im Zweiten Weltkrieg. Entschlußbildung und Verwirklichung, Stuttgart 1985.

Monstrum aus der im öffentlichen Diskurs seit dem 19. Jahrhundert geläufigen Metapher »Judenfrage« (als nicht unbedingt immer pejorativer Zusammenfassung eines politischen, kulturellen, sozialen Problemfeldes), deren »Lösung« im Verständnis der Antisemiten und daher erst recht der nationalsozialistischen Ideologie immer als Ausgrenzung gedacht war und mit zunehmender Machtentfaltung des NS-Regimes radikalisiert wurde.

War die »Lösung der Judenfrage« (wenn wir von positiven Besetzungen des Begriffs zunächst absehen) also genuin ein Postulat der Antisemiten und eine Metapher nationalsozialistischer Propaganda mit noch unbestimmtem Inhalt, so wurde der Begriff ab 1933 durch Maßnahmen der Entrechtung, Ausgrenzung, Diskriminierung und Vertreibung (am deutlichsten durch die Nürnberger Gesetze von 1935 und deren Folgebestimmungen) gefüllt und schließlich, in der Form »Endlösung der Judenfrage«, verdichtet zum Synonym des beabsichtigten Massenmords an allen Juden im deutschen Herrschaftsbereich.

Nach dem Novemberpogrom 1938, der die Wegmarke der nationalsozialistischen Judenpolitik bildet[6] (als Punkt des Umschlags der Phase der Drangsalierung und Demütigung zur Vertreibung und Vernichtung), erweitert sich im amtlichen Sprachgebrauch der Begriff zur »Gesamtlösung« beziehungsweise zur »endgültigen« Lösung der Judenfrage. Der semantischen Radikalisierung entsprach aber nicht ein von Anfang an festgelegter Inhalt, der etwa dem Begriff »Sonderbehandlung« in seiner Eindeutigkeit entsprochen hätte. Ein Schlüsseldokument zur Entwicklung des Sprachgebrauchs ist das »Bestellungsschreiben«, mit dem Göring

---

[6] Vgl. Wolfgang Benz, Erziehung zur Unmenschlichkeit. Der 9. November 1938, in: Johannes Willms (Hrsg.), Der 9. November. Fünf Essays zur deutschen Geschichte, München 1994, S. 49–65.

als Reichsmarschall, Beauftragter für den Vierjahresplan und Vorsitzender des Ministerrats für die Reichsverteidigung am 31. Juli 1941 den Chef der Sicherheitspolizei und des SD, Heydrich, zu Planungen autorisierte: »In Ergänzung der Ihnen bereits mit Erlaß vom 24. 1. 39 übertragenen Aufgabe, die Judenfrage in Form der Auswanderung oder Evakuierung einer den Zeitverhältnissen entsprechend möglichst günstigen Lösung zuzuführen, beauftrage ich Sie hiermit, alle erforderlichen Vorbereitungen in organisatorischer, sachlicher und materieller Hinsicht zu treffen für eine Gesamtlösung der Judenfrage im deutschen Einflußgebiet in Europa. Sofern hierbei die Zuständigkeiten anderer Zentralinstanzen berührt werden, sind diese zu beteiligen. Ich beauftrage Sie weiter, mir in Bälde einen Gesamtentwurf über die organisatorischen, sachlichen und materiellen Vorausmaßnahmen zur Durchführung der angestrebten Endlösung der Judenfrage vorzulegen.«[7]

Hinsichtlich der verfolgten Ziele ist dieses Dokument seinem Wortlaut nach noch keineswegs eindeutig; schon der Rückbezug auf den Erlaß vom Januar 1939, mit dem die Forcierung der jüdischen Auswanderung beabsichtigt gewesen war[8], könnte die Vermutung stützen, die »Gesamtlösung« hätte, in Erweiterung des Drucks zur individuellen Auswanderung, eine Umsiedlung durch Massendeportation mit anschließender Neuansiedlung der Deportierten zum Ziele gehabt. Daß davon zu diesem Zeitpunkt keine Rede mehr sein konnte, daß der Entschluß zum Völkermord bereits gefallen war, ist längst unstrittig. Die Tatsache, daß die Mordkommandos der Einsatzgruppen nach

---

[7] Nürnberger Dokument PS 710.
[8] Weisung Göring an Reichsminister des Innern, 24. Januar 1939: »Die Auswanderung der Juden aus Deutschland ist mit allen Mitteln zu fördern.« Nürnberger Dokument NG 2586.

dem Überfall auf die Sowjetunion (22. Juni 1941) im Baltikum, in der Ukraine, in Weißrußland und Rußland gut vorbereitet in Tätigkeit traten, ist ein unabweisbares Indiz. Belege für den bereits vollzogenen Bedeutungswandel des Begriffs »Endlösung« finden sich auch in den Akten. So enthält ein Befehl des Reichssicherheitshauptamtes, der am 20. Mai 1941 per Rundschreiben allen Staatspolizei(leit)-stellen und nachrichtlich allen SD-Leitabschnitten übermittelt wurde[9], zweimal den ausdrücklichen Hinweis »auf die zweifellos kommende Endlösung der Judenfrage«. Das konnte nur eine Steigerung der bis dato praktizierten Judenpolitik bedeuten, und die Ankündigung ist auch insofern höchst interessant, als der Anlaß des Befehls darin bestand, daß deutsche Juden, die in Belgien und Frankreich lebten, bei Behörden im Deutschen Reich Urkunden und Dokumente wie Führungszeugnisse, Reisepässe und so weiter anforderten, die zur Auswanderung nach Übersee benötigt wurden. Die dem Reichssicherheitshauptamt (RSHA) nachgeordneten Dienststellen wurden angewiesen, solchen Bitten nicht zu entsprechen. Und weiter hieß es in dem RSHA-Befehl generell: »Eine Einwanderung von Juden in die von uns besetzten Gebiete ist im Hinblick auf die zweifellos kommende Endlösung der Judenfrage zu verhindern.«[10] Welchen anderen Zweck könnte die Behinderung der Auswanderung von Juden noch gehabt haben als das Verlangen, sie im deutschen Machtbereich zu halten, um über sie verfügen zu können, das heißt, sie zu vernichten?

---

[9] Das Auswärtige Amt (Abt. III) wurde ebenfalls informiert, und der Beauftragte des Chefs der Sicherheitspolizei und des SD für Belgien und Frankreich erhielt den Befehl über den Militärbefehlshaber für Frankreich, General von Stülpnagel.
[10] Nürnberger Dokument NG 3104.

Wenn man mit großer Sicherheit davon ausgehen kann, daß der Terminus »Endlösung« spätestens ab dem Frühsommer 1941 nichts anderes mehr als Vernichtung bedeutete, so ist zu fragen, wann der Bedeutungswandel einsetzt. Am 24. Juni 1940 schrieb Heydrich an den Außenminister Ribbentrop einen Brief, in dem er auf seine Kompetenz für die »Durchführung der jüdischen Auswanderung aus dem gesamten Reichsgebiet« hinwies. (Heydrich berief sich auf den Auftrag Görings vom Januar 1939 und machte entschieden deutlich, daß er bei eventuellen Besprechungen des Auswärtigen Amts zum Komplex »Endlösung« zugezogen werden müsse.) Seit 1. Januar 1939 seien insgesamt 200 000 Juden aus dem Reichsgebiet ausgewandert. Jedoch: *»Das Gesamtproblem* – es handelt sich bereits um rund 3 1/4 Millionen Juden in den *heute* Deutscher Hoheitsgewalt unterstehenden Gebieten – kann aber *durch Auswanderung* nicht mehr gelöst werden. Eine territoriale Endlösung wird daher notwendig.«[11]

Der Chef des Reichssicherheitshauptamts meinte mit »territorialer Endlösung« das »Madagaskar-Projekt«, das seit Frühjahr 1940 Gegenstand von Planungen war. Der Gedanke, auf der französischen Kolonialinsel vor Ostafrika mit ihrem für Europäer mörderischen Klima Juden anzusiedeln, findet sich in der antisemitischen Literatur seit dem 19. Jahrhundert. Er wurde in der Zwischen-Kriegszeit unter anderem auch von britischen Autoren diskutiert und war 1937 Gegenstand französisch-polnischer Verhandlungen, in deren Folge eine polnische Kommission vor Ort Ansiedlungsmöglichkeiten für jüdische Emigranten aus Polen untersuchte. Man darf unterstellen, daß die Prüfung der Situation durch die Polen einigermaßen seriös war.

---

[11] Eichmann-Prozeß, Beweisdokument 464. Hervorhebungen im Original.

Demnach hätten nach Ansicht des Kommissionsmitglieds Lepecki allenfalls 40 000 bis 60 000 Menschen im madegassischen Hochland leben können, Leon Alter, ein anderes Mitglied, glaubte sogar, höchstens 2000 Juden könnten auf Madagaskar angesiedelt werden.

Die deutsche Öffentlichkeit wurde von Zeit zu Zeit mit Madagaskar-Plänen konfrontiert. Julius Streicher etwa propagierte im Januar 1938 wieder einmal ein solches Deportationsprojekt: »Als der Stürmer vor einigen Jahren davon sprach, daß die Verbringung der Juden nach der französischen Kolonialinsel Madagaskar eine Möglichkeit zur Lösung der Judenfrage darstelle, wurden wir von Juden und Judengenossen verhöhnt und als unmenschlich erklärt. Heute hat unser Vorschlag bereits Eingang in die Gedankenwelt auswärtiger Staatsmänner erhalten. Es meldete die Tagespresse, daß bei den Besprechungen, die der französische Außenminister Delbos in Warschau hatte, auch die das polnische Volk schwer bedrückende Judenfrage zur Erörterung kam. Dabei soll auch davon die Rede gewesen sein, ob nicht vielleicht ein Teil des jüdischen Überflusses aus Polen nach Madagaskar abgeleitet werden könnte. Sei dem, wie es wolle: das neue Deutschland befindet sich auf einem Weg, der zur Erlösung führt. Und über das erlöste Deutschland hinweg wird sich die Welt erlösen. Erlösen vom ewigen Juden.«[12]

Der Madagaskar-Plan war keineswegs ein philanthropisches Projekt. Das wurde auch in Diktion und Argumentation einer Rede deutlich, die Alfred Rosenberg am 7. Februar 1939 vor Vertretern der Auslandspresse und Diplomaten hielt. Er entwickelte dabei den »Vorschlag zur Lösung der Judenfrage durch Schaffung eines jüdischen

---

[12] Julius Streicher, Madagaskar, in: Der Stürmer, Januar 1938, Nr. 1.

Reservats auf Madagaskar oder in Guayana«, nachdem er ausführlich begründet hatte, warum Palästina »für eine weitschauende Auswandererpolitik nicht in Frage« komme und ebensowenig erwünscht sein könne wie die individuelle Auswanderung von Juden in alle Welt. Abgesehen davon, daß die Sympathien Rosenbergs den Arabern galten, hielt er einen zionistischen Staat in Palästina für unerwünscht und gefährlich, da er ein »alljüdisches Machtzentrum im nahen Osten« darstellen würde, das als Operationsbasis weltweiter jüdischer Herrschaftsgelüste dienen werde. »Da also auch Palästina als eine Lösung für eine wirklich kompakte Siedlung der Judenheit nicht in Frage kommt und eine zerstreute Auswanderung das Problem nicht nur nicht löst, sondern rassisch und politisch Gefahren schlimmster Art für Europa und andere Länder heraufbeschwört, so bleibt eben als einzige Frage zu lösen übrig, ob und welches in sich abgeschlossene große Territorium die Demokratien bereitstellen wollen, um die Juden als Gesamtheit anzusiedeln. Dieses Territorium müßte vorsehen eine Kapazität von rund 15 Millionen Juden. Zu diesem Zweck müßten die jüdischen Millionäre und Milliardäre aus aller Welt etwa dem Büro der Evian Konferenz in London ihre Mittel zur Verfügung stellen, was zweckmäßiger wäre, als sie in politische Hetze und Wirtschaftsboykott gegen Deutschland und für bolschewistische Propaganda innerhalb der Demokratien einzusetzen.«[13]

Der Gedanke, die Juden insgesamt an entlegener Stelle zu ghettoisieren, enthielt von Anfang an Vernichtungsphantasien. Nicht von ungefähr waren Gegenden, »wo der Pfeffer wächst«, den Juden zugedacht in der Zuversicht, das tropische Klima werde sie mindestens dezimieren,

---

[13] Völkischer Beobachter (Münchener Ausgabe), 8. Februar 1939, Nr. 39. (Eichmann-Prozeß, Beweisdokument 1054)

wenn nicht ausrotten. So war außer Madagaskar eben auch Guayana zeitweise in der Debatte als Judenreservat, auch Alaska als eisige menschenleere Wildnis war im Gespräch, und eine andere Sträflingskolonie hatte schon Ende des 19. Jahrhunderts ein antisemitischer Autor, Karl Paasch, als Variante der Ermordung in Vorschlag gebracht. Die einfachste und praktischste Lösung der Judenfrage sei die Vernichtung, da dies in Deutschland aber wohl nicht möglich und durchführbar erscheine, empfahl er als Zweitbestes, die Juden nach Neu-Guinea zu deportieren. Dieses Rezept war 1892 in Danzig im ›Antisemitenspiegel‹ veröffentlicht worden.[14]

Alfred Rosenberg machte in seiner Rede Anfang 1939 klar, daß er solchen Denktraditionen folgte: »Welches Territorium dann in Frage kommen könnte, darüber müßten naturgemäß die Besitzer dieser teilweise menschenleeren Gebiete selber entscheiden. Ob sie sich hier für Guayana entschließen oder für Madagaskar, das mag eine Zweckmäßigkeitsüberlegung sein, ein Ergebnis der Besprechungen zwischen England, Frankreich, den Vereinigten Staaten und Holland. Daß Alaska mit seinem herben nordischen Klima für die Juden zu schade wäre, liegt auf der Hand.«[15]

Ein reichliches Jahr später wurde das Madagaskar-Projekt einige Wochen lang ganz ernsthaft betrieben. Die außenpolitische Situation war vollkommen verändert, nicht mehr »die Demokratien« als Kolonialmächte würden nach dem deutschen Sieg über Frankreich und der als unmittelbar bevorstehend geglaubten Niederwerfung Englands die Verfügung über die entsprechenden Territorien haben, man würde sie einfach erzwingen. Im Auswärtigen Amt plante

---

[14] Zit. nach Hermann Graml, Reichskristallnacht. Antisemitismus und Judenverfolgung im Dritten Reich, München 1988, S. 79.
[15] Ebenda, Anm. 13.

98

ein Legationssekretär Rademacher (er arbeitete im Judenreferat der Deutschlandabteilung D III), wie die von Frankreich abzutretende Insel Madagaskar unter deutscher Hoheit als Judenghetto dienen könnte. Beflügelte die Aussicht auf Kolonialgebiete Siedlungsprojekte, die in Wirklichkeit Deportationspläne waren, so war im Frühjahr 1940 auch evident, daß Versuche zur Errichtung eines Judenreservats im Generalgouvernement in der Gegend von Lublin aus organisatorischen Gründen gescheitert waren. Im Zuge der »Nisko-Aktion« waren ab November 1939 insgesamt 6000 Juden vor allem aus Wien, Mährisch-Ostrau und Stettin in den Osten des Generalgouvernements deportiert worden.[16]

Zu den technischen Problemen fügte sich der Widerstand des Statthalters im besetzten Polen, des Generalgouverneurs Hans Frank, der sich gegen Deportationen von Juden in seinen Hoheitsbereich wehrte. Vor seinen Ressortchefs verkündete er am 12. Juli 1940 in Krakau: »Sehr wichtig ist auch die Entscheidung des Führers, die er auf meinen Antrag gefällt hat, daß keine Judentransporte ins Generalgouvernement mehr stattfinden. Allgemein politisch möchte ich dazu sagen, daß geplant ist, die ganze Judensippschaft im Deutschen Reich, im Generalgouvernement und im Protektorat in denkbar kürzester Zeit nach Friedensschluß in eine afrikanische oder amerikanische Kolonie zu

---

[16] Im Oktober 1939 wurden aus Mährisch-Ostrau, Kattowitz und Wien Transporte mit insgesamt fast 5000 Juden nach Polen durchgeführt. Die Aktion sollte Modellcharakter für die Deportation der deutschen Juden haben, das Experiment wurde jedoch bald abgebrochen. Die Deportierten waren in einem Durchgangslager bei Nisko am San untergebracht, von dort aus sollten sie im Distrikt Lublin verteilt werden. Vgl. Seev Goshen, Eichmann und die Nisko-Aktion im Oktober 1939. Eine Fallstudie zur NS-Judenpolitik in der letzten Etappe vor der »Endlösung«, in: Vierteljahrshefte für Zeitgeschichte 29 (1981), S. 74–96.

transportieren. Man denkt an Madagaskar, das zu diesem Zweck von Frankreich abgetreten werden soll. Hier wird auf einer Fläche von 500 000 km^2 reichlich Gelände für ein paar Millionen Juden sein. Ich habe mich bemüht, auch die Juden des Generalgouvernements dieses Vorteils teilhaftig werden zu lassen, sich auf neuem Boden ein neues Leben aufzubauen. Das wurde akzeptiert, so daß in absehbarer Zeit auch hier eine kolossale Entlastung gegeben sein wird.«[17]

Hans Frank hatte sich vor allem gegen die Aussiedlung von Juden aus den annektierten westpolnischen Gebieten ins Generalgouvernement gewehrt; ökonomische Gründe machte auch Göring gegen solche Deportationen geltend. Heinrich Himmler, als Chef der SS und »Reichskommissar für die Festigung deutschen Volkstums« zuständig für Bevölkerungstransfer unter den Gesichtspunkten der Rassenpolitik, hatte im Mai 1940 in seiner berüchtigten Ausarbeitung ›Über die Behandlung der Fremdvölkischen im Osten‹ konstatiert: »Den Begriff Juden hoffe ich, durch die Möglichkeit einer großen Auswanderung sämtlicher Juden nach Afrika oder sonst in eine Kolonie völlig auslöschen zu sehen.«[18]

Unter Federführung des Legationssekretärs Franz Rademacher nahm der Madagaskar-Plan im Auswärtigen Amt Gestalt an. Im Juni 1940 wurden als Denkspiele a) die Abschiebung aller Juden aus Europa, b) die Trennung zwischen West- und Ostjuden erwogen, wobei die Ost-

---

[17] Abteilungsleitersitzung 12. 7. 1940, in: Das Diensttagebuch des deutschen Generalgouverneurs in Polen 1939–1945, hrsg. v. Werner Präg und Wolfgang Jacobmeyer, Stuttgart 1975, S. 252.
[18] Denkschrift Himmlers über die Behandlung der Fremdvölkischen im Osten (Mai 1940), in: Vierteljahrshefte für Zeitgeschichte 5 (1957), S. 194–198.

juden »als Faustpfand in deutscher Hand« (Lublin?) bleiben, »um die Amerikajuden lahmzulegen«, während die Westjuden nach Madagaskar deportiert werden sollten.[19] Die eigentliche Planung wurde freilich im Reichssicherheitshauptamt betrieben. Heydrich, der am 24. Juni 1940 Ribbentrop gegenüber so deutlich seine Zuständigkeit für die »Endlösung der Judenfrage« festgestellt hatte, beauftragte den Leiter des Referats IV B 4, Adolf Eichmann, mit der Ausarbeitung der Details.[20] Am 15. August 1940 erhielt das Auswärtige Amt die fertige Projektbeschreibung, in der einleitend bemerkt wurde, daß »die Lösung des jüdischen Problems« im Reichsgebiet (einschließlich des »Protektorats Böhmen und Mähren«) infolge allenthalben auftretender Schwierigkeiten durch Auswanderung »in absehbarer Zeit schwer zum Ende geführt werden« könne; nach dem »Hinzukommen der Massen des Ostens« sei »eine Bereinigung des Judenproblems durch Auswanderung unmöglich«. Vier Millionen Juden aus dem deutschen Herrschaftsgebiet seien deshalb in Madagaskar anzusiedeln, denn: »Zur Vermeidung dauernder Berührung anderer Völker mit Juden ist

---

[19] Nürnberger Dokument NG 5764; vgl. Helmut Krausnick, Judenverfolgung, in: Anatomie des SS-Staates, Band II, Olten und Freiburg im Brsg. 1965, S. 354 f. (Taschenbuchausgabe, 6. Aufl. München 1994).

[20] Eichmann konnte an Vorüberlegungen anknüpfen, die bereits Anfang 1938 angestellt wurden. Es ging damals um die Materialsammlung für eine Denkschrift, die klarmachen sollte, »daß die Judenfrage auf der augenblicklichen Basis nicht zu lösen ist (finanzielle Schwierigkeiten usw.) und daß man daran herantreten muß, eine außenpolitische Lösung zu finden, wie sie bereits zwischen Polen und Frankreich verhandelt wurde (Madagaskar-Projekt)«. Eichmann-Prozeß, Beweisdokument 1508. Zu den Intentionen (und Strukturen) des Auswärtigen Amts in diesem Zusammenhang vgl. insbesondere Christopher Browning, The Final Solution and the German Foreign Office. A Study of Referat D III of Abteilung Deutschland 1940-1943, New York 1978, S. 35 f.

eine Überseelösung *insularen Charakters* jeder anderen vorzuziehen.«[21]

Der Madagaskar-Plan ist nicht nur begriffsgeschichtlich bemerkenswert, weil die vorgeschlagenen Maßnahmen mit der Bezeichnung »Endlösung« belegt sind, er ist als »logistisches und propagandistisches Sandkastenspiel zur Einübung des bald darauf geplanten und dann vollzogenen Massenmords«[22] bedeutsam. Aber die Bedeutung des Projekts lag nicht nur darin, die Hemmschwellen deutscher Ministerialbeamter herabzusetzen, dadurch, daß sie gedanklich daran gewöhnt wurden, »die Deportation von Millionen Menschen in unwirtliche und sumpfige Gegenden als Selbstverständlichkeit zu akzeptieren«[23]. Der Madagaskar-Plan zur Errichtung »einer jüdischen Wohnstätte unter deutscher Oberhoheit«, die, nach Meinung seiner Erfinder »im Innern als Polizeistaat aufgezogen«, de facto ein Großghetto mit dem Charakter eines Konzentrationslagers gewesen wäre, ist der entscheidende Schritt von der Idee der Vertreibung der Juden zu ihrer Vernichtung. Und der Plan enthält schon alle Elemente der späteren Deportations- und Vernichtungspraxis, nämlich die erzwungene Mithilfe der jüdischen Organisationen beim Transport, die Ausplünderung der Juden vor ihrer Deportation (»Vermögenserfassung und Verwertung«), Transport unter katastrophalen Bedingungen. So sollten pro Person nur maximal 200 kg »nicht sperrendes« Gepäck erlaubt sein, zwei Schiffstransporte zu je 1500 Personen am Tag sollten bei

---

[21] Reichssicherheitshauptamt: Madagaskar-Projekt, mit Anschreiben an Rademacher/AA, 15. August 1940, Eichmann-Prozeß, Beweisdokument 172.

[22] Götz Aly und Susanne Heim, Vordenker der Vernichtung. Auschwitz und die deutschen Pläne für eine neue europäische Ordnung, Hamburg 1991, S. 259.

[23] Ebenda.

120 Schiffen und 60 Reisetagen eine Million Juden jährlich deportieren. Bei einer vorgesehenen Zahl von vier Millionen sollte das Projekt in vier Jahren durchgeführt sein. Zur Finanzierung sollte unter anderem eine Kontribution dienen, auferlegt der »in den Westmächten ansässigen Judenschaft anläßlich des Friedensvertrages als Wiedergutmachung für jenen Schaden, der in Verfolg der Auswirkung des Versailler Vertrages durch die Juden dem Deutschen Reiche in wirtschaftlicher und sonstiger Beziehung zugefügt wurde«. Schiffsraum hoffte man im Rahmen des Friedensvertrages mit England und Frankreich zu erhalten, in den »zum Zwecke der Lösung des Judenproblems« eine entsprechende Bestimmung aufgenommen werden sollte.[24]

Weil eine wesentliche Voraussetzung fehlte, der Sieg über Großbritannien, war der Madagaskar-Plan schon bald nach seiner Fertigstellung im August 1940 Makulatur. Als Phantom einer vermeintlich humaneren Judenpolitik tat er noch einige Zeit Dienste in der Propaganda und der deutschen Außenpolitik, nicht zuletzt zur Verschleierung der wahren Absichten. Der inzwischen zum Legationsrat beförderte Rademacher schloß im Februar 1942 – kurz nach der Wannseekonferenz, bei der Heydrich die Strategie der geplanten Deportation und Vernichtung der europäischen Juden vor Vertretern der Zentralbehörden des Deutschen Reiches erläuterte – die Akten des Madagaskar-Projekts. Er schrieb an den Afrika-Referenten der Abteilung Politik im Auswärtigen Amt, den Gesandten Bielfeld: »Im August 1940 übergab ich Ihnen für Ihre Akten den von meinem Referat entworfenen Plan zur Endlösung der Judenfrage, wozu die Insel Madagaskar von Frankreich im Friedensver-

---

[24] RSHA, Madagaskar-Projekt (s. Anm. 21).

trag gefordert, die praktische Durchführung der Aufgabe aber dem Reichssicherheitshauptamt übertragen werden sollte. Gemäß diesem Plane ist Gruppenführer Heydrich vom Führer beauftragt worden, die Lösung der Judenfrage in Europa durchzuführen. Der Krieg gegen die Sowjetunion hat inzwischen die Möglichkeit gegeben, andere Territorien für die Endlösung zur Verfügung zu stellen. Demgemäß hat der Führer entschieden, daß die Juden nicht nach Madagaskar, sondern nach dem Osten abgeschoben werden sollen. Madagaskar braucht mithin nicht mehr für die Endlösung vorgesehen zu werden.«[25]

Wenn sich der Madagaskar-Plan als Vernichtungsmodell charakterisieren läßt, in dem der Terminus »Endlösung« in seiner dann definitiven Bedeutung verwendet wird, so fehlt ihm wegen des exotischen und irrealen Orts und der hypothetischen Planung die letzte Beweiskraft für die Absicht des Völkermords. Ein wenig bekanntes Dokument aus dem Dezember 1940, eine Zusammenstellung mit dem Titel ›Die Judenfrage‹, gibt über die Intentionen und zugleich über die Dimension, in der geplant wurde, deutlicheren Aufschluß. Es handelt sich um Notizen und einen Vermerk, offensichtlich aus Anlaß eines Vortrags beim Reichsführer SS Himmler zusammengestellt, der Zahlen über die jüdischen Bevölkerungsbewegungen (Auswanderung aus dem Altreich, aus der »Ostmark«, aus dem »Protektorat« und die »Evakuierungen« aus den westpolnischen Gebieten) enthält. Intentional wird »die Judenfrage« klar und eindeutig in zwei Phasen unterteilt, nämlich in eine »Anfangslösung der Judenfrage durch Auswanderung (durch Überführung der Initiative von den jüdisch-politischen Organisationen zur Sicherheitspolizei und SD)« und in »Die

---

[25] Rademacher an Gesandten Bielfeld, AA/Pol.X, 10. 2. 1942, Archiv Institut für Zeitgeschichte München, Fd 42.

Endlösung der Judenfrage«. Unter diesem Rubrum heißt es lakonisch: »Durch Umsiedlung der Juden aus dem europäischen Wirtschaftsraum des deutschen Volkes in ein noch zu bestimmendes Territorium. Im Rahmen dieses Projektes kommen rund 5,8 Millionen Juden in Betracht.«[26]

Hatte die Radikalisierung der Judenpolitik von der Vertreibung zur Vernichtung schon eingesetzt, so fehlte es ihr lediglich noch an Möglichkeiten des Vollzugs. Mit dem Überfall auf die Sowjetunion ergaben sich die von den Planern des Völkermords ersehnten Voraussetzungen, und die Einsatzgruppen waren als Mordkommandos seit Juni 1941 in Tätigkeit. Aber bis zu der von Heydrich einberufenen »Besprechung mit anschließendem Frühstück« über »mit der Endlösung der Judenfrage zusammenhängende Fragen«, die am 20. Januar 1942 in der Villa »Am Großen Wannsee 56–58« stattfand[27], lagen noch tarnende Schleier über dem monströsen Projekt. Protokolliert von Adolf Eichmann, enthüllte Heydrich die Strategie im »Kampf gegen diesen Gegner«, der bisher als Druck zur Auswanderung betrieben wurde: »Das Aufgabenziel war, auf legale Weise den deutschen Lebensraum von Juden zu säubern. Über die Nachteile, die eine solche Auswanderungsforcierung mit sich brachte, waren sich alle Stellen im Klaren. Sie mußten jedoch angesichts des Fehlens anderer Lösungsmöglichkeiten vorerst in Kauf genommen werden.«[28] Bemerkenswert ist der Gebrauch der Vokabel »legal« (was darauf schließen läßt, daß man sich der Kriminalität des

---

[26] Vortrag über Siedlung, Dezember 1940, Bundesarchiv Koblenz NS 19/3979.

[27] Besprechungsprotokoll der Wannseekonferenz, in: Kurt Pätzold und Erika Schwarz, Tagesordnung: Judenmord. Die Wannsee-Konferenz am 20. Januar 1942. Eine Dokumentation zur Organisation der »Endlösung«, Berlin 1992, S. 102-112.

[28] Ebenda, S. 104.

gewünschten Vorgehens bewußt blieb), und wichtig ist die Tatsache, daß die Auswanderung der Juden als Notbehelf bezeichnet wurde.

»Anstelle der Auswanderung« sei nunmehr als weitere Lösungsmöglichkeit nach entsprechender vorheriger Genehmigung durch den Führer die »Evakuierung der Juden nach dem Osten getreten«[29], erklärte Heydrich den versammelten Ministerialbeamten und Funktionären der NSDAP, und er verheimlichte auch nicht, daß die »Evakuierung« auf die physische Vernichtung von mindestens 11 Millionen Juden abzielte: »Unter entsprechender Leitung sollen nun im Zuge der Endlösung die Juden in geeigneter Weise im Osten zum Arbeitseinsatz kommen. In großen Arbeitskolonnen, unter Trennung der Geschlechter, werden die arbeitsfähigen Juden straßenbauend in diese Gebiete geführt, wobei zweifellos ein Großteil durch natürliche Verminderung ausfallen wird. Der allfällig endlich verbleibende Restbestand wird, da es sich bei diesen zweifellos um den widerstandsfähigsten Teil handelt, entsprechend behandelt werden müssen [. . .].«[30] Gegenüber der Realität der Erschießungsgruben, Gaswagen und Gaskammern des Völkermords war auch dies noch sprachliche Mimikry, aber die Absichten des NS-Regimes, die hinter dem Begriff »Endlösung« standen, waren vollkommen enthüllt.

Ganz erstaunlich ist die Ahnungslosigkeit des Reichspropagandaministers, der Anfang März 1942 eine Tirade seinem Tagebuch anvertraut, die inhaltlich aus einer schwachen Paraphrase des Wannseeprotokolls besteht und in der für Goebbels typischen selbstgefälligen Schwatzhaftigkeit alte Stereotype und neue Informationen mischt: »Ich lese

[29] Ebenda, S. 105.
[30] Ebenda, S. 107.

eine ausführliche Denkschrift des SD und der Polizei über die Endlösung der Judenfrage. Daraus ergeben sich eine Unmenge von neuen Gesichtspunkten. Die Judenfrage muß jetzt im gesamteuropäischen Rahmen gelöst werden. Es gibt in Europa noch über 11 Millionen Juden. Sie müssen später einmal zuerst im Osten konzentriert werden; eventuell kann man ihnen nach dem Krieg eine Insel, etwa Madagaskar, zuweisen. Jedenfalls wird es keine Ruhe in Europa geben, wenn nicht die Juden restlos aus dem europäischen Gebiet ausgeschaltet werden. Das ergibt eine Unmenge von außerordentlich delikaten Fragen. Was geschieht mit den Halbjuden, was geschieht mit den jüdisch Versippten, Verschwägerten, Verheirateten? Wir werden also hier noch einiges zu tun bekommen, und im Rahmen der Lösung dieses Problems werden sich gewiß auch noch eine ganze Menge von persönlichen Tragödien abspielen. Aber das ist unvermeidlich. Jetzt ist die Situation reif, die Judenfrage einer endgültigen Lösung zuzuführen. Spätere Generationen werden nicht mehr die Tatkraft und auch nicht mehr die Wachheit des Instinkts besitzen. Darum tun wir gut daran, hier radikal und konsequent vorzugehen. Was wir uns heute als Last aufbürden, wird für unsere Nachkommen ein Vorteil und ein Glück sein.«[31]

Der Generalgouverneur in Krakau, Hans Frank, der ja schon lange drängte, sein Herrschaftsgebiet »judenfrei« zu bekommen, und der sich längst gegen den Zustrom der aus den annektierten polnischen Westgebieten vertriebenen Juden wehrte, machte im Dezember 1941 im Bewußtsein der als Vernichtung konzipierten und bereits begonnenen

---

[31] Eintragung 7. März 1942, in: Die Tagebücher von Joseph Goebbels, Teil II: Diktate 1941-1945, Band 3, Januar bis März 1942. Im Auftrag des Instituts für Zeitgeschichte hrsg. u. bearb. v. Elke Fröhlich, München 1994, S. 431f.

»Endlösung« seine Erwartungen offenbar: »Mit den Juden – das will ich Ihnen auch ganz offen sagen – muß so oder so Schluß gemacht werden.« Frank erinnerte in seiner Rede vor dem Regierungskollegium des Generalgouvernements an die öffentliche Vernichtungsandrohung Hitlers vor dem Reichstag am 30. Januar 1939[32] und fuhr fort: »Wenn die Judensippschaft in Europa den Krieg überleben würde, wir aber unser bestes Blut für die Erhaltung Europas geopfert hätten, dann würde dieser Krieg doch nur einen Teilerfolg darstellen. Ich werde daher den Juden gegenüber grundsätzlich nur von der Erwartung ausgehen, daß sie verschwinden. Sie müssen weg. Ich habe Verhandlungen zu dem Zweck angeknüpft, sie nach dem Osten abzuschieben. Im Januar findet über diese Frage eine große Besprechung in Berlin statt [. . .]. Aber was soll mit den Juden geschehen? Glauben sie, man wird sie im Ostland in Siedlungsdörfern unterbringen? Man hat uns in Berlin gesagt: weshalb macht man diese Scherereien; wir können im Ostland oder im Reichskommissariat auch nichts mit ihnen anfangen, liquidiert sie selber! Meine Herren, ich muß Sie bitten, sich gegen alle Mitleidserwägungen zu wappnen. Wir müssen die Juden vernichten, wo immer wir sie treffen und wo es irgend möglich ist [. . .]. Die Juden sind auch für uns außergewöhnlich schädliche Fresser. Wir haben im Generalgouvernement schätzungsweise 2,5, vielleicht mit den jüdisch Versippten

---

[32] Hitler hatte erklärt: »Wenn es dem internationalen Finanzjudentum inner- und außerhalb Europas gelingen sollte, die Völker noch einmal in einen Weltkrieg zu stürzen, dann wird das Ergebnis nicht die Bolschewisierung der Erde und damit der Sieg des Judentums sein, sondern die Vernichtung der jüdischen Rasse in Europa.« Verhandlungen des Reichstags, Sten. Ber., 4. WP 1939–1942, Bd. 460, S. 16; vgl. Hans-Heinrich Wilhelm, Wie geheim war die »Endlösung«?, in: Miscellanea, Festschrift für Helmut Krausnick zum 75. Geburtstag, hrsg. v. Wolfgang Benz u. a., Stuttgart 1980, S. 131–148.

und dem, was alles daran hängt, jetzt 3,5 Millionen Juden. Diese 3,5 Millionen Juden können wir nicht erschießen, wir können sie nicht vergiften, werden aber doch Eingriffe vornehmen können, die irgendwie zu einem Vernichtungserfolg führen, und zwar im Zusammenhang mit den vom Reich her zu besprechenden großen Maßnahmen.«[33]

Zeitpunkt und Umstände der Entschlußbildung und des Befehlsweges der »Endlösung« sind hier ebensowenig zu erörtern wie der zeitliche Verlauf und die Formen – Massaker und Deportation, Ghetto, KZ und Vernichtungslager – des Völkermords.[34] Die zahlenmäßige Dimension – sechs Millionen Opfer – ist an anderer Stelle behandelt worden[35], Probleme individueller und kollektiver Täterpsychologie und der Komplex Strafe und Sühne stehen hier nicht zur Debatte.[36] Zu fragen bleibt aber, wie aus theoretischer Begrifflichkeit im Postulat einer »Lösung der Judenfrage«, in Traktaten und Pamphleten seit dem 19. Jahrhundert immer wieder erhoben, die mörderischen Aktivitäten der »Endlösung« werden konnten.

Wessen bedurfte es, um die verquasten und betulichen Erörterungen zur »Judenfrage«, die oft so akademisch wie langweilig waren[37] und oft kaum die böse Absicht dahinter

---

[33] Hans Frank, Rede am 16. 12. 1941 in Krakau in der Sitzung der Regierung des Generalgouvernements, in: Präg und Jacobmeyer (Hrsg.), Diensttagebuch, S. 457 f.; vgl. Pätzold und Schwarz, Tagesordnung: Judenmord, S. 92 f.

[34] Raul Hilberg, Die Vernichtung der europäischen Juden, 3 Bde., Frankfurt a. M. 1990.

[35] Wolfgang Benz (Hrsg.), Dimension des Völkermords. Die Zahl der jüdischen Opfer des Nationalsozialismus, München 1991 (Taschenbuchausgabe München 1996).

[36] Christopher R. Browning, Ganz normale Männer. Das Reserve-Polizeibataillon 101 und die »Endlösung« in Polen, Reinbek 1993.

[37] Vgl. etwa H. Polakowsky, Was soll mit den Juden geschehen? Eine Anleitung zur gesetzlichen Lösung der Judenfrage, Berlin 1881, oder Otto

erkennen ließen[38] oder gar philosemitische Haltung zum Hintergrund und Anlaß hatten[39] und – natürlich – die haßerfüllten, aber in ihrer Diktion doch Totschlag und Massenmord weit von sich weisenden Schriften der Antisemiten[40], aus dem Bereich allgemeiner Sprache und abstrakter Begrifflichkeit zum Vokabular der Mörder zu transformieren?

War der Umschlag vom abstrakten Reden und Eifern zum konkreten Morden genuin Sache der Nationalsozialisten, die das vorher Undenkbare erst dachten und dann unangefochten zur allgemeinen politischen Maxime erho-

---

von Boenigk, Grundzüge zur Judenfrage. Soziologisch-ökonomische Studie, Leipzig 1894.

[38] Aus der Perspektive des politischen Katholizismus erkannte ein Verfasser die drei Grundübel, die auf dem deutschen Volke lasteten: Alkoholismus, Bodenteuerung, Judentum. Als Therapie gegen das letztere empfahl er das übliche Einwanderungsverbot, Wirtschaftsboykott (gegen jüdische Firmen), Enthaltsamkeit (um konkurrenzfähiger gegen jüdische Gewerbetreibende zu werden), persönliche Abwehr des Judentums durch Aufklärung und Agitation. Eine Ausnahmebehandlung sei durch Gestalt und Wesen des Judentums zwar zwingend geboten, aber ethisch nicht möglich. Hans Rost, Gedanken und Wahrheiten zur Judenfrage. Eine soziale und politische Studie, Trier 1907.

[39] Max Schneidewin, Die Jüdische Frage im Deutschen Reich. Versuch eines unparteiischen und auf die salus publica zielenden Schiedsspruches zwischen Antisemitismus und Philosemitismus, Hameln, Leipzig 1894; Hans Schliepmann, Eindeutschung und Judenfrage, Leipzig 1917; Curt Trützschler von Falkenstein, Die Lösung der Judenfrage im Deutschen Reich, Darmstadt 1917. Besonders zu erwähnen sind zwei Sammlungen von Statements, die überwiegend freundliche Bekenntnisse Gebildeter, Professoren, Schriftsteller, zeitgenössischer Prominenz (Adel) enthalten und eine positive Wirkung beabsichtigten: Carl Ed. Klopfer (Hrsg.), Zur »Judenfrage«. Zeitgenössische Original-Aussprüche, München 1891; Die Lösung der Judenfrage. Eine Rundfrage veranstaltet von Dr. Julius Moses, Berlin, Leipzig 1907.

[40] Vgl. die Schlüsselpublikation, die bereits im Ersterscheinungsjahr 1879 12 Auflagen erlebte: Wilhelm Marr, Der Sieg des Judenthums über das Germanenthum. Vom nicht confessionellen Standpunkt aus betrachtet, Bern 1879.

ben, danach regierten und schließlich danach handelten und handeln ließen, oder war die Erörterung der »Judenfrage« – bei der wir einmal davon absehen, daß sie im reaktiven Sinne auch Gegenstand jüdischer Reflexion war[41] – von der Intention her, von allem Anfang an in ihrer ausgrenzenden Absicht der Beginn des Wegs nach Auschwitz?

Zu den langfristig folgenreichsten Publikationen gehört Eugen Dührings 1881 erstmals erschienenes Buch ›Die Judenfrage‹, in dem – dem Prinzip folgend, gegen einen »Ausnahmestamm« seien »Ausnahmeverhalten und Ausnahmegesetzgebung« notwendig – für rigorose Ausgrenzung plädiert wird: Nichtzulassung von Juden zum öffentlichen Dienst, insbesondere zur Justiz, »Entjudung der Presse«, gesellschaftliche Ächtung von »Mischehen«, »Mediatisierung der Hebräischen Finanzdynastien« und so weiter.[42] In der bildungsbürgerlichen Sprache des Wilhelminismus waren das die Forderungen, die ab 1933 als Rücknahme der Emanzipation bis zur völligen Entrechtung und Ausplünderung realisiert wurden.

Noch wirksamer und weiter verbreitet als Dührings Traktat blieb das ›Handbuch der Judenfrage‹, das 1907 erstmals unter diesem Titel erschienen war und in der letzten Auflage 1944 im 279.–330. Tausend stand.[43] Wie

[41] Vgl. Alex Bein, Die Judenfrage. Biographie eines Weltproblems, 2 Bde, Stuttgart 1980.

[42] Eugen Dühring, Die Judenfrage als Frage der Racenschädlichkeit für Existenz, Sitte und Cultur der Völker. Mit einer weltgeschichtlichen, religionsbezüglich, social und politisch freiheitlichen Antwort, Berlin 1881; mehrfach bearbeitet und erweitert bis zur 6. Auflage: Die Judenfrage als Frage des Rassencharakters und seiner Schädlichkeiten für Existenz und Kultur der Völker. Mit einer gemeinverständlichen und denkerisch freiheitlichen Antwort. (6. vemehrte Aufl. in Frau Berta Dührings Auftrage, hrsg. v. H. Reinhardt), Leipzig 1930.

[43] Theodor Fritsch, Handbuch der Judenfrage. Eine Zusammenstellung des wichtigsten Materials zur Berurteilung des jüdischen Volkes, Hamburg

Dühring (1833–1921) war sein Autor Fritsch (1852–1933) als Schriftsteller quasi Antisemit von Beruf. Beide, Dühring und Fritsch, arbeiteten mit rassistisch argumentierenden Stereotypen (Dühring brüstete sich damit, daß er als erster »die Judenfrage« als rassisches und nicht als religiöses Problem thematisiert habe) und lieferten einer zweiten Generation von Antisemiten vom Schlage des Nationalsozialisten Julius Streicher die Schlagworte gegen »die Juden«.

Wenn sich ohne Schwierigkeit feststellen läßt, daß der seit den vierziger Jahren des 19. Jahrhunderts in Deutschland in Gebrauch kommende Begriff »Judenfrage« antiemanzipatorisch besetzt und von den seit 1889 grassierenden Antisemitenvereinen als Schlagwort im politischen Kampf gegen Juden benutzt wurde[44], so bleibt allenfalls noch zu klären, wie radikal die Postulate der bildungsbürgerlichen Antisemiten des 19. Jahrhunderts im Vergleich zu denen der pöbelhaften Nationalsozialisten waren. Die Analyse der älteren Texte zeigt, daß die Vernichtungsphantasien dort durchaus schon vorhanden sind, allerdings verbergen sie sich in abstrakten Wendungen (»Unschädlichmachung«, »Entjudung«, »Entfernung«, »Ausmerzung«) oder hinter Konnotationen und Assoziationen. »So etwas wie ein internierter Judenstaat bedeutet daher Ausrottung der Juden durch die Juden«[45], lautet ein Beispiel bei Dühring, an anderer Stelle heißt es: »Die Judenhaftigkeit läßt

---

1907. Diese Ausgabe war die 26. Auflage des erstmals 1887 unter dem Pseudonym Thomas Frey veröffentlichten Antisemiten-Katechismus. Von der 26. bis zur 49. Auflage (279.–330. Tausend) Leipzig 1944 lautete der Untertitel: Die wichtigsten Tatsachen zur Beurteilung des jüdischen Volkes.

[44] Vgl. Jacob Toury, »The Jewish Question« – a Semantic Approach, in: Yearbook Leo Baeck Institute 11 (1966), S. 85-106.

[45] Christoph Cobet, Der Wortschatz des Antisemitismus in der Bismarckzeit, München 1973, S. 133.

sich aber nicht anders als mit den Juden beseitigen«.[46] Ein anderer Autor bezeichnete die Juden als »fremdes Element« im »deutschen Körper« und empfahl seine »Ausmerzung«[47], und noch drastischer formulierte es Ottomar Beta schon 1875: »Die Schmarotzer ausrotten, oder doch ihr Wuchern verhindern, heißt Hoeder entwaffnen und Baldur erhalten [. . .]. Dann wird das dumpfe Dunkel verscheucht, in welchem der Schmarotzer gedeiht und in welchem der germanische Volksgeist verkümmert.«[48]

Die Schmarotzer/Parasiten-Metaphorik, die in der nationalsozialistischen Propaganda eine so beträchtliche Rolle spielte, war also unter deutschtümelnden Antisemiten des 19. Jahrhunderts längst im Schwange. Einer von ihnen schrieb im Jahre 1891: »Die einfachste und praktischste Lösung wäre allerdings die, wenn man den Spieß umkehrte und man den Juden das täte, was sie gegen uns lehren und was sie auch gegen uns unternehmen, soweit sie es ungestraft tun können. Man würde sie dann, wie die Engländer es mit den Thugs in Ostindien gemacht haben, ohne Rücksicht auf Alter und Geschlecht sämtlich totschlagen. Selbstredend ist eine solche Lösung, wenigstens für uns Deutsche, ausgeschlossen.«[49] So ähnlich haben sich gelegentlich auch Nationalsozialisten, selbst Himmler geäußert (und in der Praxis des Völkermords spielten deshalb nichtdeutsche

---

[46] Ebenda.

[47] Wilhelm Edner, Zur Judenfrage. Offene Antwort auf das offene Sendschreiben des Herrn Dr. Harry Breßlau an Herrn von Treitschke, Berlin 1880, zit. nach Walter Boehlich, Der Berliner Antisemitismusstreit, Frankfurt a. M. 1965, S. 114.

[48] Ottomar Beta, Darwin, Deutschland und die Juden oder der Juda-Jesuitismus, Berlin 1875, S. 34 (zit. nach Cobet, S. 213).

[49] Carl Paasch, Eine jüdisch-deutsche Gesandtschaft und ihre Helfer. Geheimes Judentum, Nebenregierungen und jüdische Weltherrschaft, Leipzig 1891 (Selbstverlag), Teil 3, S. 252 (zit. nach Cobet, S. 215).

»Hilfswillige« überall die Rolle von Schergen und Henkersknechten).

Die Skrupel waren, als die Gelegenheit zur mörderischen »Endlösung der Judenfrage« gekommen war, längst beschwichtigt. Unter Applaus verkündete Himmler im Mai 1944 vor Generalen der Wehrmacht, die Judenfrage »wurde nach Befehl und verstandesmäßiger Erkenntnis kompromißlos gelöst«[50], und ebenfalls vor Generalen sagte er vier Wochen später, Ende Juni 1944: »Es war die furchtbarste Aufgabe und der furchtbarste Auftrag, den eine Organisation bekommen konnte: der Auftrag, die Judenfrage zu lösen [. . .]. Es ist gut, daß wir die Härte hatten, die Juden in unserem Bereich auszurotten.«[51] Genau das hatten die eifernden Pazifisten, die »die Judenfrage« hundert Jahre zuvor in die Diskussion gebracht hatten, insgeheim gewünscht und gehofft.

---

[50] Himmler-Rede vor Generalen in Sonthofen, 24. Mai 1944, Institut für Zeitgeschichte, Archiv, Mikrofilm MA 316, S. 4609–4656.
[51] Himmler-Rede vor Generalen in Sonthofen, 21. Juni 1944, ebenda, Mikrofilm MA 315, S. 3945– 4000.

114

6. Die Aktualität des Vorurteils

Antisemitische Stereotype in Deutschland

Im Herbst 1994 erhielt der Vorsitzende des Zentralrats der Juden in Deutschland, Ignatz Bubis, von einem Münchener Mieterverein einen Brief, in dem er gebeten wurde, auf die Kreditgewährung an einen jüdischen Immobilienbesitzer einzuwirken, und zwar bei Banken, »die maßgeblich von Juden beeinflußt sind«. Dem Immobilienbesitzer warf der Mieterverein vor, Wuchermieten zu fordern und Umwandlungsspekulationen zu betreiben. Drei verbreitete antisemitische Stereotype werden in diesem Zusammenhang artikuliert: der Jude als Wucherer, als Spekulant und als Beherrscher des Finanzkapitals.

Ignatz Bubis verweigerte sich dem Ansinnen des Mietervereins mit dem Bemerken, der Zentralrat der Juden mische sich ebensowenig in die Geschäfte von jüdischen Bürgern ein, wie dies etwa das Zentralkomitee der deutschen Katholiken bei katholischen Bürgern tue, und er verwies die Mietervereinigung auf die gesetzlichen Möglichkeiten gegen den Immobilienbesitzer, die im Falle ungesetzlichen Handelns ohne Rücksicht auf die Religionszugehörigkeit anzuwenden seien. Den Vorwurf des subtilen Antisemitismus, den sich der Vereinsvorsitzende bei der Gelegenheit gefallen lassen mußte, konnte dieser nicht verstehen. Man habe Bubis lediglich um Hilfe gebeten gegen den Wohnungseigentümer, denn wäre der Mann »ein deutscher Staatsbürger«, dann hätte der Verband dessen üble Geschäfte längst an die Öffentlichkeit gebracht. Da er aber Jude sei, würde »eine öffentliche Anprangerung seines Geschäftsgebarens die leider zunehmenden antisemitischen Stimmungen verstärken«[1].

Zu seiner Verteidigung bediente sich der Vorsitzende des Interessenvereins der Mieter schließlich eines weiteren Stereotyps – der Jude als Fremder –, und er zog sich zurück auf das Tabu der öffentlichen Erwähnung jüdischer Abkunft oder Religionszugehörigkeit, das sich viele auferlegt haben aus Ängstlichkeit und Unsicherheit über die Rolle der Juden im öffentlichen Diskurs in Deutschland nach Auschwitz.

Dem Vorfall ist zu entnehmen, daß in Deutschland traditionelle antisemitische Vorurteilsstrukturen ebenso zu beobachten sind wie neue Formen des Ressentiments gegen Juden. Sie speisen sich aus unverarbeiteten Gefühlen, die aus der jüngeren deutschen Geschichte resultieren und Unbehagen hervorrufen, aber die von der Erinnerung an den Holocaust verursachten Ressentiments müssen sich nicht unbedingt mehr nur gegen Juden richten. Während Juden für viele tabuisiert sind, wurde die Rolle des Aggressionsobjekts anderen Minderheiten zugewiesen.[2]

Nach empirischen sozialwissenschaftlichen Forschungen ist Antisemitismus als persönliches Vorurteil in der Bundesrepublik seit den späten sechziger Jahren im Rückgang begriffen. Rechnete man in den ersten Nachkriegsjahren mit einer antisemitischen Grundhaltung bei 20 bis 40 Prozent der Deutschen, so zeigte in den fünfziger Jahren ein Drittel der Bevölkerung der Bundesrepublik eine klare und ein

---

[1] Antisemitismus vom Mieterverein. Bubis über Brief befremdet, in: Allgemeine Jüdische Wochenzeitung, 3. 11. 1994.

[2] Zum Gesamtproblem siehe Wolfgang Benz (Hrsg.), Antisemitismus in Deutschland. Zur Aktualität eines Vorurteils, München 1995; Herbert A. Strauss, Werner Bergmann und Christhard Hoffmann (Hrsg.), Der Antisemitismus der Gegenwart, Frankfurt, New York 1990; Werner Bergmann und Rainer Erb (Hrsg.), Antisemitismus in der politischen Kultur nach 1945, Opladen 1990.

weiteres Drittel eine bedingt antisemitische Einstellung. Nach der Welle judenfeindlicher Schmierereien, die Weihnachten 1959 in Köln begann und dann weit über die deutschen Grenzen hinausschwappte, ergab eine Untersuchung im internationalen Vergleich, daß 47 Prozent der Deutschen und jeweils 46 Prozent der Briten und Franzosen deutlich antisemitische Einstellungen zu erkennen gaben. Eine Disposition zum antisemitischen Vorurteil zeigten gar 61 Prozent der Deutschen gegenüber 55 Prozent der Briten und 58 Prozent der Franzosen. Mit diesen Erkenntnissen – sie wurden 1962 publiziert – war zwar der Vermutung der Boden entzogen, es handele sich in der Größenordnung um ein spezifisch deutsches Phänomen, aber es war auch deutlich, daß Antisemitismus in der deutschen Gesellschaft eine Rolle spielt, und zwar nicht nur unter Rechtsextremen und Ultrakonservativen, sondern in allen Schichten der Bevölkerung. In den siebziger Jahren lautete der demoskopische Befund, mindestens ein Viertel der Deutschen sei stark antisemitisch eingestellt, zwei Fünftel zeigten darüber hinaus eine leicht antisemitische Haltung. In den Jahren 1986 bis 1988 wurden in drei Untersuchungen 15 Prozent der (West-)Deutschen als deutlich antisemitisch in ihrer Grundeinstellung diagnostiziert[3]. Neuere Umfragen ergaben, daß noch etwa 13 Prozent der deutschen Bevölkerung antisemitische Vorbehalte haben, in dieser Bevölkerungsgruppe überwiegen die Älteren.[4]

---

[3] EMNID, Antisemitismus, Repräsentativbefragung im Auftrag des WDR, 1986; EMNID, Zeitgeschichte, Bielefeld 1989; Institut für Demoskopie Allensbach, Renate Köcher: Ausmaß und Formen des heutigen Antisemitismus in der Bundesrepublik Deutschland, Allensbach 1987.

[4] Werner Bergmann und Rainer Erb, Antisemitismus in der Bundesrepublik Deutschland. Ergebnisse der empirischen Forschung von 1946–1989, Opladen 1991, S. 57f; vgl. Werner Bergmann und Rainer Erb, Wie antisemitisch sind die Deutschen? Meinungsumfragen

Der aktuelle Antisemitismus nährt sich von traditionellen Stereotypen, Aversionen und Konstrukten (»Weltverschwörung des internationalen Judentums« oder »jüdische Beherrschung der Hochfinanz«) ebenso wie von nachnationalsozialistischen Ressentiments (»Nutznießer von Wiedergutmachungs- und Entschädigungsleistungen« oder »Unversöhnlichkeit nach dem Holocaust«). So glauben 18 Prozent der Deutschen, viele Juden versuchten aus der Vergangenheit Vorteile auf Kosten der Deutschen zu ziehen, 19 Prozent halten die religiöse Komponente des antisemitischen Ressentiments (»Schuld der Juden am Tode Jesu«) noch für relevant, 20 Prozent halten Juden für egoistisch, 21 Prozent finden Juden »intolerant«, und 36 Prozent stimmen der Behauptung zu, die Juden hätten zu viel Einfluß auf der Welt. 17 Prozent halten Juden für »mißtrauisch«, 14 Prozent sind der Überzeugung, die Juden seinen mitschuldig, wenn sie gehaßt und verfolgt würden, kaum weniger, nämlich 13 Prozent, bekennen sich dazu, daß ihnen das Thema »Jude« »irgendwie unangenehm« ist, und ebensoviele weisen deutlich das Statement zurück »mich beschämt, daß Deutsche so viele Verbrechen an Juden begangen haben«. Ob »die Deutschen« Antisemiten seien, interessiert nicht nur die Demoskopen seit dem Zusammenbruch des NS-Staats. Das Interesse insbesondere der amerikanischen Besatzungsmacht, die ab 1946 regelmäßig die Einstellung der Deutschen gegenüber Juden durch Meinungsumfragen erforschte, wird seit der Gründung der Bundesrepublik von der empirischen Sozialwissenschaft weiter getragen. Regelmäßig werden Ressentiments gegen Juden abgefragt, die Analyse der Ergebnisse zeigt Trends über die Jahrzehnte hinweg, aus denen sozusagen der Baro-

---

1945–1994, in: Wolfgang Benz (Hrsg.), Antisemitismus in Deutschland, S. 47–63.

meterstand der politischen Kultur des Landes abgelesen werden kann.[5]

Antisemitismus existierte in der DDR in anderer Form als in der Bundesrepublik. Während die Stereotype des traditionellen Vorbehalts unter einer Decke des Schweigens verschwanden, artikulierten sich Ressentiments gegen Juden in Formen des offiziell propagierten Antizionismus, der zwar ideologisch unscharf definiert war, aber die eindeutige Ablehnung des Staates Israel zum Inhalt hatte wegen seiner aus »imperialistischen und aggressiv-rassistischen« Motiven gespeisten Politik gegen die arabischen Staaten. Das solcherart instrumentalisierte Feindbild hat über das Ende der DDR hinaus anhaltende Wirkungen.[6]

Antijüdische Tendenzen sind Umfragen zufolge in der deutschen Bevölkerung seltener geworden. Vor allem die Bürger in den neuen Bundesländern haben nach den Ergebnissen der Demoskopie wenig Vorurteile gegen Juden. Lediglich vier Prozent der ostdeutschen Bevölkerung wurden 1992 zum »harten Kern« der Antisemiten gezählt. In den alten Bundesländern äußerte der Studie zufolge ein Anteil von 16 Prozent negative Einstellungen zu Juden. Drei Viertel aller Deutschen ließen kaum oder überhaupt keine Vorurteile erkennen.[7]

Das heißt natürlich nicht, daß sie keine Vorurteile haben. Die Tatsache, daß die Bürger der DDR bei den Umfragen über Antisemitismus so deutlich besser abschneiden als die

---

[5] Spiegel-Umfrage 1992, in: Spiegel Spezial Nr. 2/1992: Juden und Deutsche, S. 70.

[6] Lothar Mertens, Staatlich propagierter Antizionismus: Das Israelbild der DDR, in: Jahrbuch für Antisemitismusforschung 2 (1993), S. 139–153; Angelika Timm, Israel in den Medien der DDR, ebenda, S. 154–173.

[7] Spiegel-Umfrage: Mehr verdrängt als bewältigt. Die Einstellung der Deutschen und der Juden zueinander, in: Juden und Deutsche. Spiegel Spezial Nr. 2/1992, S. 61–73.

Bürger der BRD, ist erstaunlich, oder auch nicht: Waren im Westen Juden offiziell Gegenstand pfleglicher, philosemitischer Aufmerksamkeit, so war die Minderheit und ihr Verfolgungsschicksal im Oststaat weithin ignoriert und tabuisiert. In der DDR und von der DDR gab es keine Entschädigungsleistungen, die Bundesrepublik bekannte sich dagegen, unter Nachhilfe ihrer Schutzmacht USA, zum bitteren Erbe des NS-Regimes auch in materieller Hinsicht und fand frühzeitig zu globalen und individuellen Entschädigungs- und Wiedergutmachungsanstrengungen, die manche zu Pharisäern und andere zu Judenfeinden gemacht haben. Sicherlich, wenngleich nicht meßbar, hat die »Wiedergutmachung« neue Ressentiments erzeugt, die auf dem Nährboden des alten Antisemitismus gediehen und, zusammen mit Gefühlen der Schuld und Scham, zur neuen Judenfeindschaft – nicht trotz, sondern wegen Auschwitz – führten. Die Tatsache, daß es in der BRD nur wenige und in der DDR fast gar keine Juden gab, spielte demgegenüber kaum eine Rolle. Denn Antisemitismus braucht nicht die Anwesenheit von Juden, um sich zu entfalten.

Die DDR war, gemessen an den Meinungsumfragen, gewiß kein Land der Judenfeindschaft. Aber Antizionismus als junge Erscheinungsform von Judenfeindschaft war in der DDR Bestandteil der Staatsdoktrin, verbreitet in anti-israelischen Pamphleten und immer wieder beschworen in Solidaritätsbekundungen für Palästinenser und die arabischen Staaten; instrumentalisiert waren damit nicht nur politische Positionen auch gegenüber der Bundesrepublik, es sind traditionelle antijüdische Feindbilder dabei transportiert worden. Eine Definition des Ministeriums für Staatssicherheit der DDR zur »politisch-operativen Arbeit« beschreibt »Zionistische Organisationen« als »reaktionäre, nationalistische, rassistische, konterrevolutionäre, antisozialistische und antisowjetische politische Vereinigungen, die auf der Grundlage der zionistischen Ideologie, wie Chauvinismus, Rassismus und Expansion, von reaktionären imperialistischen Kreisen zur Verschärfung der internationalen Lage, zur Schürung des Antisowjetismus und des Antikommunismus und zum Kampf gegen die sozialistischen Staaten und die nationale Befreiungsbewegung genutzt werden.«[8]

Möglicherweise lagen solchen Definitionen Mißverständnisse zugrunde, sicher herrschte weitverbreitete Unkenntnis über den Zionismus als Staatsidee wie über die Realität des Staates Israel.

Konrad Weiss, der als Parlamentarier kurz vor dem Ende der DDR die gemeinsame Erklärung der Volkskammer als Bekenntnis der Schuld gegenüber den Juden anregte und verfaßte, schrieb in der deutsch-jüdischen New Yorker Zeitschrift ›Aufbau‹ über »Die DDR und Israel«, der Stalinismus in der DDR habe wirklichen Antifaschismus unmöglich gemacht. Das sei nirgendwo so deutlich geworden wie an der Feindschaft zu Israel: »Deutsche haben nach Auschwitz wiederum Juden verfolgt und aus dem Land getrieben, haben sich mit den blutigen Feinden Israels solidarisiert und ihren Kampf gegen die Überlebenden der Shoah mit Geld und Waffen unterstützt. Das ist ein furchtbares Kapitel in vierzig Jahren DDR.« Und: «1967, mit dem Sechstage-Krieg, begann eine neue Hetzkampagne. Die SED erklärte Israel zum ›internationalen Rechtsbrecher‹ und ›Aggressorstaat‹. Die Medien beschmutzten und verleumdeten Israel, wo immer es ging. Da war von ›Bonns Blutschuld im Nahen Osten‹ zu lesen, denn Westdeutsch-

---

[8] Das Wörterbuch der Staatssicherheit. Definitionen des MfS zur »politisch-operativen Arbeit«, hrsg. v. Bundesbeauftragten für die Unterlagen des Staatssicherheitsdienstes der ehemaligen Deutschen Demokratischen Republik, Berlin 1993, S. 465.

land habe ›einen Strom von Waffen und Munition nach Israel gepumpt‹, und so sähe die westdeutsche Wiedergutmachung aus.«[9] Weiss belegt sein Verdikt unter anderem mit der eigenen Erfahrung als Filmemacher. Als er 1980 an einem Film über das Tagebuch eines 1942 in Treblinka ermordeten jüdischen Jungen – Dawid Rubinowicz – arbeitete, war er mit dem offiziellen Argument konfrontiert, der Film könne Sympathie für das Judenkind wecken und damit Sympathie für Israel.

Zum Begräbnis des ermordeten Ministerpräsidenten Itzhak Rabin war die höchstkarätige deutsche Delegation nach Israel gereist, die möglich ist. Gemeinsam zeigten die drei obersten Repräsentanten der Bundesrepublik Anteilnahme und Sorge um den Frieden in Israel. Das war wohl notwendig im Sinne der Staatsräson, die besondere Nähe demonstriert, die man wegen ihrer historischen Vorbelastung aber nicht Freundschaft nennen kann. Aber auch fern dem Gebot politischer Pflicht waren öffentliche Meinung und Bürger deutlich spürbar ergriffen. Grund genug, in diesem Zusammenhang auch nach der Bedeutung des Staates Israel für die Deutschen zu fragen.

Für die alte Bundesrepublik war der Kleinstaat am östlichen Mittelmeer seit seiner Gründung 1948 ein Prüfstein der eigenen politischen Reife: Am Verhältnis zu Israel würde gemessen werden, ob und wann die Bonner Republik Reputation und damit die Insignien der Souveränität gewinnen würde. Adenauer wußte das sehr gut und handelte danach. Der Schlüssel zur erstrebten internationalen Anerkennung und Gleichberechtigung, der in Washington lag, war nur zu erlangen, wenn die Deutschen tätige Reue über den Völkermord an den Juden zeigten, sich als geläuterte

---

[9] Aufbau, New York 4. 8. 1995.

Demokraten erwiesen. Das war materiell durch Leistungen zur »Wiedergutmachung« und Entschädigung der jüdischen Opfer des Nationalsozialismus und ideell durch Zeichen der Einsicht und Wandlung, der Abkehr der Deutschen vom Antisemitismus und dem Eingeständnis schwer ermeßlicher Schuld zu erbringen.[10]

Das Wiedergutmachungsabkommen von 1952, das auch Leistungen zur Aufbauhilfe für den Staat Israel zum Gegenstand hatte, war ein erster Schritt, der rasch belohnt wurde. Viel schneller als erwartet wurden die Deutschen der Bundesrepublik wieder in die Familie der zivilisierten Völker aufgenommen. Die DDR führte dagegen im Zeichen des von Moskau verordneten Antizionismus, der Israelfeindschaft als Teil der Staatsideologie konstituierte, international lange Zeit ein Dasein als Paria. Die DDR hatte den schuldbelasteten Teil des deutschen Erbes ausgeschlagen und die Juden als Opfer des Nationalsozialismus lange Zeit weitgehend ignoriert.

Im deutschen Weststaat dagegen identifizierten sich Bürger in steigendem Maße mit dem Geschick des vom feindlichen Nachbarn bedrohten jüdischen Landes. Den Höhepunkt bildeten die Demonstrationen der Sympathie beim Sechstage-Krieg im Juni 1967, als in allen großen Städten Tausende zusammenströmten, um Sorge und Angst zu zeigen. Gefühle von Schuld und Scham, die andere zu neuem Antisemitismus, zur trotzigen Wiederbelebung stereotyper Vorbehalte trieben, mehrten bei vielen Sympathie und Bewunderung für Israel und die Israeli. Der deutschen Selbst-

---

[10] Vgl. dazu Ludolf Herbst und Constantin Goschler (Hrsg.), Wiedergutmachung in der Bundesrepublik Deutschland, München 1989; Constantin Goschler, Paternalismus und Verweigerung – Die DDR und die Wiedergutmachung für jüdische Verfolgte des Nationalsozialismus, in: Jahrbuch für Antisemitismusforschung 2 (1993), S. 93–117.

bestätigung dient das natürlich auch, der selbstzufriedenen Vergewisserung, zum besseren Teil der deutschen Nation zu gehören. Und ebenso läßt sich mit philosemitischen Beteuerungen das Unbehagen lindern, das entsteht, wenn vom Holocaust die Rede ist, wenn Unsicherheit bis in die Wortwahl zu spüren ist. Dann ist der Gedanke an den Staat der Überlebenden mit seinen technischen und zivilisatorischen Leistungen für Deutsche tröstlich.

Das schließt aber Ressentiments gegen »die Juden« keineswegs aus. Wichtige Indikatoren für die Akzeptanz antijüdischer Vorbehalte in der Gesellschaft sind Politikeräußerungen und Erwähnungen im öffentlichen Diskurs, die zu Skandalen führen und dann entsprechend Beachtung finden.[11] Ein konkretes Beispiel zeigt, wie alte Stereotype in neuer Form erscheinen und wie ein traditionelles Denkmuster, der Vorbehalt gegen den »unversöhnlichen Juden«, mit einem anderen, dem antikommunistischen Ressentiment, zu einem neuen antisemitischen Vorurteil verknüpft wird: Im Deutschlandfunk, einer Rundfunkanstalt des öffentlichen Rechts, wurde Anfang September 1992 ein Kommentar ausgestrahlt, der unter der Rubrik »Schalom – jüdisches Leben heute« eine Art Abrechnung mit »jüdischer Vergangenheitsbewältigung« versuchte. Auf jüdischer Seite, so war zu hören, finde man bei der Betrachtung und Wertung des Holocaust »oft, zu oft, grobe Verzerrungen der Sicht, vorschnelle Urteile der Einordnung von Tatsachen, Blindheit für Zusammenhänge«. Auch Nichtjuden hätten unter Hitler gelitten, seien gequält und ermordet worden, aber das kümmere jüdische Kommentatoren nicht, sie seien zu sehr auf ihre eigene Vergangenheit fixiert.

---

[11] Werner Bergmann, Antisemitismus in öffentlichen Konflikten von 1949–1994, in: Wolfgang Benz (Hrsg.), Antisemitismus in Deutschland, S. 64–88.

Freimütig hatte der Autor des Deutschlandfunks kundgetan, womit sie sich wirklich beschäftigen sollten: »Wo bleibt die jüdische Auseinandersetzung mit dem Marxismus und mit den verheerenden Folgen der marxistisch-leninistischen Diktaturen? Spätestens jetzt, nach ihrem Zusammenbruch, wäre es an der Zeit, sich mit ihrer Brutalität und Menschenverachtung kritisch zu beschäftigen, auch selbstkritisch: Eine große Zahl von Juden waren Mittäter. Das Wohlverhalten Jüdischer Gemeinden in dem Unrechtsstaat DDR wäre zum Beispiel einer genauen Analyse wert. Bezeichnend ist die milde Beurteilung der jüdischen Schriftsteller Stefan Heym und Anna Seghers, um nur zwei markante zu nennen. Beide sind beziehungsweise waren treue Anhänger der DDR-Diktatur. Der eigene Ruhm war ihnen wichtiger als die Menschlichkeit.«[12] Man wird diese Sentenzen nicht nur als neue Spielart der Verdrängung, der Abwehr und Aufrechnung, wie wir sie längst kennen, sondern auch als Ausdruck von Antisemitismus werten müssen.

Im öffentlichen Diskurs der postkommunistischen Staaten spielt die Frage eine Rolle, welchen Anteil Juden an der Formulierung der kommunistischen Ideologie und an ihrer revolutionären Durchsetzung gehabt haben. Es geht dabei um Erklärungsversuche und Schuldzuweisungen für die desolate ökonomische Situation in den Ländern des einstigen sowjetischen Machtbereichs. Im Zeichen von neuem Nationalismus dienen in Osteuropa Schuldzuweisungen an »die Juden« der Selbstvergewisserung und Selbst-

---

[12] Deutschlandfunk, Sendung »Schalom – Jüdisches Leben heute«. Jüdische Vergangenheitsbewältigung aus der Sicht eines Christen, von Joseph Biolek, 6. 9. 1992, 8.25 Uhr. Nach erheblichen öffentlichen Protesten wurde der Autor des Pamphlets als Redakteur der Sendereihe abgelöst. Vgl. Allgemeine Jüdische Wochenzeitung, 24. 9. 1992, dort auch der Wortlaut der Sendung.

bestätigung auf der Suche nach Standort und nationaler Identität.[13]

Solche Denkmuster sind in der Verbindung von siegreichem Antikommunismus mit nationalkonservativen Überzeugungen auch in Deutschland zu beobachten. Die Darlegung der angeblich führenden Mitwirkung von Juden an der kommunistischen Herrschaft – Juden als Theoretiker des Sozialismus, als Revolutionäre, als Exekutoren im Machtapparat – stützt den alten Vorbehalt, der Bolschewismus sei eine jüdische Erfindung, ein Vorbehalt, der Deutschnationalen und Konservativen in Deutschland seit 1918 zur Argumentation diente und der von Hitler und Goebbels exzessiv propagandistisch benutzt wurde. Das Vorurteil ist auch nach 1945 nicht verschwunden und neuerdings wieder aktuell geworden.[14]

In einfältiger Reproduktion von Pauschalurteilen wie dem, die geschichtliche Sünde der Juden bestünde in ihrer exponierten Mitwirkung am kommunistischen Regime, oder der Vermutung einer eindrucksvollen jüdischen Präsenz in den Macht- und Repressionsorganen des Bolschewismus wird in einem ziemlich beachteten Buch, das in einem renommierten Verlag erschien[15], das Klischee vom Juden als Plutokraten und Bolschewisten bedient. Der Inbegriff des Kapitalisten und der Prototyp des Kommunisten gleichermaßen erscheint in dem dort eindringlich beschriebenen Bild von den Juden, »die ihren Weg als Kapitalisten

---

[13] Vgl. Wolfgang Benz, Tradition und Trauma. Wiederbelebter Antisemitismus in Osteuropa, in: Juden und Antisemitismus in Ost- und Südosteuropa, Berlin 1994.

[14] Vgl. Daniel Gerson, Der Jude als Bolschewist. Die Wiederbelebung eines Stereotyps, in: Wolfgang Benz (Hrsg.), Antisemitismus in Deutschland, S. 157–180.

[15] Sonja Margolina, Das Ende der Lügen. Rußland und die Juden im 20. Jahrhundert, Berlin 1992.

voller Reue und Scham gingen«, die versuchten, »sich von der Gesellschaft loszukaufen wie Gläubige, die ihren Reichtum der Kirche spenden, um nicht in die Hölle zu kommen. Das war die Folge jener grandiosen Kulturrevolution, die die Einwohner der polnischen chassidischen Schtetl binnen einer oder zweier Generationen in die Chefetage einer Petersburger Bank oder zum erfolgreichen Rechtsanwalt in der Hauptstadt katapultiert hatte.«[16] Die Juden hätten dann die »Welle der Zersetzung« angeführt, als in Rußland der Sozialismus realisiert wurde.

Daß solche Vermutungen Spekulation sind, daß die jüdische Herkunft einzelner Protagonisten von Karl Marx über Ferdinand Lassalle bis zu irgendwelchen Berufsrevolutionären in der Umgebung Lenins und den im Terrorsystem des Sowjetimperiums vermuteten jüdischen Kommissaren nicht als Beweis taugt für die behaupteten Unterstellungen, ändert nichts an ihrer Wirkung, zumal sie auf ältere Ressentiments treffen, die sie wiederbeleben und verstärken und durch die sie selbst verstärkt werden.[17]

Das Vorurteil der parasitären Existenz der Juden ist alt, es gehörte schon zum Instrumentarium des Rassenantisemitismus im ausgehenden neunzehnten Jahrhundert und wurde von der nationalsozialistischen Propaganda mit vergröbertem Vokabular – Schmarotzer, Trichinen, Bazillen und so weiter – zum absoluten Feindbild ausgebaut. Das Vorurteil, die Juden seien, da zur werteschaffenden Arbeit aus rassischen Gründen nicht disponiert und wegen ihrer aus den angeblichen Rasseeigenschaften resultierenden minderen Moral auch nicht motiviert, wurde nach 1945 aus naheliegenden Gründen in dieser ursprünglichen Form

[16] Ebenda, S. 55.
[17] Zur Kritik vgl. Juliane Wetzel, Ein Ende der Lügen?, in: Jahrbuch für Antisemitismusforschung 2 (1993), S. 359–377.

nicht mehr öffentlich artikuliert, es lebte in tieferen Bewußtseinsschichten jedoch fort und konnte daher argumentativ neu aufgeladen werden. An die Stelle des früher unterstellten genetisch bedingten Triebs »zum Handel« (damit war konnotiert: Betrug, Wucher, unlauteres Geschäft) statt »zur Arbeit« trat die Vermutung, die Juden bereicherten sich unzulässig mit Entschädigungszahlungen und Wiedergutmachungsleistungen aufgrund der nationalsozialistischen Verfolgung. Die Höhe der Zahlungen, über die zumeist keine genauen Vorstellungen existieren – Entschädigung für KZ-Haft, Renten für Gesundheitsschäden, Rückerstattung von Vermögensverlusten, Ausgleich für die Zerstörung beruflicher Existenz – erscheint den Kritikern pauschal als exorbitant, die dadurch den Deutschen aufgebürdete Last als unendlich und kaum tragbar, und daraus folgt neue Abneigung gegen die Juden.

Einen signifikanten Beleg für die von Rechtsradikalen offen geäußerte, auf konservativ-bürgerlicher Seite weithin geteilte, aber so nicht ausgesprochene Unterstellung, die Juden benutzten den Holocaust zur Erpressung und Ausbeutung, lieferte im Herbst 1992 ein Exponent des konservativen Lagers, Pater Basilius Streithofen. Der Dominikaner, Leiter des Instituts für Gesellschaftswissenschaften im Kloster Walberberg und als streitbarer Publizist in der politischen Szene bekannt, erklärte in einem Vortrag zum Thema »Gesellschaft – Kapital – Moral« (Veranstalter war die Emsländische Volksbank Meppen): »Die Juden und Polen sind die größten Ausbeuter des deutschen Steuerzahlers.«

Gegen den Geistlichen wurde Anzeige wegen Volksverhetzung erstattet. Auf die Beschuldigung erklärte er zunächst, die Bemerkung sei ihm »so rausgerutscht«, in Zeitungsinterviews bekundete er dann, er stehe zu seiner Äußerung, »daß die Juden die deutschen Steuerzahler ausbeuteten«. Im Rahmen eines anderen Vortrags (auf der

Mitgliederversammlung des Geflügelzüchterverbandes Weser/Ems in Bakum, Landkreis Vechta) sagte der Pater im Februar 1993, die Juden und Polen seien eine Last für den Steuerzahler, und einen Monat später beantwortete er vor dem CDU-Kreisverband Ramsbach-Baumbach in einer Diskussion die Frage nach seinen inzwischen publik gewordenen Äußerungen in den Worten der lokal zuständigen ›Rheinzeitung‹ wie folgt: »Der Holocaust und der Überfall auf Polen seien zwar Verbrechen gewesen. Es sei aber nicht einzusehen, daß ›die Urenkel und Ururenkel‹ der Verantwortlichen immer noch Entschädigungen für diese Verbrechen zahlen müßten und auf diese Weise ›immer noch bestraft würden‹. Wörtlich erklärte Streithofen: ›Die Juden sind die stärksten Ausbeuter des deutschen Steuerzahlers.‹ ›Irgendwann ist Schluß‹, meinte der Pater«.[18]

Juristisch war der Tatbestand der Volksverhetzung nicht erfüllt, und auch Beleidigung wollte der ermittelnde Staatsanwalt nicht gelten lassen. Gestützt auf die Einlassungen des Beschuldigten, »Juden- und Ausländerfeindlichkeit seien ihm persönlichkeitsfremd«, stellte die Staatsanwaltschaft das Ermittlungsverfahren ein mit der Begründung, es gehe nicht darum, wie die Äußerungen des Beschuldigten im moralischen Sinne zu bewerten seien. Eine strafbare Volksverhetzung setze unter anderem voraus, daß sich die Äußerungen des Beschuldigten gegen »Teile der Bevölkerung« wendeten. Der Gesetzgeber meine aber nur den inländischen Teil der Bevölkerung. Eine strafbare Beleidigung komme nur als Beleidigung einer Personenmehrheit unter einer »Kollektivbezeichnung« in Betracht. Dieser Fall sei ebenfalls nicht gegeben. Das war im Mai 1993.

Auf Beschwerde des Landesverbandes der Jüdischen

---

[18] Prozeßunterlagen und Pressedokumentation im Zentrum für Antisemitismusforschung, TU Berlin.

Gemeinden von Niedersachsen wurden die Ermittlungen im Juli 1993 wieder aufgenommen, im Frühjahr 1994 wurde das Verfahren, jetzt gegen Zahlung einer Geldbuße zugunsten einer caritativen Einrichtung, endgültig eingestellt. Der Ordensgeistliche, der ganz offensichtlich als Vortragsredner im provinziellen Rahmen gerne seiner demagogischen Begabung die Zügel schießen läßt, an Vorurteile appelliert und Emotionen im Publikum freisetzt, die er nicht kontrollieren kann, zeigte sich zunächst überhaupt nicht einsichtig, produzierte sich vielmehr in Interviews als zu Unrecht Verfolgter, erkannte schließlich den Trend und lud medienwirksam den Vorsitzenden des Zentralrats der Juden in Deutschland zum versöhnlichen Gespräch.[19]

Zu lernen ist aus dem Fall Streithofen nicht nur, daß es an öffentlicher Sensibilität fehlt, wenn eindeutige Äußerungen von Meinungsführern zu bewerten sind. Zu lernen ist aus der Affäre, die keineswegs als Provinzposse abzuhandeln ist, auch, daß antisemitische und mit ihnen eng verwandte fremdenfeindliche Vorurteile nicht auf den rechten Rand der deutschen Gesellschaft beschränkt sind, sondern weit in die politische Mitte hineinragen. Antisemitische Ressentiments, vor allem in antiisraelischer oder antizionistischer Form, sind auch im linken Spektrum seit langem zu beobachten, intentionale Judenfeindlichkeit ist jedoch immer Bestandteil rechtsextremer und oft auch rechtskonservativer Ideologie.

Wenn sich in der rechten Publizistik deutschnationaler Observanz relativ wenig offene und justitiable antisemitische Äußerungen feststellen lassen, so liegt dies in erster Linie an der Vorsicht, die geübt wird, um nicht durch Ta-

---

[19] Im Zusammenhang mit der Einstellung des Verfahrens und der Zahlung von DM 4000,– Geldbuße an eine Kinderklinik bedauerte Pater Streithofen schließlich seine Äußerungen. Tagesspiegel, Berlin 3. 5. 1994.

bubrüche entlarvt und bestraft zu werden. Ausbrüche des ehemaligen Republikanerchefs Schönhuber gegen Ignatz Bubis, die nach dem Lübecker Synagogenbrand Aufsehen erregten[20], bedeuten ein Abweichen von der auch bei den Republikanern offiziell verfolgten Linie, keinen Antisemitismus zuzulassen. Diese Taktik dient jedoch mehr dazu, die rechtsextreme Partei gesellschaftsfähig zu machen, als daß sie die wahre Gesinnung der Republikaner ausdrückt.

Für neonazistische Pamphlete gilt die Regel, Antisemitismus zu meiden, um öffentliche Tabus nicht zu verletzen, natürlich nicht; dort wird hemmungslos judenfeindliche Propaganda gemacht, deren Wirkung freilich auf den begrenzten Kreis der Anhänger nationalsozialistischen Gedankenguts beschränkt bleibt.

Anders dagegen die scheinheilig verbrämte Argumentation der Leugner von Auschwitz, die als »Revisionisten« auftreten, um gegen Geschichtsbilder zu kämpfen, die den Völkermord an den Juden und die deutsche Verantwortung dafür als wesentlichen Bestandteil des öffentlichen Bewußtseins festschreiben. Gelehrter Habitus, zweifelndes Fragen im vorgeschobenen Interesse der Wissenschaft machen die revisionistische Ideologie, nach der es Auschwitz gar nicht gegeben hat oder wenn doch, dann in einer geringeren Dimension, gesellschaftsfähiger als den neonazistischen Antisemitismus. Die Hoffnung, daß es nicht ganz so schlimm gewesen sein möge, korrespondiert mit den aus dem Be-

---

[20] Schönhuber hatte nach dem Brandanschlag auf die Synagoge in Lübeck Bubis vorgeworfen, er treibe Volksverhetzung und sei schuld am Antisemitismus in Deutschland. Am 4. März 1994 erstattete er Anzeige gegen den Vorsitzenden des Zentralrats der Juden »wegen Volksverhetzung und Verleumdung« (vgl. Frankfurter Rundschau, 30. 3. 1994). Breite öffentliche Empörung richtete sich daraufhin gegen Schönhuber.

wußtsein von Schuld geborenen Gefühlen von Hilflosigkeit und Betroffenheit und verspricht Linderung des Schuldkomplexes. Darin liegt die Wirkung revisionistischer Propaganda über den Kreis der eigentlichen Leugner der Realität von Auschwitz hinaus.

Die ›National-Zeitung‹, das auflagenstärkste Wochenblatt der rechtsextremen Szene, folgt eigenen Gesetzen. Hier wird wirkungsvoll unverhohlener, jedoch juristisch geschickt getarnter Antisemitismus propagiert. Die Technik ist so typisch wie infam, sie läßt sich verdeutlichen an einem Artikel über Ignatz Bubis, in dem er in vereinnahmender Weise scheinbar positiv dargestellt wird. Der Text enthält keinerlei Angriffe, im Gegenteil wird der Vorsitzende des Zentralrats der Juden in Deutschland durch Gegenüberstellungen mit einem »Typ wie der grauenhafte Morgenthau« oder dem »stalinistischen Deutschenfresser Ehrenburg« gegen andere prominente Juden abgegrenzt: »Bubis hat nun außer jüdischer Abstammung mit Morgenthau und Ehrenburg nichts gemein.« Illustrationen und Bildunterschriften des Artikels fördern dagegen mit Hilfe von Zitaten und Assoziationen Ablehnung: »Bubis und Weizsäcker empfehlen den Deutschen die Indoktrination durch recht viele Holocaust-Schinken und außerdem die systematische und allumfassende Errichtung von Denkmalen zur Erinnerung an deutsche Untaten.«[21] Im Kasten findet sich als Faksimile der Bericht über einen Schieberprozeß in Dresden aus dem Jahre 1952, in dem unter anderem Ignatz Bubis zu zwölf Jahren Zuchthaus verurteilt worden sein soll.

Mit dieser »Nachricht« war bereits die Ausgabe der ›National-Zeitung‹ vom 2. September 1994 aufgemacht wor-

---

21 »Wer ist Bubis wirklich?« Drehungen und Wendungen des Zentralratschefs, in: Deutsche National-Zeitung, 7. 10. 1994.

den. Der Artikel nahm die Verleihung des Erich-Kästner-Preises an den Vorsitzenden des Zentralrats der Juden in Deutschland zum Anlaß, um sich mit dessen Biographie zu beschäftigen. In Form des Zitats und der indirekten Rede werden Klischees wie das des »jüdischen Spekulanten« bedient: »Als Chef eines der größten Immobilienimperien der Bundesrepublik wurde er jedoch im Frankfurt der 70er Jahre zum Feindbild von Linken und Grünen, die ihn als ›jüdischen Spekulanten‹ angriffen.«[22] Juristisch ist eine solche Diffamierung ebensowenig greifbar wie das in diesem Zusammenhang veröffentlichte Faßbinder-Zitat »Er saugt uns aus, der Jud. Trinkt unser Blut und setzt uns ins Unrecht, weil er Jud ist und wir die Schuld tragen.«[23] Die Konnotationen sind deutlich, und der Appell an traditionelle Vorurteile erfolgt gezielt.

Mit der gleichen Technik wird weiter insinuiert, Ignatz Bubis sei als Häuptling einer »Bande von Spekulationsverbrechern« vom SED-Regime zu einer Zuchthausstrafe verurteilt worden, habe aber gleichzeitig auch als Werkzeug und Saufkumpan der sowjetischen Besatzer in der Nachkriegszeit agiert und müsse folglich als unglaubwürdiger Märchenerzähler gelten. Der Hinweis auf den übermächtigen politischen Einfluß des »Funktionärs« (mit dem nebenbei das Klischee von der jüdischen Dominanz in öffentlichen Angelegenheiten bedient wird) verfolgt mit dem konstruierten Zusammenhang die Absicht, die moralische Glaubwürdigkeit des Repräsentanten der deutschen Juden zu erschüttern und dadurch antijüdische Ressentiments zu festigen.

Der Kontext des Blatts bietet in ostinater Wiederholung

---

[22] »Bubis – Vorbild für die Deutschen? Warum er Zuchthaus bekam«, ebenda, 2. 9. 1994.
[23] Ebenda.

antisemitische Denkfiguren mit eindeutig diffamierender und hetzender Absicht. Strafrechtlich relevante Behauptungen werden stets als Referat, Zitat oder auf andere Weise formal distanziert (zum Beispiel in Frageform) publiziert. Sie folgen Grundmustern, die mit antisemitischen Vorurteilen korrespondieren. Spekulationen über »von Juden erschwindelte« Wiedergutmachungszahlungen gehören ebenso dazu wie Berichte über Bordellbesitzer, die in der Frankfurter Szene agierten, bis sie sich der deutschen Justiz durch Flucht nach Israel entzogen. Hierbei wird der Eindruck erweckt, als seien jüdische Überlebende des nationalsozialistischen Völkermords im Rotlichtmilieu und in der Drogenszene tätig, um Rache für den Holocaust zu üben. Damit wird gleichzeitig auch der antisemitischen Vorstellung von jüdischer Unversöhnlichkeit und alttestamentarischem Rachedurst entsprochen.[24]

Der Holocaust spielt im publizistischen Angebot der ›National-Zeitung‹ eine erhebliche Rolle. Ohne sich explizit mit der Ideologie der »Revisionisten«[25] zu identifizieren, nimmt die mit den Bestrebungen der Leugner und Verharmloser des Völkermords sympathisierende Berichterstattung beträchtlichen Raum ein. Wie sehr die Relativierung des Holocaust Anliegen des Blatts ist, geht aus der ständigen Diskussion der Zahl der jüdischen Opfer hervor, ebenso aus der häufig gebrauchten Vokabel »Auschwitzlüge« oder »Lügen um Auschwitz« in Überschriften und an sonstiger markanter Stelle.[26] Als Hauptargument in der

---

[24] Prozeß gegen den Bordellkönig, ebenda, 7. 10. 1994.

[25] Vgl. dazu Wolfgang Benz, Die »Auschwitz-Lüge«, in: Rolf Steininger (Hrsg.), Der Umgang mit dem Holocaust. Europa–USA–Israel, Wien 1994, S. 103–115.

[26] Dazu folgende herausgegriffene Beispiele von Balken-Überschriften jeweils auf der 1. Seite der National-Zeitung vom Frühjahr 1994: »Lügen über Auschwitz. Neuer Holocaust-Film« (4. 3. 1994); »Streit um KZ-

Zahlendiskussion werden Widersprüche in der Literatur bei den Angaben der Opferzahlen genutzt und vor allem die Irrtümer, die sich in Politikeräußerungen, auf Gedenktafeln, in Zeitungsartikeln und so weiter im Laufe der Jahre angesammelt haben. Unter penibler Vermeidung seriöser Quellen soll der Eindruck erweckt werden, die bekannten Opferzahlen seien viel zu hoch und der mit Abscheu besprochene Film ›Schindlers Liste‹ (»Schindlers Liste = Schwindlers List«) wird lediglich dazu genutzt, mit geheucheltem Biedersinn einige Überlebende aus der Opferbilanz zu subtrahieren.[27]

Der Relativierung des Völkermords dienen pejorative Wortspiele, die zu Assoziationen anregen, der inflationäre Gebrauch des Ausdrucks »Auschwitzlüge« und die usurpatorische Übernahme des Begriffs Holocaust für andere historische Sachverhalte (»alliierter Bomben-Holocaust«, »Holocaust der Kurden«, »Atombomben-Holocaust in Hiroshima« und so weiter). Der Judenmord wird im Vergleich mit den Hexenverfolgungen, den britischen und französischen »Kolonialverbrechen«, der Negersklaverei, der Ausrottung der Indianer marginalisiert und aufgerechnet. Von »jüdischen Massenmorden« und »Terror im Namen Israels« ist die Rede, und unaufhörlich wird berichtet vom deutschen Martyrium unter alliierten Luftangriffen, bei der Vertreibung aus den Ostgebieten, durch »die Um-

---

Millionen. Wo Holocaust-Zweifel erlaubt sind« (1. 4. 1994); »Was heißt ›Auschwitz-Lüge‹? Zweifel sollen bestraft werden« (15. 4. 1994); »Auschwitz: Wieviel Tote sind erfunden? Was die Deutschen nicht wissen sollen« (6. 5. 1994); » ›Auschwitz-Lüge‹ – Was darf man sagen? Neues Urteil gegen Meinungsfreiheit« (13. 5. 1994); »Auschwitz: Was war wirklich? Neues Sondergesetz gegen Zweifel« (20. 5. 1994). Die Blütenlese ließe sich beliebig fortsetzen.

[27] Schindlers Liste = Schwindlers List? Hintergründe und Hintermänner des Rummels, Deutsche National-Zeitung, 1. 4. 1994.

erziehung« und den angeblich schwer auf allen lastenden Druck der »Kollektivschuld«.

Die Juden sind durch die Art der Darstellung stets als Verursacher der deutschen Leiden konnotiert, die Verunglimpfung prominenter Juden (auch durch Wortspiele wie »bubisen«) flankiert den Gesinnungs-Journalismus der ›National-Zeitung‹, und im Ergebnis wird ein geschlossenes antisemitisches Feindbild lebendig gehalten, das weit über den eigentlichen Leser- und Anhängerkreis des Blattes hinaus ausstrahlt.

Das Publikum der ›National-Zeitung‹ bildet sicherlich überwiegend die ältere Generation nationalistischen Spießertums. Die ausländerfeindlichen Phrasen, mit denen die Beteuerungen deutscher Größe und deutschen Leids einhergehen (sie kommen in der Glorifizierung des Zweiten Weltkriegs und der deutschen Wehrmacht und in der Klage über die Territorialverluste Deutschlands zum Ausdruck), dienen aber auch als Vehikel zum Transport antisemitischer Stereotype in die rechte Subkultur, einschließlich der jugendlichen Neonazi- und Skinhead-Szene.[28]

Auf der anderen Seite ist der Fall Deckert ein Exempel für die Wirkung antisemitischer Hetze über rechtsextreme Kreise hinaus. Günter Deckert, ehemaliger Studienrat, damals Vorsitzender der rechtsextremen Nationaldemokratischen Partei Deutschlands (NPD), hatte den amerikanischen Neonazi und Holocaust-Leugner Fred Leuchter zu einem Vortragsabend eingeladen, bei dem er dessen Ausführungen übersetzt und zustimmend kommentiert hatte. Er war dafür im November 1992 wegen Volksverhetzung in Tateinheit mit Aufstachelung zum Rassenhaß, Beleidi-

---

[28] Vgl. Rainer Erb, Antisemitismus in der rechten Jugendszene, in: Werner Bergmann und Rainer Erb (Hrsg.), Neonazismus und rechte Subkultur, Berlin 1994, S. 31–76.

gung und Verunglimpfung des Andenkens Verstorbener (der Holocaust-Opfer) zu einem Jahr Gefängnis verurteilt worden. Der Bundesgerichtshof hob im März 1994 aus formalen Gründen das Urteil auf und verwies die Sache zu neuer Verhandlung an das Landgericht Mannheim zurück. Im Juni 1994 wurde das neue Urteil verkündet. Deckert erhielt zwar wieder ein Jahr Freiheitsstrafe (auf Bewährung), aber die Begründung des Urteils war ein Skandal.

Mit erheblicher Sympathie für dessen politischen Standort wurde Deckert bescheinigt, er sei »kein Antisemit im Sinne der nationalsozialistischen Rassenideologie«, er hege vielmehr »gegen die Juden ein bitteres Ressentiment [...], resultierend aus deren ständigen Forderungen gegen Deutschland auf der Grundlage ihres Schicksals in den Jahren 1933 bis 1945«. In der Urteilsbegründung war dann mehrfach von den Juden »als hassenswertes Parasitenvolk« die Rede – Formulierungen, die von den Richtern, nicht vom Angeklagten stammten –, und es fehlte nicht an einer warmherzigen Sozialprognose: Es handelte sich bei Deckert »um eine charakterstarke, verantwortungsbewußte Persönlichkeit mit klaren Grundsätzen, seine politische Überzeugung, die ihm Herzenssache ist, verficht er mit großem Engagement [...]«[29]. Die Empörung über das Urteil war allgemein, sie wurde öffentlich von allen demokratischen Meinungsführern artikuliert.[30] Nachdem der Bundesgerichtshof das Mannheimer Urteil im Dezember 1994 aufgehoben hatte, verurteilte das Landgericht Karlsruhe im April 1995 Deckert wegen Volksverhetzung und Aufstache-

---

[29] Landgericht Mannheim, Urteil in der Strafsache gegen Günter Anton Deckert, 22. Juni 1994 (Kopie im Zentrum für Antisemitismusforschung, TU Berlin).
[30] Vgl. z. B. Werner A. Perger, Empörung ist nicht genug, in: Die Zeit, 19. 8. 1994.

lung zum Rassenhaß zu zwei Jahren Freiheitsentzug ohne Bewährung. Damit war juristisch der Fall Deckert erledigt. Von Interesse ist er aber weiterhin als Lehrstück dafür, daß antisemitische Vorbehalte in der deutschen Gesellschaft immer noch Resonanz finden, und, wie die Reaktion der Mannheimer Richter beweist, nicht nur in rechtsextremen Kreisen. Dafür steht auch der Freispruch für zwei Neonazis im Februar 1995, denen ein Hamburger Amtsgericht glaubte nicht nachweisen zu können, daß der Begriff »Auschwitz-Mythos« eindeutig ist und so nur von Leugnern der historischen Wahrheit benutzt wird. Solche Blauäugigkeit dient dem Fortleben des antisemitischen Vorurteils mehr als die rechtsextremistische Propaganda selbst.

7. Vorurteil und Realität

Das Lager Marzahn: Nationalsozialistische Verfolgung der Sinti und Roma und ihre anhaltende Diskriminierung

Marzahn, einst ein Dorf und Rittergut vor den Toren Berlins, auf dessen Fluren Ackerbau getrieben, auch Hopfen und Obst, ja sogar Wein angebaut wurde, geriet immer mehr in den Sog der Metropole Berlin. 1866 wurden Rieselfelder auf der Gemarkung Marzahn angelegt, Abwässer der Großstadt sind dort also entsorgt worden, 1898 wurde die Bahnlinie nach Werneuchen eröffnet, um die Jahrhundertwende entstanden im Zeichen der Ausdehnung der Kaiserlichen Hauptstadt die ersten Wohnsiedlungen um den alten Dorfkern. Förmlich explodiert ist das Dorf Marzahn, inzwischen zum Stadtteil geworden, dann seit den siebziger Jahren. Als Satelliten der Hauptstadt der DDR entstanden mit mehreren Zentren Großsiedlungen für mehr als 150 000 Menschen, Schlafstädte in Plattenbauweise und Versorgungseinrichtungen im Stil des sozialistischen Städtebaus. Hier, bei den längst überbauten Rieselfeldern, direkt an der Bahnstrecke nach Ahrensfelde und Werneuchen, in der Nähe des späteren S-Bahnhofs Bruno-Leuschner-Straße, der heute nach Raoul Wallenberg benannt ist, befand sich ein Ort des nationalsozialistischen Rassenkriegs gegen die unerwünschte Minderheit der »Zigeuner«.

Der Genozid gegen Sinti und Roma gehört immer noch zu den Desideraten der Forschung, und im öffentlichen Bewußtsein ist das Unrecht, das dieser Minderheit zugefügt wurde, immer noch weitgehend ein weißer Fleck. Diese Studie möchte vor allem auf Aspekte der rechtlichen, sozialen und moralischen Aufarbeitung des Problems aufmerksam machen.[1]

Am 5. Juni 1936 hatte Reichsinnenminister Wilhelm Frick einen Runderlaß unterzeichnet, der sich mit der »Bekämpfung der Zigeunerplage« befaßte. Der Polizeipräsident von Berlin erhielt den Auftrag, einen »Landfahndungstag nach Zigeunern« zu halten, das heißt, alle Sinti und Roma in Berlin zu verhaften und in einer Art Ghetto außerhalb der Reichshauptstadt festzusetzen.[2] Berlin rüstete sich für die Olympischen Spiele. In diesen Zusammenhang gehörte die Aktion, für die es keine Rechtsgrundlage gab und die sich gegen alle richtete, die man für »Zigeuner« hielt. Es spielte keine Rolle, ob die Betroffenen in Wohnwagen lebten oder feste Wohnungen hatten.

In Marzahn, an der erwähnten Stelle, wurde auf Befehl des Polizeipräsidenten ein »Zigeunerlager« eingerichtet, amtlich hieß es mitunter auch »Rastplatz Marzahn«.[3] Ein

---

[1] Exemplarisch neuerdings Michail Krausnick, Wo sind sie hingekommen? Der unterschlagene Völkermord an den Sinti und Roma, Gerlingen 1995; Herbert Heuß, Darmstadt. Auschwitz. Die Verfolgung der Sinti in Darmstadt, Darmstadt 1995. Zur Gesamtproblematik vgl. Michael Zimmermann, Die nationalsozialistische Vernichtungspolitik gegen Sinti und Roma, in: Aus Politik und Zeitgeschichte 37 (1987), B 16/17, S. 31–45; s. a. Josef Henke, Quellenschicksale und Bewertungsfragen. Archivische Probleme bei der Überlieferungsbildung zur Verfolgung der Sinti und Roma im Dritten Reich, in: Vierteljahrshefte für Zeitgeschichte 41 (1993), S. 61–77.

[2] Erlasse des Reichs- und Preußischen Ministers des Innern vom 5. und 6. Juni 1936 zur Intensivierung der »Bekämpfung der Zigeunerplage«, RMBliV 783 ff.

[3] Zur Entstehungsgeschichte des Lagers vgl. Reimar Gilsenbach, Marzahn – Hitlers erstes Lager für »Fremdrassige«. Ein vergessenes Kapitel der Naziverbrechen, in: pogrom 17 (1986), Nr. 122, S. 15 ff.; Ute Brucker-Boroujerdi und Wolfgang Wippermann, Das »Zigeunerlager« Berlin-

Opfer, damals ein junges Mädchen von 14 Jahren, schildert die Leiden und Demütigungen, die im Lager zu erdulden waren:

»Ich lebte zusammen mit meinen Eltern, meinen fünf Brüdern, meinen Großeltern, meinen Tanten und Onkeln und deren Kindern in Alt-Glienicke in Wohnwagen. Mein Vater war Pferdehändler und Geigenbauer. Er konnte lesen und schreiben. Auch wir sechs Geschwister sind alle zur Schule gegangen. Meine Brüder waren sogar Meßdiener gewesen, was damals für sie eine besondere Auszeichnung war. Ich war gerade 14 Jahre alt, hatte meine Volksschulzeit in Berlin-Weißensee in der Wilhelmstraße hinter mir und wollte in eine Schneider-Lehre gehen, da kam im Sommer 1936 die Polizei und zwang uns, unseren Wohnplatz aufzugeben. Unsere Wohnwagen wurden auf Plattenwagen gehoben und in die Rieselfelder in der Nähe des Dorfes Marzahn gebracht. Als wir dort ankamen, gab es dort nichts. Die Männer mußten die Polizeibaracke, Wege und Unterkünfte für Familien, die keinen Wohnwagen hatten, bauen. Bewacht wurden wir durch die Polizei und ihre Schäferhunde. Zwar durften wir das Lager verlassen, um zur Arbeit zu gehen, aber nur mit Genehmigung der Polizei. Die Kinder durften die Schule im Dorf Marzahn nicht besuchen. Sie erhielten in den ersten Jahren Unterricht in der Schulbaracke im Lager, bis der Lehrer eingezogen wurde. Danach wurden die Kinder überhaupt nicht mehr unterrichtet.

Wir erhielten alle einen ›Zigeunerausweis‹, der sich von allen anderen Ausweisen und Pässen unterschied. Er war mit einem großen Z gestempelt und trug neben dem Paßbild noch den Abdruck des rechten Zeigefingers. Auch

Marzahn 1936–1945. Zur Geschichte und Funktion eines nationalsozialistischen Zwangslagers, in: pogrom 18 (1987), Nr. 130, S. 77–80.

unsere Lebensmittelkarten und Haushaltskarten, die wir später erhielten, waren mit Z gekennzeichnet. Die für uns vorgesehenen Rationen waren wesentlich schlechter als für die nicht rassisch Verfolgten, auch dann, wenn unsere Männer schwerste Arbeit verrichten mußten. Für unsere kleinen Kinder war nur 1/8 l Magermilch pro Tag vorgesehen. Doch auch diese Ration bekamen wir nur dann, wenn der Bauer, bei dem wir sie erhalten sollten, etwas Milch übrig hatte. Ansonsten durften wir nur beim Lebensmittel- und Kohlenhändler Hasse einkaufen, dessen Geschäft im Dorf Marzahn lag. Es gab zwei Wege, die aus dem Lager führten. Wir wurden von den Bewachern angewiesen, den längeren Weg zu nehmen. Das war sehr hart, denn im Lager gab es nur drei Pumpen und im Winter waren sie häufig eingefroren. Um wenigstens etwas Wasser zu bekommen, mußten wir dann den längeren Weg bis ins Dorf nehmen. Nahmen wir trotzdem einmal den kürzeren Weg, dann hetzte die Polizei die Schäferhunde auf uns. Im Winter 1940/41 ist meine Mutter – wie viele andere – von einem Schäferhund schrecklich gebissen worden. [...] Der Polizist, der den Hund auf meine Mutter gehetzt hatte, hieß Bredel. Ich werde ihn nie vergessen. Doch der schlimmste Aufseher war der sogenannte Platzmeister. Er hieß Polenz. Er ging immer herum und schlug auf jeden ein, der ihm gerade vor das Gesicht kam. Vor allem die Kinder mußten schrecklich unter ihm leiden.

[...]

Als die Bombenangriffe begannen, durften wir nicht in die Luftschutzbunker. Unsere Männer hoben Gräben auf dem freien Felde aus, in denen wir uns dann verkrochen.

Alle meine Angehörige bis auf meinen Mann und meine Kinder sind nach Auschwitz abtransportiert worden und nicht wiedergekommen. Vom Lager aus gab es drei Transporte nach Auschwitz. Sie hatten Listen mit den Namen der Menschen, die sie für die Transporte aussuchten. Ich weiß nicht, warum sie mich nicht holten. Wir waren zum Schluß noch ungefähr 50 Personen. Wahrscheinlich hatten sie keine Lastkraftwagen mehr, um uns auch noch zu holen.

Ich kann nicht genau sagen, wieviele Sinti anfänglich im Lager gewesen waren, denn es war ein sehr großes Lager. Ich denke jedoch, daß es bestimmt zwischen 800 und 1000 Menschen waren. Es war eine furchtbare Zeit. Das Lager lag direkt an der Bahnstrecke Marzahn-Werneuchen. Manchmal warfen uns die Menschen aus den vorbeifahrenden Zügen Brot, Kohlköpfe oder auch Kohlen zum Heizen herunter, denn auch sie wußten, wie wir leiden mußten.«[4]

Vom Lager Marzahn sind keine Spuren geblieben, auch um die wenigen Überlebenden kümmerte sich lange Zeit niemand. Dem Schriftsteller Reimar Gilsenbach ist es zu danken, wenn das Lager nicht ganz in Vergessenheit geraten ist. Er hat wohl als erster Spuren gesichert, Quellen studiert, einen Bericht darüber geschrieben, den drei auf dem Gebiet der DDR lebenden Insassen des Lagers die Anerkennung als Verfolgte verschafft.[5]

Daß Marzahn eine erste Station auf dem Weg zum Völkermord war, und zwar im doppelten Sinne, daß mit der Deportation der Berliner Sinti und Roma im Sommer 1936 der Rassenkrieg des nationalsozialistischen Staates gegen unerwünschte ethnische und kulturelle Minderheiten, gegen ganze Völker begann, ist vielen auch heute noch nicht

---

[4] Zit. nach Uschi Körber, Das Zwangslager Berlin-Marzahn, in: Anerkennung und Versorgung aller Opfer nationalsozialistischer Verfolgung. Dokumentation parlamentarischer Initiativen der Grünen in Bonn und der Fraktion der Alternativen Liste Berlin, Berlin 1986, S. 62 ff.
[5] Vgl. Anm. 3.

bewußt. Unter den Verfolgtengruppen des NS-Regimes nahmen Sinti und Roma aber nicht nur zeitlich eine Sonderstellung ein. Wegen der traditionellen Vorurteile, nach denen »Zigeuner« als asozial, kriminell, moralisch haltlos, also in jeder Beziehung als »minderwertig« galten, durften sie noch weniger als die Juden oder als die slawischen Opfer des nationalsozialistischen Rassenwahns auf Mitleid und Solidarität hoffen, wenn sie diskriminiert, entrechtet, verfolgt und schließlich ermordet wurden. Bei der Verfolgung der Sinti und Roma mußte sich das Regime weniger Zwang auferlegen als bei den anderen Unerwünschten, das hieß, weniger Tarnung, weniger Scheu vor öffentlichen Reaktionen schien geboten.

Weil sie sich des Beifalls der Mehrheit gewiß sein konnten, mühten sich die Vollstrecker der Diskriminierung, Ausgrenzung und Verfolgung der Sinti und Roma weniger um die Verschleierung ihres Tuns gegenüber der Öffentlichkeit als bei der Diffamierung von Juden, »Ernsten Bibelforschern« und anderen Gruppen, wo man sich mit Vorwänden und Argumenten mehr Mühe gab, um die tatsächlichen Absichten, nämlich deren Vernichtung, zu verschleiern.

So geschah die Deportation der Sinti und Roma am hellichten Tag, und die Presse meldete die Einzelheiten. Die ›Neue Tempelhofer Zeitung‹ berichtete schon 1935 über das »Ende der Zigeunerherrlichkeit« mit großer Zustimmung. Eine von der Polizei eskortierte Deportation ging mitten durch Berlin, und man rechnete mit dem Beifall der Bürger: »Der Aufzug in Tempelhof lehrt es deutlich, daß die Zigeuner jetzt eine härtere und zupackendere Hand zu spüren bekommen« war zu lesen, und damit werde man nun endlich »von einer Plage befreit, gegen die man früher immer wieder vergeblich die Hilfe der zuständigen Behörden angerufen hatte«. Man sehe »mit Freuden«, daß der

Freiheit der Zigeuner »jetzt ein Ende gemacht worden ist«[6].

Pläne zur Internierung der Sinti und Roma gab es spätestens seit 1934. Polizei, die Gauleitung und das Rassenpolitische Amt der NSDAP waren mit dem städtischen Wohlfahrtsamt einig, daß man »der Zigeunerplage in der Reichshauptstadt Herr« werden müsse. Die angebliche Plage bestand vor allem darin, daß auf privaten Grundstücken Sinti und Roma lebten. Das bildete nach Ansicht der Behörden wegen der angeblich herrschenden »Unsauberkeit und Verwahrlosung« eine »ernste Gefahr für die Volksgesundheit« und wegen der Nachbarschaft zur Berliner Bevölkerung eine »ernste sittliche Gefahr, insbesondere für die Jugend«[7].

---

[6] Neue Tempelhofer Zeitung, Nr. 183, 8. 8. 1935 (Ende der Zigeunerherrlichkeit). Der Bericht befindet sich falsch datiert (1936) auch als Dok. 31 in der Anlage zum Gutachten über den Zwangscharakter des »Zigeunerlagers« Berlin-Marzahn in der NS-Zeit, erstellt von Ute Brukker-Boroujerdi und Wolfgang Wippermann für die Senatsverwaltung für Inneres, Berlin; der gehässige Artikel enthält keinen Hinweis auf Marzahn. Der ›Schöneberg-Friedenauer Lokalanzeiger‹ berichtete am 20. 7. 1936 unter der Überschrift »Einheitlicher Rastplatz für Zigeuner bei Marzahn« im Ton und in der Diktion zurückhaltender über die Errichtung des Lagers Marzahn: »Durch das Lagern von Zigeunern auf privaten Grundstücken, wie es an verschiedenen Stellen bisher zu beobachten war, hatten sich häufig Mißstände ergeben, besonders auch wegen der in der Eigenart der Zigeuner begründeten Wohn- und Lebensweise. Um diesem Mißstand abzuhelfen, hat die Stadt Berlin auf stadteigenem Gelände bei Marzahn unweit des Stadtgutes Heidenberg einen Zigeunerrastplatz eingerichtet, den künftighin alle nach Berlin kommenden Zigeuner benutzen sollen. Die bereits in der Stadt Berlin befindlichen Zigeunerfamilien sind dieser Tage durch die Polizei nach Marzahn gebracht worden.« (Zeitungsarchiv des Schöneberger Heimatarchivs, Berlin, Haus am Kleistpark).

[7] Schriftwechsel Hauptwohlfahrtsamt Berlin mit Sozialbehörde Hamburg 1938–1941, zit. nach Ute Brucker-Boroujerdi und Wolfgang Wippermann, Das »Zigeunerlager« Berlin-Marzahn, S. 77–80.

Im Lager Marzahn wurden ab Juli 1936 die Unerwünschten konzentriert. Die Wohnverhältnisse waren elend. Etwa 130 Wohnwagen waren dorthin gebracht worden. Weil das nicht ausreichte, wurden zusätzliche »Wohnbaracken« aufgestellt, es waren vom Reichsarbeitsdienst ausrangierte baufällige Behausungen. Aber auch die Baracken boten nicht genug Obdach, so mußten manche unter den Wagen schlafen, unter dürftigem Windschutz aus Decken und Lumpen. Die sanitären Verhältnisse waren entsprechend kläglich, es gab viele Kranke, und die Sterblichkeit war hoch. Drei Wasserstellen und zwei Toilettenanlagen existierten für zeitweise bis zu 1000 Menschen. Das materielle Elend, die alltägliche Schikane, die Diskriminierung durch Zwangsarbeit – das war schlimm. Dazu kam aber noch die Entwürdigung durch die Situation des Orts. Das Gelände grenzte an einen Friedhof, also an eine tabuisierte Stätte, und mit der Existenz in unmittelbarer Nähe von Rieselfeldern, neben fäkalienbelastetem Terrain, wurden die Sinti und Roma gezwungen, gegen ihre Sittengesetze zu verstoßen.

Ein »Konzentrationslager« war Marzahn nicht, denn ein KZ war juristisch genau definiert, und dies traf für den sogenannten Zigeunerrastplatz am Rande Berlins nicht zu. Aber auch wenn äußere Merkmale eines KZ fehlten, wie die bewachende SS-Mannschaft und der elektrisch geladene Zaun, oder die Unterstellung unter den Reichsführer SS Heinrich Himmler, so war Marzahn tatsächlich ein Ort des Zwanges mit rechtlosen Insassen, die jeder Willkür ihrer Aufseher preisgegeben waren, die keine Instanz zu ihrem Schutz anrufen konnten, um deren Schicksal sich niemand kümmerte. Eine strenge Bewachung war gar nicht nötig, denn jeden Fliehenden hätte man bald erkannt, überdies konnte man sich an seinen Angehörigen rächen, und wie hätte eine ganze Familie oder Sippe fliehen und untertauchen sollen? Die nationalsozialistischen Machthaber mußten sich nicht einmal die Mühe einer Kennzeichnung, wie bei den Juden, machen. Und auch auf die Denunziationsbereitschaft der deutschen Bürger konnten sie sich, wenn es um »Zigeuner« ging, verlassen.

In einer Beziehung war Marzahn sogar noch schlimmer als Dachau oder Sachsenhausen oder Buchenwald: Marzahn hatte, wie die meisten anderen Zwangslager für Sinti und Roma der NS-Zeit, keine »Rechtsgrundlage«. Die Festsetzung in Marzahn erfolgte auf Initiative kommunaler Behörden in Zusammenarbeit mit Dienststellen der NSDAP. Es gab kein Gesetz und keine juristisch haltbare Begründung für den Freiheitsentzug und die ebenso kränkende wie krankmachende Behandlung im Lager Marzahn. Den Betroffenen hätte es wohl egal sein können, ob ihre Drangsalierung auf allerhöchsten oder hohen Befehl, auf Anordnung einer Stelle der NSDAP oder einer staatlichen Instanz, auf gesetzlicher Grundlage oder bösartiger Willkür erfolgt war. Und zur Tatzeit spielte der Status des Ortes auch keine Rolle. Aber für die Frage der Entschädigung und »Wiedergutmachung« des erlittenen Unrechts war es später von eminenter Bedeutung, in wessen Auftrag Freiheitsberaubung und Zwangsarbeit, Existenzverlust und Gesundheitsschaden verursacht worden waren. Tatsächlich haben aus solchen, ganz formalen Gründen die meisten Sinti und Roma des Lagers Marzahn keine Entschädigung erhalten oder erst nach langem Streit, zu einem skandalös späten Zeitpunkt. Davon wird noch die Rede sein.

Aber es waren nicht nur formale und juristische Gründe, mit denen die Verfolgung einer Minderheit in Deutschland ignoriert oder verharmlost wurde. Die alten Vorurteile wirkten weiter, und so bestand die stillschweigende Übereinkunft, »die Zigeuner« seien eigentlich zu Recht verfolgt worden, denn sie seien von ihrer Konstitution her asozial und kriminell. Die Ausnützung uralter Vorurteile zur Stigmatisierung der Angehörigen einer nicht assimilierten kulturellen Minorität war die über den Zusammenbruch des NS-Staats hinaus wirkende Untat.[8] Noch im Jahr 1956 kam der Bundesgerichtshof zu der Feststellung, die das Verhalten der Mehrheit bei der Verweigerung von Entschädigungs- und Wiedergutmachungsleistungen zu sanktionieren schien: »Die Zigeuner neigen zur Kriminalität, besonders zu Diebstählen und zu Betrügereien. Es fehlen ihnen vielfach die sittlichen Antriebe zur Achtung vor fremdem Eigentum, weil ihnen wie primitiven Urmenschen ein ungehemmter Okkupationstrieb eigen ist.«[9]

Weitere Ressentiments beherrschten die Verantwortlichen, die nach dem Zusammenbruch des NS-Staats zuständig waren für die Aufarbeitung des begangenen Unrechts. Sie zogen sich aus der Affäre mit dem Argument, den Sinti und Roma hätte die erlittene Verfolgung weniger ausgemacht als anderen Menschen, da sie von Natur aus unempfindlicher, stumpfer und deshalb zu größeren Leiden fähig seien. Solche Vorurteile bekamen die Verfolgten noch zu spüren, als sie in den sechziger und siebziger Jahren Renten für erlittene Gesundheitsschäden beanspruchten.[10]

---

[8] Vgl. Arnold Spitta, Entschädigung für Zigeuner? Geschichte eines Vorurteils, in: Ludolf Herbst und Constantin Goschler (Hrsg.), Wiedergutmachung in der Bundesrepublik Deutschland, München 1988, S. 385–401.

[9] Zit. ebenda, S. 386; zum BGH-Urteil vom 7. Januar 1956 vgl. Hans Buchheim, Die Zigeunerdeportation vom Mai 1940, in: Marcel Frenkel (Hrsg.), Das Entschädigungsrecht für die Opfer der nationalsozialistischen Verfolgung, Frankfurt a. M. 1959, Abhandlungen Bl. 136 ff.

[10] Arnold Spitta, Wiedergutmachung oder wider die Gutmachung? in: Tilman Zülch (Hrsg.), In Auschwitz vergast, bis heute verfolgt. Zur Situation der Roma (Zigeuner) in Deutschland und Europa, Reinbek 1983, S. 161–171.

Anhand einzelner Schicksale läßt sich das leicht illustrieren. Ein Sinto, der als sechsjähriges Kind 1940 in Lagerhaft gekommen war, der im Lager seine Mutter verlor, der knapp elfjährig 1945 befreit worden war, litt unter traumatischen Störungen. Im Jahre 1979 wurde sein Fall Gegenstand eines psychiatrischen Gutachtens, in dem viel wissenschaftliches Kauderwelsch darauf verwendet wurde, nachzuweisen, daß der Antragsteller seine Gesundheitsschäden nicht der KZ-Haft, sondern seiner Herkunft zu verdanken habe. Es handele sich, so ist im Gutachten zu lesen, »nicht um das Resultat einer in sich konflikthaften, erlebnistraumatischen Prägung durch die in die Kindheit fallende Verunsicherung und Ängstigungen, sondern um eine psychosoziale Konsequenz traditionsgeleiteter Erziehungsstilistik und soziokultureller Randständigkeit. Er liegt mit seiner intellektuellen-kognitiven Kapazität bei klinischer Einschätzung im Bereich des unteren Durchschnitts, wobei diese charakterologische und intellektuelle Schlichtheit nicht Krankheitsfolge ist, sondern wiederum Konsequenz einer ebenso schlichten Erfahrungsstimulierung ist.«

In einem anderen Fall war im Jahre 1966 einer Sintizza, die in der KZ-Haft unfruchtbar gemacht worden war und die an schweren Depressionen litt, »mittlerer Schwachsinn« attestiert worden, der nach Expertenmeinung gewiß nichts mit dem zweijährigen KZ-Aufenthalt zu tun habe. Die Folgen der Sterilisation wurden vom Gutachter ebenso leicht abgetan: »Da Persönlichkeiten von der Wesensart der Antragstellerin viel mehr gegenwartsbezogen leben und erleben und weniger aus der Vergangenheit und auf die Zukunft gerichtet sind, stellt für sie, so darf man annehmen, die Tatsache einer erzwungenen Kinderlosigkeit weniger eine seelische Dauerbelastung dar als für den Durchschnitt normal empfindender Frauen in gleicher Situation.«

Ein Professor kam 1971 zu dem Schluß, die Mutter von drei Kindern, die im KZ alle Kraft auf deren Rettung verwandt hatte, könne keine dauernden Folgen ihrer Leidenszeit davongetragen haben; seine Folgerung lautete: »Die sofortige Wiedervereinigung mit dem Ehemann nach der Befreiung und die alsbaldige Wiederaufnahme des gewohnten Wander- und ›Berufslebens‹ wird ferner dazu beigetragen haben, daß eine etwaige reaktive depressive Dauerverstimmung, wie sie gelegentlich nach so langer KZ-Lagerzeit beobachtet wurde, nicht zur Entwicklung kommen konnte.«

Als Spätfolge von KZ-Haft sind Medizinern und Psychiatern die Symptome der Entwurzelungsdepression geläufig. Aber Sinti und Roma haben nach Überzeugung der Koryphäen des Fachs offenbar wesensmäßig und traditionell weniger Leidensfähigkeit als andere Menschen: Ein Sinto, der 18jährig im Jahre 1938 ins KZ geriet und sieben Jahre lang inhaftiert war, bekam 1971 bescheinigt, die Voraussetzung für eine Entwurzelung im medizinischen und psychiatrischen Sinn sei bei ihm »nicht in dem Umfang gegeben, wie bei dem Personenkreis, der aus einem festgefügten sozialen Rahmen gerissen wurde«. Deshalb müsse man bei ihm auch unterstellen, daß »aufgrund seiner Herkunft die Schwelle der eben noch zu ertragenden unzumutbaren seelischen Belastungen höher anzusetzen ist als bei denjenigen, die in einem festgefügten sozialen Rahmen lebten«[11].

In den ersten Jahren des NS-Regimes waren die Diskriminierungen der Sinti und Roma nicht zentral organisiert.

---

[11] Alle Zitate nach Uschi Körber, Stellungnahme zu Gutachten gegen Gesundheitsschadensrenten bei Sinti und Roma, in: Anerkennung und Versorgung aller Opfer nationalsozialistischer Verfolgung. Dokumentation parlamentarischer Initiativen der Grünen in Bonn und der Fraktion der Alternativen Liste Berlin, Berlin 1986, S. 61 f.

Wie in Marzahn wurden in Großstädten auf örtliche Initiative von Polizei und NSDAP lagerartige Plätze eingerichtet.[12] Eine auf Vernichtung zielende, von oben gesteuerte Politik wurde erst allmählich erkennbar. Voraussetzungen dazu waren die Zentralisierung des Polizeiapparates und die Festigung des Regimes. Beides war spätestens 1937 erreicht.

1938 wurde im Reichskriminalpolizeiamt eine »Reichszentrale zur Bekämpfung des Zigeunerunwesens« eingerichtet. Heinrich Himmler, in dessen Zuständigkeit als »Reichsführer SS und Chef der Deutschen Polizei« die Sinti und Roma geraten waren, verfügte am 8. Dezember 1938, daß die »Regelung der Zigeunerfrage aus dem Wesen dieser Rasse heraus« erfolgen müsse, und zwar auf der Grundlage der »durch rassenbiologische Forschungen gewonnenen Erkenntnisse«[13]. Die notwendigen Informationen hatten Wissenschaftler der Kriminalpolizei zu liefern.

---

[12] Vgl. etwa die Lager Diesel- und Kruppstraße in Frankfurt: Wolfgang Wippermann, Das Leben in Frankfurt zur NS-Zeit II. Die nationalsozialistische Zigeunerverfolgung, Frankfurt a. M. 1986, S. 28 f. Weitere Beispiele bei Michael Zimmermann, Von der Diskriminierung zum »Familienlager« Auschwitz. Die nationalsozialistische Zigeunerverfolgung, in: Dachauer Hefte 5 (1988), S. 87–114, insbes. S. 91 ff.; sowie Sybil Milton, Vorstufe zur Vernichtung. Die Zigeunerlager nach 1933, in: Vierteljahrshefte für Zeitgeschichte 43 (1995), S. 115–130 (zuvor auf englisch unter dem Titel Antechamber to Birkenau. The Zigeunerlager after 1933, in: Die Normalität des Verbrechens. Festschrift Wolfgang Scheffler, Berlin 1994, S. 241–259).

[13] Runderlaß RFSSuChdDtPol im RMdI 8. 12. 1938, Bekämpfung der Zigeunerplage, RMBliV 1938, Nr. 51, S. 2105; auch in: Erlaßsammlung Vorbeugende Verbrechensbekämpfung, hrsg. vom Reichskriminalpolizeiamt, Berlin Dezember 1941: »Bekämpfung der Zigeunerplage«, Runderlaß RFSS uChdDtPol im RMdI vom 8. 12. 1938 (Skr. 1 Nr. 557 VIII/38 – 2026–6); abgedr. auch bei Hans-Joachim Döring, Die Zigeuner im nationalsozialistischen Staat, Hamburg 1964, S. 197 f.; auszugsweise auch bei Donald Kenrick und Grattan Puxon, Sinti und Roma – die Vernichtung eines Volkes im NS-Staat, Göttingen 1981, S. 64.

Unter der Leitung eines Dr. Robert Ritter waren dies die Mitarbeiter der »Rassenhygienischen Forschungsstelle« des Reichsgesundheitsamtes.[14] Die Wissenschaftler gingen mit großer Gründlichkeit vor, erstellten für die Kripo ausführliche Expertisen, die auf genealogischen Recherchen und anthropologischen Untersuchungen beruhten. Tatsächlich waren die gutachtlichen Stellungnahmen nur das Produkt ebenso fanatischen wie dilettantischen Eifers. Als Beispiel sei folgende Passage aus einem »rassehygienischen Gutachten« einer Mitarbeiterin der Forschungsstelle im Reichsgesundheitsamt, Eva Justin, angeführt. Am 10. Juli 1944 hatte sie der Kriminalpolizei eine Expertise zur »Feststellung der Rassenzugehörigkeit« einer aus Ungarn stammenden Musikerfamilie übersandt, in der es hieß: »Während das Äußere der Familienangehörigen [...] nicht gerade typisch zigeunerisch ist, sondern – abgesehen von der Mutter – an Neger-Bastarde denken läßt, sprechen Gestik, Affektivität und Gesamtverhalten nicht nur für artfremde, sondern gerade auch für zigeunerische Herkunft. Die unechte Art scheinbar urbanen Auftretens, die Anpassung an sich falscher emotionaler Regungen an die jeweilige Umwelt-Wirkung, die Uneinsichtigkeit und Urteilsschwäche gegenüber sachlichen Erwägungen und Folgerungen, die Standpunktlosigkeit und Unfestigkeit innerer Stellungnah-

---

[14] Michael Zimmermann, Feindschaft gegen Fremde und moderner Rassismus. Robert Ritters »Rassenhygienische Forschungsstelle«, in: Klaus J. Bade (Hrsg.), Deutsche im Ausland – Fremde in Deutschland. Migration in Geschichte und Gegenwart, München 1992, S. 333–344; s. a. Herbert Heuß, Wissenschaft und Völkermord. Zur Arbeit der »Rassenhygienischen Forschungsstelle« beim Reichsgesundheitsamt, in: Bundesgesundheitsblatt 32 (1989), Sonderheft März 1989, S. 20–24; Ute Brucker-Boroujerdi und Wolfgang Wippermann, Die »Rassenhygienische und Erbbiologische Forschungsstelle« im Reichsgesundheitsamt, ebenda, S. 13–19.

me zeugen bei aller Schläue und Verschlagenheit von einer im Kern vorhandenen hochgradigen Naivität und Primitivität, wie man sie in dieser gelockerten Art bei seßhaften Europäern mit gezüchtetem Arbeitssinn nicht antrifft.«[15]

Mit Wissenschaft hatten solche verächtlichen Mutmaßungen über Charaktereigenschaften und Verhalten, über moralische Validität mit dem Anspruch wissenschaftlichexakter Gutachten zur »Rassenzugehörigkeit« nichts zu tun. Aber in vielen Tausenden von Fällen wurde – über den Zeitraum der nationalsozialistischen Herrschaft hinaus – mit derartigen Expertisen das Schicksal von Menschen bestimmt.[16] Im Ergebnis wurden die Betroffenen in Kategorien eingeteilt, in »Zigeuner« und »Zigeunermischlinge« (mit den Unterabteilungen »mit vorwiegend zigeunerischem« beziehungsweise »vorwiegend deutschem Blutanteil«). Das hatte einen praktischen Zweck, denn die ganze »Rassenhygiene« diente ja der Aussonderung derjenigen, die man als unerwünscht und minderwertig vernichten wollte.

Aber auch schon vor Himmlers Erlaß, in dem die »Bekämpfung der Zigeunerplage« postuliert war, wurden Sinti und Roma »in Schutzhaft« genommen, das heißt in Konzentrationslager eingewiesen. Als Vorwand diente der traditionelle Vorwurf, sie seien »asozial«. Auch aus Marzahn wurden immer wieder Sinti nach Buchenwald und Sachsenhausen »überstellt«.

Der Zweite Weltkrieg diente schließlich als willkommener Hintergrund, vor dem sich die geplante Vernichtung der unerwünschten Minderheiten durchführen und notfalls

---

[15] Zigeuner – Neger – Bastarde. Rassenhygienisches Gutachten von Eva Justin, in: Zülch, In Auschwitz vergast, S. 189 ff.

[16] Vgl. Fritz Greußing, Das offizielle Verbrechen der zweiten Verfolgung, in: Zülch, In Auschwitz vergast, S. 192–198.

der Öffentlichkeit gegenüber motivieren ließ. Am 2. September 1939 wurde das »Umherziehen von Zigeunern und nach Zigeunerart wandernden Personen« im Grenzgebiet des Deutschen Reichs verboten[17], das ließ sich ohne Mühe als Kriegsmaßnahme erläutern, und am 17. Oktober 1939 befahl das Reichssicherheitshauptamt, daß »Zigeuner und Zigeunermischlinge« ihren Wohn- oder Aufenthaltsort nicht mehr verlassen durften.[18]

Mit diesem »Festschreibungserlaß« begann die letzte Stufe der Verfolgung. Den lokalen Polizeibehörden war die Aufgabe übertragen, die Sinti und Roma zu zählen (deshalb waren sie zur Seßhaftigkeit verpflichtet worden) und nach Kategorien der Rassenpolitik und der »vorbeugenden Verbrechensbekämpfung« zu klassifizieren. Ende September 1939 war nämlich beschlossen worden, die auf deutschem Boden vermuteten »30 000 Zigeuner« wie die Juden zunächst nach Polen zu deportieren. Die Vertreibung der Unerwünschten ins gerade eroberte und unterworfene Polen war wiederum der erste Schritt zur Vernichtung: In den Ostgebieten, die wie Kolonien beherrscht und behandelt wurden, konnte der geplante Massenmord besser getarnt werden. Rücksichten auf die Zivilbevölkerung erschienen dort nicht so nötig wie im Reichsgebiet.[19]

---

[17] Grenzzonenverordnung vom 2. September 1939, in: Reichsgesetzblatt I, 1939, S. 1578 f. (§ 4: Das Umherziehen von Zigeunern und nach Zigeunerart ist in der Grenzzone verboten); vgl. Döring, Zigeuner, S. 85.

[18] Schnellbrief RSHA, 17. Oktober 1939, betr. Zigeunererfassung, in: Erlaßsammlung Vorbeugende Verbrechensbekämpfung, Berlin Dezember 1941, hrsg. vom Reichskriminalpolizeiamt, RSHA-RKPA 149/1939 g.

[19] Kenrick und Puxon, Sinti und Roma, S. 66; Zimmermann, Diskriminierung, S. 97; die Konferenz, deren Gegenstand die Deportation von Juden und Zigeunern nach Polen war, hatte auf Einladung Heydrichs am 21. 9. 1939 stattgefunden; Eichmann-Prozeß, Dokument 983, Archiv Institut für Zeitgeschichte München.

Am 16. Mai 1940 begann die organisierte familienweise Deportation von Sinti und Roma aus dem Gebiet des Deutschen Reiches. Heydrich hatte im Auftrag Himmlers am 27. April den Kriminalpolizeileitstellen Hamburg, Bremen, Köln, Düsseldorf, Hannover, Frankfurt und Stuttgart befohlen, in ihrem Gebiet lebende Sinti und Roma zu verhaften und in Sammellager zu bringen; von dort aus wurden Transporte zusammengestellt, deren Ziel das Generalgouvernement war. Diese Aktion, der etwa 2800 Menschen – ein Zehntel der in Deutschland lebenden Sinti und Roma – zum Opfer fielen, war eine Art Generalprobe zum Völkermord.[20]

Das Reichssicherheitshauptamt hatte Quoten bestimmt: je 1000 Menschen aus den Bereichen Hamburg und Bremen beziehungsweise Köln, Düsseldorf und Hannover, 500 aus Frankfurt und Stuttgart. Die Auswahl der Familien im einzelnen blieb den örtlichen Kripostellen überlassen. Sie stützten sich dabei auf die »rassenbiologischen Gutachten« der Experten des Reichsgesundheitsamtes, die vor Ort bei der Auswahl der zu Deportierenden halfen. Von drei Sammellagern (Hohenasperg, Köln und Hamburg) aus wurden die Familien mit Sonderzügen der Reichsbahn nach Polen transportiert und dort in verschiedenen Lagern mit schwerster Zwangsarbeit – Kinder und Greise, Kranke und Gesunde gleichermaßen bis zu 14 Stunden täglich – gequält.[21]

Daß die mörderische Verfolgung der Sinti und Roma nicht nur den bösen Trieben besonders fanatischer Ras-

---

[20] Schnellbrief RFSS an Kriminalpolizei(leit)stellen Hamburg, Bremen, Hannover, Düsseldorf, Köln, Frankfurt, Stuttgart 27. 4. 1940, betr. Umsiedlung von Zigeunern, in: Erlaßsammlung Vorbeugende Verbrechensbekämpfung, Berlin Dezember 1941.

[21] Vgl. Michail Krausnick, Abfahrt Karlsruhe. Die Deportation in den Völkermord, Karlsruhe 1990.

sisten, nicht nur den exzessiven Vorstellungen Himmlers und der SS entsprungen war, geht aus einem Brief hervor, den der Reichsminister der Justiz, Thierack, im Oktober 1942 an den Reichsleiter Bormann als einen der engsten Mitarbeiter Hitlers schrieb. Dort hieß es ganz unverblümt: »Unter dem Gedanken der Befreiung des deutschen Volkskörpers von Polen, Russen, Juden und Zigeunern und unter dem Gedanken der Freimachung der zum Reich gekommenen Ostgebiete als Siedlungsland für das deutsche Volkstum beabsichtige ich, die Strafverfolgung gegen Polen, Russen, Juden und Zigeuner dem Reichsführer SS zu überlassen. Ich gehe hierbei davon aus, daß die Justiz nur in kleinem Umfange dazu beitragen kann, Angehörige dieses Volkstums auszurotten. Zweifellos fällt die Justiz jetzt sehr harte Urteile gegen solche Personen, aber das reicht nicht aus, um wesentlich zur Durchführung des oben angeführten Gedankens beizutragen. Es hat auch keinen Sinn, solche Personen Jahre hindurch in deutschen Gefängnissen und Zuchthäusern zu konservieren, selbst dann nicht, wenn, wie das heute weitgehend geschieht, ihre Arbeitskraft für Kriegszwecke ausgenutzt wird.«[22]

Am 16. Dezember 1942 erließ Heinrich Himmler, der Herr über die Konzentrations- und Vernichtungslager, schließlich den Befehl, der die letzte Stufe der mörderischen Serie von Diskriminierungen und Verfolgungsmaßnahmen gegen Sinti und Roma einleitete. Das Reichssicherheitshauptamt arbeitete die Ausführungsbestimmungen aus. Am 29. Januar 1943 wurde verfügt: »Auf Befehl des Reichsführers-SS vom 16. Dezember 1942 [...] sind Zigeunermischlinge, Róm-Zigeuner und nicht deutsch-blütige An-

---

[22] Thierack an Bormann, 13. 10. 1942, zit. nach Urteil des Landgerichts Wiesbaden vom 24. 3. 1952, Archiv Institut für Zeitgeschichte München Gw 05. 02.

gehörige zigeunerischer Sippen balkanischer Herkunft nach bestimmten Richtlinien auszuwählen und in einer Aktion von wenigen Wochen in ein Konzentrationslager einzuweisen. Dieser Personenkreis wird im Nachstehenden kurz als ›zigeunerische Person‹ bezeichnet. Die Einweisung erfolgt ohne Rücksicht auf den Mischlingsgrad familienweise in das Konzentrationslager Auschwitz.«[23] Unter Geheimhaltung wurden die Betroffenen verhaftet, ihr Eigentum mußten sie zurücklassen, Ausweispapiere, Geld, Wertgegenstände wurden ihnen »abgenommen« – also geraubt. Über Gefängnisse und Zwischenlager kamen diese Menschen nach Auschwitz-Birkenau, in ein abgegrenztes Areal dieses Vernichtungslagers, wo sie unter entsetzlichen Umständen lebten.

Der Befehl Himmlers brachte auch für die meisten Bewohner des Lagers Marzahn die Deportation nach Auschwitz. Anfang März 1943 wurden sie zusammengetrieben und abtransportiert. Die zurückgelassenen Wohnwagen wurden beseitigt.

In Auschwitz-Birkenau, im sogenannten Zigeuner-Familienlager, warteten neue Leiden auf die Sinti und Roma. Pseudowissenschaftliche medizinische Experimente gehörten dazu, nicht zuletzt qualvolle Versuche zur Massensterilisation. Anfang August 1943 wurde in einer Nacht das ganze Zigeunerlager liquidiert, die Gefangenen wurden in den Gaskammern ermordet.[24]

---

[23] Schnellbrief RSHA, 29. 1. 1943 an Kriminalpolizei und SS-Dienststellen, dort ist der Befehl Himmlers vom 16. 12. 1942 erwähnt: »Einweisung von Zigeunermischlingen, Rom-Zigeunern und balkanischen Zigeunern in ein Konzentrationslager«, in: Erlaßsammlung RKPA, Vorbeugende Verbrechensbekämpfung, V A 2 Nr. 59/43 g.

[24] Vgl. Gedenkbuch Die Sinti und Roma im Konzentrationslager Auschwitz-Birkenau, hrsg. v. Staatliches Museum Auschwitz-Birkenau in Zusammenarbeit mit dem Dokumentations- und Kulturzentrum Deutscher

In Marzahn waren zwei Dutzend Sinti zurückgeblieben. Sie waren bei den »rassenbiologischen« Untersuchungen des Dr. Ritter von der »Rassenhygienischen Forschungsstelle« in Berlin-Dahlem als besonders reinrassige Sinti und Lalleri deklariert worden. Und zu Himmlers fixen Ideen gehörte es, zwei »reinrassige Zigeunerstämme« überleben zu lassen. Aber davon war später keine Rede mehr. Die übriggebliebenen Gefangenen waren wohl einfach vergessen worden. Unter immer elenderen Umständen lebten diese letzten Insassen des Lagers Marzahn. Ein Bombenangriff zerstörte die Unterkünfte, in einer viel zu kleinen Baracke zusammengedrängt, dem Hungertod nahe, wurden sie Ende April 1945 von der Roten Armee befreit. Sie waren eher durch Zufall Überlebende des Völkermords.

Die Tragödie war mit der Befreiung allerdings nicht beendet. Zur Verfolgungsgeschichte fügte sich der für die Mehrheitsgesellschaft blamable jahrzehntelange Kampf um den materiellen Ausgleich für die erlittenen Schäden durch Freiheitsentzug an Gesundheit und Existenz, die die Sinti erlitten hatten. Es ist ein noch lange nicht abgeschlossenes Kapitel der Geschichte des fortdauernden Vorurteils, mit Unverständnis und Schikane praktiziert gegen die einst verfolgte Minderheit. Anhand der Rechtsprechung in Entschädigungssachen sollen die Probleme im folgenden exemplifiziert werden.

Drei Geschwister hatten als Erben zweier Schwestern, die vor ihrer Deportation nach Auschwitz im Lager Marzahn lebten, beim Landesentschädigungsamt Berlin Ansprüche geltend gemacht. Für die mit Wirkung vom 8. Mai 1945 für tot erklärten, in Auschwitz ermordeten Schwe-

---

Sinti und Roma Heidelberg, München 1993, 2 Bde, darin: Waclaw Dlugoborski, Zur Geschichte des Lagers für Sinti und Roma in Auschwitz-Birkenau, Bd. 1, S. 11–15.

stern erkannte die Behörde den Tatbestand der Freiheitsentziehung für den Zeitraum 13. März 1943 bis 8. Mai
1945 an – der Zeitraum war ungefähr analog dem Ausch-
witz-Erlaß Himmlers – und galt dies 1965 mit Entschädigungen von je DM 3750 ab.

Die Anträge waren im März 1958 gestellt, die Bescheide
im Januar 1965 erteilt worden. Nachdem sie Rechtskraft
erlangt hatten, stellten die Geschwister im Dezember 1965
weiteren Antrag auf Entschädigung für den Freiheitsentzug
ihrer Schwestern für die Zeit September 1938 bis November 1940, in der sie sich in Marzahn aufgehalten hatten.
Nach der Ablehnung des Antrags (im August 1966) klag-
ten die Geschwister beim Landgericht Berlin.

Das beklagte Entschädigungsamt brachte unter anderem
vor der. Anspruch sei sachlich nicht begründet, weil die
Voraussetzungen der §§ 1, 2 Bundesentschädigungsgesetz
(BEG) nicht gegeben seien, denn »umherziehende Zigeuner
seien nur aus polizeilichen Gründen – auch schon vor 1933 –
nach Marzahn geschleust worden, um sie dort besser
überwachen zu können. Ihre Bewegungsfreiheit sei jedoch –
zumindest in den Jahren bis 1940 – nicht wesentlich beschränkt gewesen.«[25]

Das Landgericht erhob Beweise, unter anderem wurde
der in Ludwigshafen lebende frühere Leiter der »Dienststelle für Zigeunerfragen bei der Kriminalpolizeileitstelle Berlin« vernommen. Der Kriminalobermeister a. D. Leo Kar-
sten erklärte, der »Rastplatz« Marzahn habe »vollkommen frei gelegen«, und die Bewohner hätten ihn zu jeder
Tages- und Nachtzeit betreten und verlassen, auch ungehindert Besuche empfangen und ihren Berufen nachgehen

---

[25] Diese und alle folgenden Zitate aus: Urteil des Kammergerichts Berlin
vom 5. Juli 1971 13 U Entsch. 958/68 (Senatsverwaltung für Inneres,
Berlin).

können. Ein weiteres Beweismittel bildete die Bekundung eines vorübergehend in der Dienststelle für Zigeunerfragen tätigen Zeugen, der das Lager Marzahn zwar nicht aus eigener Anschauung kannte, aber zum Schluß gekommen war, daß es »vollkommen offen« gewesen sei, weil bei Vernehmungen häufig auch nicht Geladene erschienen seien.

Durch Urteil vom 21. März 1968 wies das Landgericht die Klagen der Geschwister ab. Sie legten im April 1968 Berufung ein. Der 13. Zivilsenat des Kammergerichts Berlin, der nun zuständig war, erhob erneut umfangreiche Beweise, vor allem durch Beiziehung von Entschädigungsakten, durch Prüfung der Aktivlegitimation der Kläger und durch Zeugenvernehmungen. Das Gericht entschied am 5. Juli 1971 gegen die Kläger. Es hatte auch Auskünfte beim zuständigen Volkspolizeirevier (Inspektion Berlin-Lichtenberg) und beim Präsidium der Volkspolizei in Ostberlin eingeholt. Danach bestand in Marzahn »schon seit 1920« ein »Sammelplatz [...], auf dem umherziehende Zigeuner mit ihren Wohnwagen Rast machen konnten«. Das Lager, dessen Bewohner allerdings zum Teil auch in Baracken gelebt hätten, sei »nicht umzäunt« und »vollkommen offen« gewesen.

In der Urteilsbegründung des Kammergerichts wurde die Vermutung des Volkspolizeipräsidiums zwar erwähnt, »das Lager solle einem General der Waffen-SS in Oranienburg unterstanden haben, und Reisen (außerhalb des Wohnorts) seien nur mit Genehmigung der Kriminalpolizeileitstelle möglich gewesen«, aber die Schlußfolgerung lautete trotzdem »jedenfalls waren die in Marzahn untergebrachten Zigeuner aber auch danach nicht gehindert, den Lagerbereich ohne besondere Erlaubnis und ohne Bewachung zu verlassen. Sie konnten ungehindert ihre Einkäufe machen und ihr Leben nach ihren Wünschen gestalten.«

Der 13. Zivilsenat des Kammergerichts kam zu dem Schluß, daß überwiegende Gründe für ein offenes Lager sprächen: »Die Polizei war dort zwar ständig präsent, hatte aber in der hier maßgebenden Zeit, soweit ersichtlich, nur Ordnungs- und Überwachungsfunktionen, ohne in die Lebensführung der Bewohner einzugreifen und ohne ihre Bewegungsfreiheit im Gebiet von Großberlin einzuschränken.« Die Klage wurde mit Urteil vom 5. Juli 1971 abgewiesen, Revision war nicht zugelassen. In dem fünf Jahre dauernden Rechtsstreit hatten die Geschwister je DM 3750 Entschädigung begehrt.

In der Entscheidung des Kammergerichts war hervorgehoben worden, daß die frühere Rechtsprechung des Bundesgerichtshofs, nach der »Zigeuner in der Regel erst auf Grund der sog. Auschwitz-Erlasse in der Zeit ab 1. März 1943 rassisch verfolgt worden seien«, Mitte der sechziger Jahre aufgegeben worden war.[26] Statt dessen galt nun der 8. Dezember 1938 wegen Himmlers Runderlaß über die »Bekämpfung der Zigeunerplage« als Stichtag. Daß es sich beim Aufenthalt im Lager Marzahn um Freiheitsentzug gehandelt hatte, daß das Lager ein Ort rassistisch begründeter Diskriminierung und Verfolgung war, blieb weiter umstritten.

Der Durchbruch erfolgte wieder in einem Urteil des Kammergerichts im Januar 1978.[27] Eine Sintizza, die als siebenjähriges Kind im Sommer 1936 mit ihrer Familie ins Lager Marzahn eingewiesen worden war und dort bis zur Befreiung im Frühjahr 1945 lebte (ihr Vater war 1938, ihre

---

[26] Vgl. u. a. Calvelli-Adorno, Die rassische Verfolgung der Zigeuner vor dem 1. März 1943, in: RzW 1961, S. 529–537; BGH Fall RzW 1964, 209 Nr. 7.

[27] Alle Zitate aus: Urteil des Kammergerichts Berlin vom 12. Januar 1978 19 U Entsch. 2294/77 (Senatsverwaltung für Inneres, Berlin).

Mutter war 1942 ins KZ deportiert worden, sie überlebten die Verfolgung, ein Bruder wurde in Auschwitz ermordet), hatte Anerkennung als rassisch Verfolgte nach dem Berliner Gesetz über die Anerkennung und Versorgung der politisch, rassisch oder religiös Verfolgten des Nationalsozialismus (PrVG) beantragt. Das war im Dezember 1974, nachdem sie von Ostberlin, wo sie als Verfolgte anerkannt gewesen war, nach Westberlin übersiedelte. Das Entschädigungsamt lehnte im April 1975 den Antrag ab, da die Voraussetzung – mindestens drei Monate Freiheitsberaubung – nicht gegeben sei: Bei dem Lager Marzahn habe es sich um einen zugewiesenen Zigeunerplatz gehandelt, der keinen haftähnlichen Charakter gehabt habe. So hätten seine Bewohner einer geregelten Arbeit nachgehen und nach Dienstschluß zu ihrem Wohnwagen zurückkehren sowie im Ort Marzahn Einkäufe erledigen können. Bis 1942 habe eine Schule für schulpflichtige Kinder bestanden.

Gegen den Bescheid erhob die Sintizza am 4. Juli 1975 Klage. Das Landgericht folgte in seinem Urteil am 1. März 1977 der Auffassung der Klägerin und sah die Voraussetzung des PrVG als erfüllt, den Status der rassisch Verfolgten mithin als gegeben. Das Entschädigungsamt legte gegen das Urteil Berufung ein mit der Begründung »der Annahme, das Zigeunerlager Berlin-Marzahn habe haftähnlichen Charakter gehabt, könne aus grundsätzlichen Erwägungen nicht gefolgt werden. Nach den Erkenntnissen der Behörde, die sich auf andere Entschädigungsverfahren früherer Insassen stützten, habe es sich lediglich um einen zugewiesenen Zigeunerplatz ohne haftähnlichen Charakter gehandelt.«

Das Kammergericht als Berufungsinstanz wies die Berufung ab und stellte fest, die Klägerin sei »aus rassischen Gründen mindestens drei Monate ihrer Freiheit beraubt worden, indem sie gezwungen war, fast neun Jahre im Lager Berlin-Marzahn zu leben«. Es bestehe »kein ernsthafter Zweifel daran, daß der Aufenthalt im Lager Berlin-Marzahn mit Einschränkungen der persönlichen Freiheit verbunden war, die bei einer sinnentsprechenden Gesetzesauslegung den Begriff der Freiheitsberaubung erfüllen«. Es stehe auch fest, »daß in dieses Lager lediglich Personen eingewiesen worden sind, die Zigeuner waren oder aber eine solche Abstammung vermuten ließen, der durch rassekundliche Untersuchungen im Lager nachgegangen wurde. Das Lager bekam damit seinen besonderen Charakter und Bezug auf die Verfolgung ganzer Bevölkerungsgruppen aus rassischen Gründen und unterschied sich grundlegend von den Einrichtungen, die allgemeinen Zwecken ohne Rücksicht auf die Abstammung – etwa der Ausgliederung sog. Asozialer oder Krimineller – dienten.«

Das Gericht machte sich die Erkenntnisse des Schriftstellers Gilsenbach (die in früheren Verfahren als unbedeutend abgetan worden waren) zu eigen und erklärte die von den Nationalsozialisten verwendete Bezeichnung »Rastplatz« als unzutreffend. Marzahn müsse vielmehr »als besonderes Zwangslager für rassisch Verfolgte angesehen werden«. Daß im Lager zumindest bis 1941 in einer Baracke Schulunterricht erteilt wurde, galt dem Kammergericht nicht als Anhaltspunkt für bestehende Bewegungsfreiheit, wie in der bisherigen Rechtsprechung angenommen worden war: »Die Tatsache, daß es den Kindern der Bewohner verwehrt wurde, die Volksschule im Ort Marzahn zu benutzen, deutet eher auf das Bemühen, die Kinder des Lagers von denen ihrer Umgebung fernzuhalten, was notwendig eine Freiheitsbeschränkung bedeutete. Wie sehr dieses Bemühen im Vordergrund stand, zeigt der Umstand, daß nach dem Einsetzen des kriegsbedingten Lehrermangels eher auf einen Unterricht verzichtet wurde, als die Abgrenzung zu lokkern.«

Schließlich durchbrach das Gericht in der Urteilsbegründung auch den langjährigen Teufelskreis selbstbestätigender Abweisung von Ansprüchen unter Bezug auf frühere Ablehnungsbescheide. Die Tatsache, daß das Entschädigungsamt »bisher eine Anerkennung in Marzahn untergebrachter Personen versagt hat, kann nicht schon als Indiz für die Richtigkeit dieser Entscheidungen angesehen werden«.

Der Tatbestand der Verfolgung war seit diesem Urteil unbestritten, aber das bedeutete noch keine selbstverständlichen Entschädigungsleistungen. Spröde verhielten sich die Behörden insbesondere bei Rentenanträgen beziehungsweise der Anerkennung des Lageraufenthalts in Marzahn als Ausfallzeit für die Sozialversicherung. Eine Sintizza, die mit ihrer Mutter und ihren Geschwistern von Juli 1936 bis Mai 1945 in Marzahn leben mußte, erhielt vom Entschädigungsamt zwar die Anerkennung als Verfolgte im Sinne des § 1 BEG, die einen Ausbildungsschaden sowie Schaden an Körper und Gesundheit erlitten habe, aber verweigert wurde ihr eine Rente wegen Erwerbsunfähigkeit oder Altersruhegeld. Der Fall wurde schließlich vom Landessozialgericht verhandelt und durch Teilurteil vom 10. März 1989 entschieden.[28] Wieder ging es darum, ob Freiheitsentzug stattgefunden habe. Die Klägerin hatte wechselnde Arbeitsverhältnisse gehabt, darunter landwirtschaftliche Hilfsarbeiten gegen Naturalien, und befand sich hinsichtlich der Versicherungszeiten in Beweisnot. Das Sozialgericht, das in erster Instanz im Februar 1985 gegen die Klägerin entschied, hatte die formalen Schwierigkeiten beim Nachweis der Beitragszeiten zur Sozialversicherung zum Anlaß genommen, auch die Anrechnung des Zwangsaufenthalts im Lager Marzahn als Ersatzzeit zu verweigern.

---

[28] Urteil Landessozialgericht Berlin vom 10. März 1989 L 5J 26/85 (Senatsverwaltung für Inneres, Berlin).

Das Landessozialgericht Berlin schloß sich dieser Auffassung nicht an, erkannte vielmehr unter Berücksichtigung eines an der Freien Universität Berlin erstellten Gutachtens über den Zwangscharakter des Lagers Marzahn[29], daß die Beitragszeit vom 1. Juli 1938 bis 15. Oktober 1938 als Arbeiterin glaubhaft gemacht worden war und daß die Klägerin »in der Zeit von Oktober 1939 bis April 1945 durch ihren Aufenthalt im ›Zigeunerlager‹ Berlin-Marzahn eine Ersatzzeit nach § 1251, Abs. 1, Nr. 4 RVO zurückgelegt« habe.[30] Ausschlaggebend für das Datum war für das Gericht der Festsetzungserlaß Himmlers vom 17. Oktober 1939, und daraus folgerte das Gericht, daß die Klägerin unter »haftähnlichen Bedingungen« zu leben gezwungen war.[31]

---

[29] Ute Brucker-Boroujerdi und Wolfgang Wippermann, Gutachten über den Zwangscharakter des »Zigeunerlagers« Berlin-Marzahn in der NS-Zeit, o. D. (Senatsverwaltung für Inneres, Berlin); vgl. Anm. 3.

[30] Urteil Landessozialgericht Berlin vom 10. März 1989.

[31] »Haftähnliche Bedingungen im Sinne des § 43 Abs. 3 BEG sind zwar weniger als eine vollständige und nachhaltige Absonderung von der Umwelt, wie sie bei der Freiheitsentziehung im engeren Sinne vorgelegen haben muß (Beschränkung auf einen eng umgrenzten Raum, zum Beispiel Gefängnis, Lager, einzelnes Haus und so weiter. Es genügt auch der psychische Zwang dahin gehend, daß das Verlassen eines bestimmten Raumes unter eine so hohe Strafe gestellt ist, daß dagegen das Übel des Eingesperrtseins gering erscheinen muß, so Winkelmaier, BEG-Kommentar, 1973, § 43 Anm. 2). Andererseits macht nur eine eingreifende, also wesentliche und streng überwachte Beschränkung der räumlichen Bewegungsfreiheit ein Leben haftähnlich (BGH in RzW 1969, S. 262). Die Lebensbedingungen müssen denen eines Häftlings sehr nahe kommen (so Winkelmaier, BEG-Kommentar, Anm. 12). Wie der BGH betreffend das ›Zigeunerlager‹ am Continer Weg in Königsberg mit Urteil vom 23. Mai 1962 – IV ZR 26/62 – (RzW 1962 S. 404 f.) entschieden hat, ist ein Leben unter haftähnlichen Bedingungen anzunehmen, wenn der Verfolgte laufend erheblichen, behördlich streng überwachten Einschränkungen seiner Bewegungsfreiheit unterworfen war und unter den sonstigen sich ergebenden Bedingungen ein Leben

Die Verneinung der haftähnlichen Bedingungen, entschied das Gericht, gehe an den damaligen Realitäten verharmlosend vorbei, denn die ermittelten Tatsachen sprächen »eindeutig und unmißverständlich dagegen, daß es sich lediglich um einen ›Rastplatz‹ gehandelt« habe. Die Entscheidung beschäftigte sich auch noch einmal mit dem Urteil des Kammergerichts von 1971, das vom Entschädigungsamt immer noch angeführt wurde, und konstatierte, daß »jenes Urteil jegliche kritische Auseinandersetzung mit der ganz offensichtlich verharmlosenden Aussage« des ehemaligen Chefs der Dienststelle für Zigeunerfragen bei der Kripo-Leitstelle Berlin vermissen lasse, obgleich dieser, ebenso wie der andere als Zeuge vernommene Mitarbeiter dieser Dienststelle, alles Interesse daran haben mußte, die Zustände in Marzahn zu verschleiern. Während die Angaben der Verfolger schlicht als glaubhaft gewertet wurden, habe das Kammergericht 1971 den Opfern der Verfolgungsmaßnahmen angelastet, daß ihre Angaben in wesentlichen Punkten von Erinnerungsfehlern beeinflußt seien.

Endlich Gerechtigkeit, oder doch wenigstens Einsicht in später Stunde? Nur mit erheblicher Einschränkung wäre

---

führen mußte, daß dem eines Häftlings sehr nahe kam. Zu berücksichtigen war dabei für die in dem ›Zigeunerlager‹ lebenden Sinti und Roma, daß ein Abgeschlossensein gegenüber der Umgebung vorlag, daß den Lagerinsassen bestimmte Weisungen erteilt waren und daß sie unter einem außerordentlich starken psychologischen Druck standen, weil sie bei der geringsten Widersätzlichkeit damit rechnen mußten, in ein KZ gebracht zu werden. Alle diese Voraussetzungen sind nach Auffassung des erkennenden Senats auch im Falle des ›Zigeunerlagers‹ Berlin-Marzahn erfüllt. Die Klägerin war wie die übrigen Insassen im Lager Berlin-Marzahn nicht freiwillig in das Lager eingezogen noch ist sie dort freiwillig verblieben. Das Lager war ein von den NS-Gewalthabern errichtetes Zwangslager für ›Zigeuner‹, und die Lagerbewohner lebten dort unter haftähnlichen Bedingungen im Sinne des § 43 Abs. 3 BEG«. Ebenda.

die Feststellung richtig. Denn die Anerkennung des Aufenthalts im Zwangslager Marzahn als Verfolgung beschränkt sich auf den Senat von Berlin[32], das heißt, ehemalige Insassen beziehen nur Leistungen nach dem Berliner PrVG, wenn sie noch in Berlin ansässig sind. Bundesweit ist Marzahn im Gegensatz zu vergleichbaren Lagern nicht im Sinne des Bundesentschädigungsgesetzes als Haftstätte anerkannt.

Der Geschäftsführer der Cinti-Union Berlin, Markus Rosenberg, wandte sich deswegen im Juni 1990 an die Bundestagsabgeordneten Renate Schmidt (SPD) und Antje Vollmer (Die Grünen), um auf den Mißstand aufmerksam zu machen. Er schrieb, ein Aufenthalt außerhalb Berlins führe doch nicht dazu, »die rassistischen Willkürakte im Lager Marzahn ungeschehen zu machen oder die Folgeschäden aus der Inhaftierung in Marzahn aufzuheben. Insofern ist es nicht einzusehen, warum nur die heute in Berlin ansässigen ehemaligen Marzahn-Häftlinge entschädigt werden sollen.«[33] Die Logik der Argumente Rosenbergs blieb indessen folgenlos. Eine Anfrage der Abgeordneten Schmidt an die Bundesregierung, welche »Jugendschutzlager« des NS-Regimes und welche weiteren Konzentrationslager nicht in der 6. Verordnung zur Durchführung des Bundesentschädigungsgesetzes enthalten seien, beantworte-

---

[32] Mitteilungen des Präsidenten des Abgeordnetenhauses, Nr. 435, Drucksache 10/1658 vom 21. 7. 1987, S. 10, dort heißt es: »Die Sinti [sind] während ihres Aufenthalts im Lager Marzahn erheblichen nationalsozialistischen Willkürmaßnahmen (u. a. polizeiliche Erfassung, sogenannten rassehygienischen Untersuchungen) ausgesetzt gewesen [...] so daß es gerechtfertigt erschien, sie deswegen in den Kreis der Berechtigten nach dem PrVG einzubeziehen [...].«

[33] Briefwechsel Cinti-Union Berlin mit MdB Renate Schmidt 18. Juni – 23. Oktober 1990; ich danke Herrn Markus Rosenberg für die freundliche Überlassung der Korrespondenz.

te der Parlamentarische Staatssekretär beim Bundesminister der Finanzen am 17. Juli 1990 mit dem Hinweis auf das vom Internationalen Suchdienst Arolsen erstellte Verzeichnis der Konzentrationslager und ihrer Außenkommandos und der Vermutung, daß sämtliche Haftstätten mit KZ-Charakter dort aufgeführt seien; das Ministerium sei jedoch »jederzeit bereit [...] zu prüfen, ob eine bestimmte, namentlich bezeichnete Haftstätte in das erwähnte Verzeichnis aufzunehmen ist«[34].

Im Herbst 1990 war die Prüfung, ob Marzahn im Sinne des Bundesentschädigungsgesetzes anerkannt werden könne, abgeschlossen. Umfangreiche Dokumente waren nach Auskunft des Staatssekretärs vom 27. September 1990 beim Bundesminister der Finanzen gesammelt worden, es sei davon auszugehen, daß es sich »um einen 1936 von den Nationalsozialisten eingerichteten Sammelplatz für Angehörige der Volksgruppe der Sinti und Roma handelte«. Es folgten die bekannten Details, aus denen das Bundesministerium der Finanzen den Schluß zog, der Aufenthalt im Lager Marzahn könne nicht als Freiheitsentzug im Sinne des § 43 BEG angesehen werden.[35]

Otto Rosenberg, der Vorsitzende der Cinti-Union Berlin, der neunjährig im Juli 1936 nach Marzahn gebracht, der 1942 verhaftet und Ende April 1943 nach Auschwitz deportiert worden war, dessen weitere Leidensstationen die Konzentrationslager Buchenwald, Dora, Ellrich im Harz und Bergen-Belsen waren, sagte in einer Gedenkstunde im Juni 1990 auf dem Friedhof in Marzahn: »So froh wir waren, daß das Lager Marzahn schließlich 1987 vom

---

[34] Ebenda.
[35] Ebenda. MdB Schmidt ließ am 23. 10. 1990 die Stellungnahme der Cinti-Union mit der Bemerkung übermitteln, sie werde die Angelegenheit im Unterausschuß »Wiedergutmachung für NS-Unrecht« ansprechen.

Westberliner Senat als Zwangslager anerkannt wurde, so skandalös ist es, daß dies erst 42 Jahre nach Kriegsende erfolgte und daß dies bis heute nur für Berlin, nicht aber für das Bundesgebiet gilt! Heute leben noch etwa 35 ehemalige Insassen des Lagers Marzahn, die *keine* Leistungen nach dem Bundesentschädigungsgesetz erhalten haben. Nur etwa 20 von ihnen erhielten Leistungen nach dem Westberliner Gesetz für rassisch und politisch Verfolgte.«[36] Mit der Verweigerung von Entschädigung für die erlittene Verfolgung setzte sich die Ausgrenzung der Minderheit der Sinti und Roma in Deutschland systemübergreifend fort.

---

[36] Otto Rosenberg, Am Cinti-Stein. Rede des Vorsitzenden der Cinti-Union Berlin bei der Gedenkstunde am 10. Juni 1990, Privatdruck Cinti-Union Berlin.

8. Mythos und Vorurteil

Zum modernen Fremdbild des »Zigeuners«

Es sei ihnen bisher nicht gelungen, in die Gesellschaft hineinzuwachsen, heißt es in einem von Sozialarbeitern verfaßten Bericht über Roma aus Jugoslawien, die in Hamburg leben. Weil ihre Assimilation offenbar nicht möglich sei, wird ihre Ghettoisierung in einem Roma-Haus empfohlen, und das mit Argumenten, die so ziemlich alle Klischees enthalten, die überliefert und von »Zigeunerforschern« bekräftigt worden sind.[1]

Die Überlieferung besteht indes nur aus dem generationenlangen Transport von Vorurteilen, Ängsten, Abneigungen und Romantisierungen, die sich zu Feindbildern (und Operetten-Klischees) verfestigten, und die »Zigeunerforschung« hat sich weithin als Dilettantismus erwiesen, der zu Recht von den durch sie betroffenen Sinti und Roma mit äußerstem Mißtrauen betrachtet wird. Wenn Unberufene unter dem Vorwand, Kulturforschung zu treiben (von Schlimmerem, wie der »Rassenforschung« in der nationalsozialistischen Zeit, ganz zu schweigen), folkloristische und soziologische Informationen, Nachrichten über Sitte und Brauch, wie zufällig man auch Kenntnis von ihnen erlangt hat, zu einem Bild zusammenfügen, das unter dem Anspruch, das richtige zu sein, mit wissenschaftlicher Autorität verkündet wird, festigen sie, statt aufklärerisch zu wirken, eher tradierte negative Ein-

---

[1] Oliver Tolmein, »Zigeunerforschung« im Sozialarbeiter-Jargon, in: Jüdische Allgemeine, 11. 3. 93.

stellungen der Mehrheitsgesellschaft gegenüber der Minderheit.[2]

Die Suche nach Erkenntnisgewinn über Lebensweise, Kultur, Eigenart der Minderheit ist grundsätzlich zu trennen von der Erforschung der Vorurteilsstrukturen der Mehrheit. Das erste, was not tut, ist nicht »Zigeunerforschung«, sondern die Erforschung der Fremdbilder und Vorurteile über die Roma, damit Feindbilder abgebaut und ein Diskurs zwischen den Kulturen überhaupt erst in Gang kommen kann. Es ist daher hier nur von Bildern die Rede, die sich die Mehrheit von Sinti und Roma macht.[3] Am Beispiel der ethnischen Gruppen der Sinti und Roma können darüber hinaus durch Betrachtung alltäglicher Vorurteile, literarischer Mythen und der Tradition des öffentlichen Diskurses Funktion und Konsequenz von Feindbildern verdeutlicht werden. Denn die Einstellung der Mehrheit ist – anders als gegenüber Juden – in der Regel frei von Schuldkomplexen und Verdrängung, und in der Abwehrhaltung und Ausgrenzung gegenüber »Zigeunern« herrscht weitgehend (unreflektierter) Konsens.

In der Literatur sind, ebenso wie in der Wissenschaft und im Alltagsbewußtsein der Menschen, Stereotype und Klischees verbreitet, sind Fiktionen und Mythen erzeugt und gepflegt worden, die sich als verhängnisvoll erwiesen haben, die aber auch nach der Verfolgung und Ermordung hunderttausender Roma im Zeichen nationalsozialistischer Rassenpolitik nicht als Fiktionen erkannt und weiterhin hochwirksam sind. Im folgenden soll, ausgehend von lite-

---

[2] Vgl. Fritz Greußing, Die Kontinuität der NS-Zigeunerforschung, in: Sinti und Roma. Ein Volk auf dem Wege zu sich selbst, Stuttgart 1981 (Materialien zum Internationalen Kulturaustausch 17), S. 385–392.

[3] Vgl. Kirsten Martins-Heuß, Zur mythischen Figur des Zigeuners in der deutschen Zigeunerforschung, Frankfurt a. M. 1983.

rarischen Mustern, der Zusammenhang von Mythos und Diskriminierung bis zur mörderischen Konsequenz von Auschwitz umrissen werden. Ohne Anspruch auf Vollständigkeit und weit entfernt davon, die Stereotypengeschichte zum Zigeunerbild hier repräsentativ aufarbeiten zu können, ist beabsichtigt, anhand ausgewählter Beispiele den Zusammenhang von Tradition und Wirkung verhängnisvoller Fremdbilder einer Minderheit zu erläutern.

Im persischen Königsbuch Sha-Name, in dem der Dichter Firdausi die Geschichte des iranischen Reiches von seinen mythischen Anfängen bis zum Untergang nach der arabischen Eroberung im siebten Jahrhundert in Versen schildert, gibt es eine Beschreibung, wie Zigeuner von Indien nach Persien kamen. Das Epos, vor 1000 Jahren verfaßt und Bestandteil der Weltliteratur, ist eine frühe Quelle zum Topos vom ewigen Zigeuner, der mit göttlicher Faulheit, unbändigem Freiheitsdrang und großem Unterhaltungswert ausgestattet, aber eben deshalb auch unverbesserlich ist:

Der Schah schickte Kamelreiter an König Shangul
Mit der Botschaft: »Mein gütiger und hilfreicher Fürst,
Wähle zehntausend aus dem Stamm der Zigeuner,
Männer sowohl als Weiber, geschickt im Harfenspiel,
Und sende sie mir zu. Ich wünsche durch dies unverbesserliche Volk
Meine Ziele zu erreichen.«
Als nun der Brief
Bei Shangul eintraf, hob dieser stolz das Haupt
Bis über Saturns Planetenbahn, und so traf er die Wahl
Unter den Zigeunern, wie der Schah ihn gebeten hatte;
Welcher sie, als sie eintrafen, zu sich rief
und jedem von ihnen einen Ochsen und einen Esel
schenkte.

Nämlich er hatte vor, die Zigeuner zu Bauern
zu machen.
Durch seine Beamten ließ er ihnen tausend
Eselfrachten
Von Weizen aushändigen, auf daß jene Ochs und Esel
Für die Arbeit brauchen sollten und den Weizen
zur Aussaat,
Um Frucht zu ziehen. Daneben sollten sie die Armen
Mit Musik unterhalten, und zwar unentgeltlich.

Die Zigeuner gingen und verzehrten den Weizen,
samt den Ochsen,
Und als ein Jahr um war, kamen sie hohlwangig
zu ihm.
Der Schah sprach: »War es nicht euer Auftrag,
zu pflügen,
Zu säen und das Korn zu schneiden? Eure Esel freilich
Habt ihr noch; so sattelt sie, stimmt die Harfen
Und flunkert euch mit seidigen Saiten weiterhin
Durch die Welt.«
Und also leben die Zigeuner
Nach Bahráms weisem Spruch noch heute von
ihrem Witz:
Begleitet von Hund und Wolf durchstreifen sie
Ohne Ende die Länder der Erde.[4]

Das Volk der Roma hat in der Vorstellungswelt der Gadsche, der Nichtzigeuner, einen Platz, der von bestimmten
Bildern geprägt ist, die romantische Verklärung ebenso wie
Abscheu und Verachtung enthalten. Im neunzehnten Jahrhundert, dem Säkulum der Sammler von Märchen und

---

[4] Zit. nach: Adalbert Keil (Hrsg.), Zigeuner-Geschichten, München 1964,
S. 9.

literarischer Folklore, entstanden Anthologien von Zigeunerpoesie, in denen Sitte und Brauchtum, Tradition und Erlebniswelt der Zigeuner (so gut die Zigeunerforscher sie eben verstanden und so, wie sie sie verstehen wollten) überliefert wurden.

In populären Zeitschriften wie dem weit verbreiteten Magazin ›Über Land und Meer‹ finden sich auch bildliche Darstellungen, zum Beispiel 1872 das Porträt eines ungarischen »Zigeunerhäuptlings« im Sommer 1871 in Kufstein während der Rast »mit seinem Weibe« auf der Wanderung nach Italien, einfühlsam kommentiert: »Ein solcher Zigeunerhauptmann, wie er durch Gyoergy auf unserem Bild in seiner ganzen bettelhaften Majestät repräsentiert wird, ist unter seinen Genossen ein Mann von Macht und Ansehen. Er spricht Urteil und Recht in seinem kleinen Staat, und man gehorcht diesem Fürsten aufs Wort, der nebenher auch auf den Bettel geht und sich unbeschadet seiner Würde mit dem Ausflicken von Kesseln und Pfannen beschäftigt. Das weiß unser Hauptmann auch recht wohl und trägt deshalb die schwere, über seinem Pelzrock herabhängende Silberkette und den mit einem dicken Silberknopf geschmückten Stock als Abzeichen seines herzoglichen Rangs mit großem Selbstgefühl und einer gewissen Ostentation zur Schau. – Freue dich deiner Würde, Kerpages Gyoergy, und denke mit uns: Es muß auch solche Käuze geben!«[5] Die Beschreibung dient, in der Diktion ironischer Annäherung und herablassenden Verständnisses, der Aufrechterhaltung von Distanz zum porträtierten Vertreter einer Minderheit, der als armseliger Usurpator einer Rolle gezeichnet ist, womit die Minderheit in toto charakterisiert wird.

---

[5] Zit. nach: Zehn in der Nacht sind neun. Geschichte und Geschichten der Zigeuner. Aufgeschrieben, bearbeitet und herausgegeben von Joachim S. Hohmann, Darmstadt 1982, S. 192 f.

Einer der bekanntesten Sammler von Zigeunerfolklore im 19. Jahrhundert, Heinrich von Wlislocki, der sich im Geiste der Spätromantik als Sprach- und Märchenforscher betätigte, näherte sich seinem Gegenstand in der Attitüde des Naturwissenschaftlers, der ein Herbarium oder eine Kollektion seltener Schmetterlinge zusammenstellt. Seine Beschreibung der Charakter- und sonstigen Eigenschaften der Roma erinnert an die Darstellungen in den frühen Ausgaben von ›Brehms Tierleben‹, in denen auch Andersartiges und Exotisches mit einer Lust, in die sich Abscheu mischt, behandelt wird: »Die Pfeife mit übelriechendem Tabak gefüllt, in sonderbarem Aufzuge, mit allerhand den Zigeunern eigentümlichen, höchst fatalen Angewohnheiten behaftet, nicht ohne Gottesfurcht, gewißlich aber voll großer Menschenfurcht, die Rücken servil gekrümmt, man könnte beinahe sagen: auferzogen in devoten Manieren, die den anderen Völkern als unwürdig erscheinen, so sind die Wander-Zigeuner Siebenbürgens; die Ansässigen sind wo möglich noch schlimmer, sie sind entschieden unkirchlicher gesinnt als ihre Stammgenossen, es sind auch manche internationale Gesellen darunter und sozialdemokratisch angehauchte vaterlandslose Existenzen, die von dem Kosmopolitismus das Schlimme, aber weniger das Gute, sich angeeignet haben. Ihre moralischen Eigenschaften zeigen eine sonderbare Mischung von Eitelkeit und Gemeinheit, Ziererei, Ernst und wirklicher Leichtfertigkeit, fast einen gänzlichen Mangel männlichen Urtheils und Verstandes, welcher mit harmloser List und Verschlagenheit, den gewöhnlichen Beigaben gemeiner Unwissenheit, begleitet ist; dabei zeigen sie noch eine entwürdigende Kriecherei in Thun und Wesen, darauf berechnet, Andere durch List zu übervorteilen; sie haben nicht die geringste Rücksicht auf Wahrheit und behaupten oder lügen mit einer nie erröten den Frechheit, da ihnen die Scham gänzlich mangelt. Der

Schmerz der Prügel ist ihre einzige Berücksichtigung. In ihren Gefühlen sind sie sinnlich grausam, weniger rachsüchtig. So sind die transsilvanischen Zigeuner.«[6] Die Darstellung enthält einen ganzen Katalog abwertender Charakteristika und spiegelt die verbreitete vernichtende Einschätzung der Minderheit in apodiktischer Zuspitzung.

Die Romantisierung, die Darstellung des Zigeunerlebens als exotische Idylle, setzt sich auch im zwanzigsten Jahrhundert fort. In den dreißiger Jahren war, aus der Feder eines Bernhard Wilhelm Neureiter, unter dem Titel ›Zigeuner – ein Volk ohne Heimat und Ziel‹ folgendes zu lesen: »Irgendwo am Waldrand steigt dünner Rauch zum Spätnachmittaghimmel, stampfen hungrige Pferde, bellt ein Hund, schwatzen Stimmen durcheinander, wandeln dunkle Gestalten um Zelt oder Wagen. Das nahe, feierabendstille Dorf erlebt einen Überfall; halbnackte Kinder betteln die Häuserzeile entlang; Männer und Weiber tun es ihnen auf dem Umweg über Kupferkessel und Regenschirme, Lebenselixier und Zukunftsdeutungen gleich. Die Aufregung währt etwa 24 Stunden, dann wird die Gesellschaft abgeschoben, falls sie es nicht vorzieht, freiwillig zu verschwinden. Mit ihr gehen nicht selten Dinge, die keinesfalls zur Ausfuhr bestimmt waren; der Cigany hat sie einfach mitgenommen.«[7]

In der Wahrnehmung der Mehrheit gehört zum Zigeunerleben die Konnotation triebhaft ausgelebter Sexualität. Als Opernstoff oder im Ölbild als trivialem Träger des Klischees der lockenden spanischen Romni ist die Metapher allgegenwärtig. Wolf Wondratschek bemüht in seinem pathetischen Carmen-Gedicht[8] die andalusische Zigeunerin

---

[6] Ebenda, S. 22.
[7] Ebenda, S. 24 f.
[8] Wolf Wondratschek, Carmen oder bin ich das Arschloch der achtziger Jahre, Zürich 1986.

als Metapher für das Weiblich-Animalische: Carmen ist die begehrenswerte, unzügelbare, rätselhafte, von Trieben gesteuerte Frau, die Verkörperung der Ursehnsucht des Mannes, der ihren »begehrenswert schlechten Charakter« liebt, nicht von ihr loskommt, sie in allen Frauen sieht, aber nie mehr findet. Sie selbst hat nur einmal geliebt, einen Unbekannten, Objekt des Neides aller, denen sie sich hingibt und die sie verläßt: »[...] Der Stolz der Zigeunerinnen, unverwundbar zu sein, war zerbrochen. Die Nächte verbrachte sie aus Furcht, sie könne einmal im Traum darüber zu reden beginnen, allein.«[9] In der Carmen-Figur ist das Bild der Zigeunerin nur noch soweit negativ besetzt, als es das Gegenbild bürgerlich-weiblicher Tugenden zeigt und in traditioneller Umkehrung bürgerlicher Moral die soziale Außenseiterin – wie die Hexe oder Hure – als Objekt unterbewußter oder tabuisierter Wünsche spiegelt.

In der Mythisierung sind trotz signifikanter Unterschiede Parallelen zum Judenbild der Mehrheitsgesellschaft, wie es in Literatur, Kunst, öffentlichem Diskurs tradiert ist, zu erkennen. Wurde der Jude im negativen Sinn als Händler und Schieber, als Fremder und mit unerwünschten Eigenschaften und Merkmalen Ausgestatteter wahrgenommen, so gehören das Bild der schönen Jüdin, das Stereotyp vom reichen Juden, die Vorstellung besonders ausgeprägten Intellekts und künstlerischer Eigenschaften in der jüdischen Minderheit zur Wahrnehmung der Mehrheit, und so enthält auch das Zigeunerbild begehrenswerte, Neid stimulierende Elemente. Sympathie wird dadurch freilich kaum gestiftet.

Aber anders als den Juden wird den Sinti und Roma die Emanzipation immer noch verweigert, ihre Assimilation wird nie propagiert, allenfalls deklamiert: Die uralte Forde-

---

[9] Ebenda, S. 11.

rung nach Herstellung von Seßhaftigkeit und Eingliederung in die sozialen Zusammenhänge der Mehrheit geht traditionell mit der Verweigerung entsprechender äußerer Voraussetzungen (etwa auf dem Wohnungsmarkt) einher. Auch die gelegentlichen Manifestationen von Philoziganismus, die sich in der Literatur finden, lassen keinen Zweifel an der dauerhaften Konsistenz der sozialen Außenseiterposition. Im Gegensatz zu philosemitischen Bestrebungen und Bekenntnissen haben zigeunerfreundliche Äußerungen kaum je emanzipatorische Absicht. In der Darstellung und »Erklärung« des Exotischen bleibt die Ausgrenzung der Exoten bestehen, sie dient im literarischen Zusammenhang der Demonstration von Kompetenz und Sensibilität und beschränkt sich auf die Ausnahme, den »guten Zigeuner«.

Das läßt sich an einem weiteren Beispiel exemplifizieren. Als Held eines Jugendbuches der siebziger Jahre reitet, mit der Funktion des guten Menschen ausgestattet, »Arpad der Zigeuner« zur Zeit der Türkenkriege durch die Puszta, steht als Feind der Österreicher auf der Seite der unterdrückten ungarischen Bauern, erfüllt wie Winnetou das Bild vom edlen Wilden, bei dem sich Draufgängertum, List und Einsatz für das Gute, für Schwache und Rechtlose, zum guten Menschen schlechthin zusammenfügen. Gipfelnd in der Umkehrung der Feindbilder schließlich die Szene, in der Arpad und seine Frau Rilana einer Horde armseliger Flüchtlinge das Bleiberecht in einem Städtchen durch Geld erkaufen. Die Szene wird zur Parabel über Vorurteile, als der edle Zigeuner dem Bürgermeister für die elf Bettler das Geld auf den Tisch zählt, als ihr Wortführer Rilana die Hände küssen will und ihr dankt mit den Worten:

»Jetzt wird man uns wieder als Menschen behandeln, Herrin, vorher waren wir Zigeuner.«
»Zigeuner sind keine Menschen?«

»Schmutzig und ehrlos sind sie, Herrin. Heiden und
Gotteslästerer. Sie stehlen Kinder, man sagt auch,
daß sie Menschen fressen.«
»Davon hab' ich niemals gehört.«
»Ihr nicht, Herrin, an hochgestellte Personen kommen
sie nicht heran. Aber wir gewöhnlichen Leute haben
oft unsere Not mit diesem Gesindel. Als ich noch
meinen Hof hatte, kam einmal eine Zigeunerin [...]«
Rilana erhebt sich – nicht hastig, nicht erregt. Laut
sagt sie: »Zigeuner Arpad, ich brauche frische Luft.
Komm, laß uns in die Pußta reiten.«
Sie springt auf ihr Pferd, und ohne den tiefbeschämten
Weißbart noch einmal anzusehen, reitet sie ins Freie.[10]

Auch die Schriftsteller, die sich nach Auschwitz mit beson-
derer Sensibilität und Sympathie des Themas annehmen,
kommen anscheinend ohne die gängigen Klischees nicht
aus. Den vielleicht spektakulärsten Fall neuerer literarischer Verarbeitung des Zigeuner-Mythos bildete der Tatort-Krimi ›Armer Nanosh‹, den der Norddeutsche Rund-
funk in prominenter Besetzung Millionen Zuschauern bot.
Das Drehbuch wurde anschließend, 1989, auch noch als
Roman veröffentlicht (Asta Scheib und Martin Walser sind
die Autoren), und alle Verantwortlichen waren verwun-
dert, daß der Zentralrat der Sinti und Roma gegen die
mediale Darbietung protestierte.[11]
   Sie hatten ja weder diskriminierende noch diffamierende
Absichten gehabt, als sie die Geschichte der unglücklichen
Liebe des Kaufmanns Valentin Sander alias Nanosh Stein-

---

[10] Thomas Münster, Arpad der Zigeuner. Die Abenteuer eines pfiffigen
Draufgängers, Freiburg 1973, S. 146 f.
[11] Asta Scheib und Martin Walser, Armer Nanosh. Kriminalroman, Frankfurt a. M. 1989.

berger zur attraktiven jungen Malerin Ragna Juhl in Szene setzten. Ja, es scheint, daß die Autoren sogar absichtlich die ermordete Künstlerin ins zigeunerische Klischee – sinnlich und zügellos, wild und unangepaßt – preßten. Aber es lief dann doch auf die Darstellung des unglücklichen, vom reichen Hamburger Bürger adoptierten, vor der Deportation nach Auschwitz geretteten Zigeunerjungen hinaus, der ebenso verzweifelt wie vergeblich versucht, »alles Zigeunerische in sich zu verdrängen«. Offenbar aus konstitutionellen Gründen ist ihm jedoch trotz aller Anstrengung die bürgerliche Existenz verwehrt. Zwar wird er im Gegensatz zu seiner Geliebten als Bürgerlicher gezeichnet, aber in allen schwierigen Situationen sucht er Schutz bei den Zigeunern im Wohnwagen vor den Toren der Stadt: Es liegt also an »den Zigeunern«, den Fremden, den anderen, nicht an der Mehrheitsgesellschaft oder an den falschen Bildern, die sie sich von der Minderheit macht, wenn Integration nicht möglich ist. Dieses traditionelle Bild vom Zusammenleben – also in Wirklichkeit von der Unvereinbarkeit des Zusammenlebens – von Roma und anderen wird trotz aller Empathie in den Versuchen literarischer Annäherung vermittelt, so auch im Tatort-Krimi ›Armer Nanosh‹.

Ein anderes Beispiel aus der schönen Literatur: Wolfdietrich Schnurre berichtet in der autobiographischen Geschichte ›Jenö war mein Freund‹ von der Begegnung als Neunjähriger mit dem um ein Jahr jüngeren Sinto, der ihn wegen selbstsicheren Auftretens und ungewöhnlicher Umgangsformen fasziniert. Er darf ihn mit nach Hause bringen, »obwohl Jenö wie ein Wiedehopf roch und sich auch sonst ziemlich seltsam benahm«. Das und noch viel mehr wird toleriert: »Als Jenö weg war, fehlte das Barometer über dem Schreibtisch.« Jenö bringt beim nächsten Besuch aber Gegengeschenke, und die Idylle entwickelt sich. Der Bericht darüber enthält von der unvermeidlichen Igeljagd bis zur stetig reduzierten elektrischen Eisenbahn so ziemlich alle Stereotype über den zigeunerischen Charakter: Als Jenö die Reste der Eisenbahn geschenkt kriegen soll, interessiert sie ihn nicht mehr: »Er war da komisch in dieser Beziehung.« Denn Geschenktes verschmähte er, nur Gestohlenes war ihm lieb. Die Sprache Jenös wird mit Rotwelsch verwechselt, und Jenös Großmutter erscheint als Inkarnation der eindrucksvollen Zigeunerhexe: »Sie war unglaublich verwahrlost, das stimmt. Aber sie strahlte soviel Würde aus, daß man ganz andächtig wurde in ihrer Nähe. Sie sprach kaum; meist rauchte sie nur schmatzend ihre Stummelpfeife und bewegte zum Takt eines der Lieder, die von den Lagerfeuern erklangen, die Zehen.«[12]

Die Geschichte wurde erstmals 1970 als schlichte autobiographische Skizze veröffentlicht. 1988 publizierte Wolfdietrich Schnurre seine ›Zigeunerballade‹, laut Klappentext ein auf die Freundschaft mit einem Zigeunerjungen zurückgehendes »Buch ohne Beschönigung, aber voller Toleranz und kenntnisreicher Nächstenliebe, die eine unsentimentale Wehmut nicht ausschließt.«[13]

Dem kritischen Leser enthüllt sich allerdings bei der Lektüre der ›Zigeunerballade‹ die ganze Palette antiziganistischer Vorurteile, verbrämt als folkloristisch-liebevolle Beschreibung im literarischen Gewand. Da heißt es über die zehnjährige Lisajka, die zum Hausbettel geschickt wird: »Lisajka hat den findenden Blick. Sie braucht nur eine Küche zu betreten, schon weiß sie, wo das Postsparbuch liegt mit den drei Zwanzigmarkscheinen drin. Ihre Spezialität ist das Eisschrankausräumen. Lisajka nimmt nur, was nicht tropft, denn sie muß es unter ihren Röcken verber-

---

[12] Wolfdietrich Schnurre, Als Vaters Bart noch rot war. Ein Roman in Geschichten, Frankfurt a. M. 1988, S. 194.
[13] Ders., Zigeunerballade, Berlin 1988.

gen. Lisajka borgt sich zur Arbeit von Romeika die Kleinste. Sie heißt Elizinka, was soviel oder so wenig wie Liesl bedeutet. Wenn sie eine Bauernstube betritt, trägt Lisajka Elizinka eng an sich gepreßt. Ist jemand da, wirkt das mitleiderregend; ist niemand da, um so besser. Dann wird Elizinka mit einem Stück hartgefrorenem Käse in die Ecke gesetzt, und Lisajka läßt ihren Jagdhundblick frei. Elizinka ist in mehrere Lappen gewickelt. Unten sind in den Lappen zwei Löcher, aus denen Elizinka blitzschnell ihre Beine herausstrecken kann. Das ist für den Notfall. Denn manchmal muß man auch rennen.«[14] Die denunziatorischen Klischees wirken fort im Sprachgebrauch, wenn vom »aggressiven Betteln« die Rede ist und von der Rolle der Zigeunerkinder dabei.

Der Rechtsprecher Ruben wird als imponierender Mann gezeigt: »Es ist nicht gut, sich mit ihm anzulegen, denn Ruben hat die Gabe, seinen Flüchen Vollzugsgewalt angedeihen zu lassen. Ein Gericht der Gadsche hat ihm auferlegt, seine Verfluchungen einzustellen. Noch am selben Tag ist der ermittelnde Staatsanwalt von einem Schlaganfall heimgesucht worden.«[15] Damit sind atavistische Ängste stimuliert, die mit den vermuteten übersinnlichen Eigenschaften des Konstrukts »Zigeuner« Bestandteil des gefährlichen Fremdbildes sind.

Über Tätigkeit und Lebensunterhalt erfahren wir von Wolfdietrich Schnurre folgendes: »Die Älteren sind noch im Pferdehandel tätig gewesen. Heute handeln die Sinte mit Möbeln, Autos und Schrott. ›Der Pferdehandel‹, sagt Papo Mihailo, ›ist ehrenwerter gewesen. Denn immer war da der Fachmann gefordert. Wenn der Gadscho uns manchmal auch Roßtäuscher schalt. Capité; immerhin haben wir

---

[14] Ebenda, S. 36.
[15] Ebenda, S. 18.

noch ein altes in ein junges Pferd zu verwandeln vermocht.‹
[...] ›Wobei man bedenken muß‹, sagt Papo Mihailo, ›wie
wir aber an so einem Tier auch gearbeitet haben: Erst mal,
damit das Alter nicht ablesbar ist, die flach gekauten Zäh-
ne schartig gebrannt. Dann Stechapfelsaft in die Lefzen
geträufelt. Was auch das dämpfigste Pferd fürs erste wieder
durchatmen läßt. Nun Pfeffer ins Futter, auf daß es sich
prall säuft, das Tier. Und jetzt noch mit Schuh-Creme
Glanzlichter gesetzt auf das räudige Fell. Den du jedoch
mit Pferde-Urin anrühren mußt. Denn nach Salmiak darf
das Pferd riechen, nach Schuhwichse nicht.‹«[16] Das schein-
bare Verständnis für die Nichtgeltung der moralischen
Werte der Mehrheitsgesellschaft ist in Wirklichkeit Ausgrenzung, weil es vorhandene Feindbilder bestätigt und
tradieren hilft.

Und folgerichtig ist über Charaktereigentümlichkeiten
der Sinti bei Wolfdietrich Schnurre aus dem Mund der
Sintizza Baba Tamara folgendes zu lernen: »Jeder unserer
Männer, Stamlo ausgenommen, ist fähig, den klügsten
Gadscho zu übervorteilen. Nur, wozu muß man das erst
beweisen? Wir wissen es. Wir bewundern unsere Männer
dafür. Aber wir drängen sie nicht, es in die Tat umzusetzen.
Unsere Männer lieben es nicht, unnötige Dinge zu tun, sie
sind zurückhaltend. Ihre Wirkung auf uns beruht nicht
zuletzt darauf, mit welcher Selbstverständlichkeit sie uns
in Alltagsdingen den Vortritt lassen. Das ist eheliches Vertrauen.«[17]

Geläufige Stereotype werden, durchaus in freundlicher
Absicht, aneinandergereiht, bis das Zigeunervolk mit bal-
ladesken Mitteln in traditioneller Weise fixiert ist. In ›Jenö
war mein Freund‹ nähert sich der Dichter zwar schließlich

---

[16] Ebenda, S. 23.
[17] Ebenda, S. 38.

der Realität, deutet sie an in einer Szene, die von der Chronologie her nicht stimmen kann, die eigentümlich abgehoben bleibt, in der aber immerhin die Verfolgung durch das nationalsozialistische Regime im Abschied thematisiert ist: »Und dann haben sie sie eines Tages *doch* abgeholt; die ganze Bande; auch Jenö war dabei. Als ich früh hinkam, hatten SA und SS das Lager schon umstellt, und alles war abgesperrt, und sie scheuchten mich weg. Jenös Leute standen dicht zusammengedrängt auf einem Lastwagen. Es war nicht herauszubekommen, was man ihnen erzählt hatte, denn sie lachten und schwatzten, und als Jenö mich sah, steckte er zwei Finger in den Mund und pfiff und winkte rüber zu mir.«[18]

»Lachend und schwatzend« werden »die Zigeuner« also abtransportiert. Noch im Auftakt zur Vernichtung sind die Roma als kindhaftes Völkchen gezeichnet, das nicht recht begreift, was ihm geschieht. Die Metaphern vom kindlich unbeschwerten Naturvolk, von den dem Augenblick hingegebenen Naiven, die in einer Gegenwelt zum Fortschritt und zur Zivilisation glücklich leben, finden wir auch bei Hermann Hesse in ›Narziß und Goldmund‹: »Keinem Menschen gehorsam, abhängig nur von Wetter und Jahreszeit, kein Ziel vor sich, kein Dach über sich, nichts besitzend und allen Zufällen offen, führen die Heimatlosen ihr kindliches und tapferes, ihr ärmliches und starkes Leben. Sie sind die Söhne Adams, des aus dem Paradies Vertriebenen, und sind die Brüder der Tiere, der unschuldigen. Aus der Hand des Himmels nehmen sie Stunde um Stunde, was ihnen gegeben wird: Sonne, Regen, Nebel, Schnee, Wärme und Kälte, Wohlsein und Not, es gibt für sie keine Zeit, keine Geschichte, kein Streben und nicht jenen seltsamen

---

[18] Ders., Jenö war mein Freund, in: Als Vaters Bart noch rot war, S. 196.

Götzen der Entwicklung und des Fortschritts, an den die Hausbesitzer so verzweifelt glauben. Ein Vagabund kann zart oder roh sein, kunstfertig oder tölpisch, tapfer oder ängstlich, immer aber ist er im Herzen ein Kind, immer lebt er am ersten Tage, vor Anfang aller Weltgeschichte, immer wird sein Leben von wenigen einfachen Trieben und Nöten geleitet. Er kann klug sein oder dumm; er kann tief wissend sein, wie gebrechlich und vergänglich alles Leben ist und wie arm und angstvoll alles Lebendige sein bißchen warmes Blut durch das Eis der Welträume trägt, oder er kann bloß kindisch und gierig den Befehlen seines armen Magens folgen – immer ist er der Gegenspieler und Todfeind des Besitzenden und Seßhaften, der ihn haßt, verachtet und fürchtet, denn er will nicht an all das erinnert werden: nicht an die Flüchtigkeit alles Seins, an das beständige Hinwelken alles Lebens, an den unerbittlichen eisigen Tod, der rund um uns das Weltall erfüllt.«[19]

Die Bilder, durchaus nicht in pejorativer Absicht, vielmehr in romantischer Verklärung entworfen, sind als Stereotype geläufig und als Bestandteil bürgerlicher Vorstellungswelt ebenso sympathisch und beunruhigend wie die Imagination des edlen Wilden, der als Objekt der Zuwendung mit dem Ziel seiner Besserung zur Tradition philanthropischer Wahrnehmung des Fremden gehört. »Zigeuner« als »Wilde« sind damit literarisch als Angehörige einer natürlichen und kindlichen, besitzfernen und entwicklungsverweigernden Gegenwelt verortet. Gleichzeitig ist den »Zigeunern« aber damit auch der Ausbruch aus solcher Vorstellungswelt – gesellschaftliche Emanzipation und damit selbstverständlicher Genuß bürgerlicher Rechte – verwehrt. Der Irrtum, mit der Geschichte des kleinen Jenö, der dem

---

[19] Hermann Hesse, Narziß und Goldmund, Frankfurt a. M. 1950 (zit. nach: Keil, Zigeuner-Geschichten, S. 16 f.).

nationalsozialistischen Rassenwahn zum Opfer fiel, Aufklärung über und Verständnis für die Minderheit der Sinti und Roma befördern zu können, wird in den Schulen seit langem begangen. Die Empathie für Jenö wird tatsächlich durch die Zementierung der Klischees über »Zigeuner« erkauft.

Die folgenden Sätze, ohne literarische Ambition verfaßt, enthalten die gleichen Muster, reihen Klischees aneinander, durch die Realitäten zu Fiktionen werden. Es ist der Lebensbericht des Kommandanten von Auschwitz, Rudolf Höß, der die freundlichen Passagen über die netten und zutraulichen Zigeuner enthält, die seiner Meinung nach nicht recht begriffen haben, was mit ihnen in Auschwitz geschah: »Denn in ihrer ganzen Art waren sie eigentlich zutraulich wie Kinder. Trotz der widrigen Verhältnisse hat das Gros der Zigeuner, so viel ich beobachten konnte, psychisch nicht besonders unter der Haft gelitten, wenn man von dem nun gefesselten Wandertrieb absieht. Die Enge der Unterbringung, die schlechten hygienischen Verhältnisse, z. T. auch die mangelhafte Ernährung waren sie in ihrem primitiven bisher geführten Leben gewöhnt. Auch Krankheit und die hohe Sterblichkeit nahmen sie nicht so tragisch. Sie waren eben ihrem ganzen Wesen nach Kinder geblieben, sprunghaft in ihrem Denken und Handeln. Sie spielten gerne, auch bei der Arbeit, die sie nie ganz ernst nahmen. Sie vermochten auch dem Schwersten die leichte Seite abzugewinnen. Sie waren Optimisten. Ich habe bei den Zigeunern nie finstere, haßerfüllte Blicke beobachtet. Kam man ins Lager, so kamen sie sofort aus ihren Barakken, spielten ihre Instrumente, ließen die Kinder tanzen, machten ihre üblichen Kunststückchen. Es gab einen großen Kindergarten, wo die Kinder nach Herzenslust rumtollen konnten mit Spielzeug aller Art. Sprach man sie an, so antworteten sie unbeschwert und zutraulich, kamen mit allerlei Wünschen. Mir kam es immer so vor, als wenn ihnen die Haft gar nicht so recht zum Bewußtsein gekommen wäre.«[20] Möglicherweise kommt in diesem Text des Kommandanten von Auschwitz der Anspruch des Mörders, auch von seinen Opfern geliebt zu werden, und gleichzeitig die selbstbeschwichtigende Vermutung, in Auschwitz nur eine »Pflicht getan« zu haben, zum Ausdruck. In der Charakterisierung durch Rudolf Höß werden die zur Vernichtung ins KZ deportierten »Zigeuner« jedenfalls in Anspruch genommen als weniger leidensfähige (und deshalb im Sinne der NS-Rassenideologie minderwertige) Opfer, als naturhafte Geschöpfe, denen das ihnen Angetane kaum ins Bewußtsein drang. Diese Unterstellung diente sicherlich der Rechtfertigung des Völkermords, demonstriert aber zugleich Denkfiguren, die die Vernichtung erst möglich gemacht haben. Eben diese Denkfiguren sind aber nach Auschwitz, wie die literarischen Beispiele zeigen, noch am Leben. Sie gehören auch zum modernen Fremdbild des Zigeuners.

Die Diskriminierung der Sinti und Roma hatte vor der physischen Vernichtung ihre Tradition der ausgelebten Vorurteile.[21] Die Behörden waren lange vor der Machtübernahme der Nationalsozialisten darin einig, daß es eine Zigeunerplage gebe.[22] Die Schikanen gegen Sinti und Roma

---

[20] Kommandant in Auschwitz. Autobiographische Aufzeichnungen von Rudolf Höß. Eingeleitet und kommentiert von Martin Broszat, Stuttgart 1958, S. 106.

[21] Vgl. Rainer Hehemann, ». . . jederzeit gottlose böse Leute« – Sinti und Roma zwischen Duldung und Vernichtung, in: Klaus J. Bade (Hrsg.), Deutsche im Ausland – Fremde in Deutschland. Migration in Geschichte und Gegenwart, München 1962, S. 271–277; Ernst Schubert, Die verbotene Existenz der Zigeuner, in: Rainer Erb (Hrsg.), Die Legende vom Ritualmord. Zur Geschichte der Blutbeschuldigung gegen Juden, Berlin 1993, S. 181–202.

[22] Vgl. Wolfgang Günther, Zur preußischen Zigeunerpolitik seit 1871. Eine Untersuchung am Beispiel des Landkreises Neustadt am Rübenberge und der Hauptstadt Hannover, Hannover 1985.

in Deutschland wurden nach 1933 zunächst in gewohnter Weise fortgesetzt: überhöhte Mieten und schlechte Ausstattung von Lagerplätzen (und Wohnungen), Polizeirazzien, plötzliche Auflösung der Plätze und Ausweisung aus dem Stadtgebiet, Restriktionen bei der Ausstellung von Wandergewerbebescheinigungen. Allmählich entwickelte sich dann unter dem Einfluß der NSDAP eine Tendenz zur Ghettoisierung, viele große Städte richteten lagerartige Plätze ein, die teilweise bewacht und mit Stacheldraht umzäunt, die immer elend gelegen waren, oft gar an tabuisierten Orten wie in der Nähe von Friedhöfen oder bei Kläranlagen.[23]

In der Folge der Zentralisierung der Polizei und mit der Durchsetzung der Rassenpolitik im gefestigten NS-Regime verschlechterte sich die Lage der Sinti und Roma auch in rechtlicher Hinsicht. 1938 wurde im Reichskriminalpolizeiamt die »Reichszentrale zur Bekämpfung des Zigeunerunwesens« gebildet. Das Instrumentarium der Verfolgung wurde rasch ausgebaut.[24]

Auch der wissenschaftliche Nachwuchs war an der Ausgrenzung der Roma aus der Gesellschaft beteiligt. Dafür steht das folgende Beispiel. Eine medizinische Dissertation, vorgelegt in Gießen im Jahre 1937 und betitelt ›Studien an zwei asozialen Zigeuner-Mischlingssippen‹, charakterisiert einen »lumpenproletarischen Halb-Zigeuner« mit so ziemlich allen negativen Attributen, die im NS-Staat verfügbar waren: »Vagabund und Hausierer. Ehemaliger Fürsorge-

---

[23] Vgl. Michael Zimmermann, Von der Diskriminierung zum »Familienlager« Auschwitz. Die nationalsozialistische Zigeunerverfolgung, in: Dachauer Hefte 5 (1989), S. 87–114; Donald Kenrick und Grattan Puxon, Sinti und Roma – die Vernichtung eines Volkes im NS-Staat, Göttingen 1981.
[24] Eindrucksvolle Dokumente dazu in: Romani Rose (Hrsg.), Der nationalsozialistische Völkermord an den Sinti und Roma, Heidelberg 1995.

zögling. Geistig beschränkt. Kommunistischer Hetzer, arbeitsscheu, unsauber. Heiratete als Zwanzigjähriger eine Witwe und hat bis heute mit ihr fünf Kinder.«[25]

Aber auch schon lange vor dem Erlaß, in dem der Reichsführer SS die »Bekämpfung der Zigeunerplage« auf rassischer Grundlage ankündigte, wurden Sinti und Roma verfolgt und – ab Frühjahr 1938 – in »Schutzhaft« in Konzentrationslager eingewiesen. Als Vorwand wurde der traditionelle Vorwurf, sie seien »asozial«, angeführt; als Indiz dafür galt, keine »geregelte Arbeit« nachweisen zu können. »Schutzhaft«, das heißt Freiheitsentzug im KZ ohne Rechtsverfahren und ohne zeitliche Begrenzung, war das gegen Minderheiten, Kritiker und Regimegegner meist angewandte Mittel im NS-Staat. Gegenüber den Sinti und Roma plädierten viele aber schon frühzeitig für noch drastischere Maßnahmen. So schrieb im August 1938 ein österreichischer Nationalsozialist, der damalige Landeshauptmann des Burgenlandes Tobias Portschy, in einer Denkschrift zur »Zigeunerfrage«: »Aus volksgesundheitlichen Gründen und weil die Zigeuner nachgewiesenermaßen erblich belastet und ein Volk von ausgesprochenen Gewohnheitsverbrechern sind, die als Schmarotzer in unserem Volkskörper nur ungeheuren Schaden anrichten, muß man vorerst an die Verhinderung ihrer Vermehrung herangehen und die Lebenden im Rahmen eines Arbeitslagers einer gestrengen Arbeitspflicht unterwerfen.«[26]

---

[25] Otto Finger, Studien an zwei asozialen Zigeuner-Mischlingssippen, Med. Diss. Gießen 1937, S. 24.

[26] Dokumentationsarchiv des österreichischen Widerstandes, zit. nach Tilman Zülch (Hrsg.), In Auschwitz vergast, bis heute verfolgt. Zur Situation der Roma (Zigeuner) in Deutschland und Europa, Reinbek 1979, S. 124. Dieselbe Passage findet sich auch in einer Eingabe Portschys (er war mittlerweile, nach der Auflösung des Burgenlandes, stellvertretender Landeshauptmann der Steiermark) aus dem Jahr 1939 an

Das war eine Forderung nach Sterilisation, wie sie in der Folgezeit häufiger erhoben und schließlich auch praktiziert wurde. Die »starke Vermehrung der Zigeuner« wurde immer wieder als Argument angeführt, und der logische Schluß daraus schien die Unfruchtbarmachung der unerwünschten ethnischen Gruppe zu sein. Auschwitz-Birkenau, wohin ab Anfang 1943 Sinti und Roma aus Deutschland familienweise deportiert wurden, war der Ort, wo dies auf grausame Weise, in Experimenten zur Massensterilisation geschah. Was mit rassenkundlichen »Forschungen« begann, endete im Massenmord.

Und selbst in diesem Zusammenhang wurden »die Zigeuner« wieder Gegenstand von Mythen. Der berüchtigte KZ-Arzt Mengele, dessen »Forschungen« vor allem Zwillingen galten, wird in Berichten Überlebender als einem Zwillingspaar etwa fünfjähriger Jungen besonders zugewandt geschildert; sie seien ständig in seiner Umgebung gewesen, und am Tage der Liquidierung des Zigeunerlagers habe er sie persönlich in das Stammlager bringen wollen, »da sie dort nicht aufgenommen wurden, kehrte er mit ihnen in das Zigeunerlager zurück, erschoß ›seine Lieblinge‹ dann persönlich im Vorraum eines der Krematorien [...]«[27]. Rudolf Höß transportiert in seinem Zigeunerbild die bekannten Stereotype. Im Gegensatz zu »den Juden«, denen er einerseits Attribute wie pflichtmäßiges Verhalten

---

den Chef der Reichskanzlei, Reichsminister Lammers, Nürnberger Dokument NG 845. Vgl. Kenrick und Puxon, Sinti und Roma, S. 79.

[27] Vgl. Berichte von Überlebenden in: Memorial Book. The Gypsies at Auschwitz-Birkenau, ed. by State Museum of Auschwitz-Birkenau in Cooperation with Documentary and Cultural Centre of German Sintis and Roms, München 1993, Vol. II, S. 1534; Tadeusz Szymanski, Danuta Szymanska und Tadeusz Snieszko, Das »Spital« im Zigeuner-Familienlager in Auschwitz-Birkenau, in: Die Auschwitz-Hefte, Hamburg 1994, Bd. 1, S. 199–207, Zit. S. 207.

in ruhiger Geschäftigkeit, andererseits Drückebergerei, unsolidarisches Betragen, Fatalismus attestierte, waren »die Zigeuner« als liebenswerte Wilde gezeichnet, mit großer Anhänglichkeit zur eigenen Sippe, aber ständig in Stammesfehden verwickelt (»das hitzige, streitsüchtige Blut an und für sich«).

In der Diktion des verständnisvollen Zigeunerforschers erinnerte sich Höß: »Obwohl ich in Auschwitz viel Ärger mit ihnen hatte, waren sie mir doch meine liebsten Häftlinge – wenn man das so überhaupt sagen kann. Sie brachten es nicht fertig, längere Zeit bei einer Arbeit zu bleiben. Sie ›zigeunerten‹ zu gerne überall herum. Am begehrtesten war ihnen ein Transportkommando, da kamen sie überall hin, konnten ihre Neugier befriedigen – und hatten Gelegenheit zum Stehlen. Dieser Trieb zum Stehlen und zum Vagabundieren ist ihnen angeboren und nicht auszurotten. Sie haben auch ganz andere moralische Anschauungen. Stehlen bedeutet ihnen absolut nichts Böses. Es ist ihnen unverständlich, daß man dafür bestraft wird. – Ich spreche all dies vom Gros der Inhaftierten, von den wirklichen umherziehenden immer auf ruheloser Wanderschaft befindlichen Zigeunern, auch der Mischlinge, die zigeunerische Personen geworden waren. Nicht von den seßhaft Gewordenen, in den Städten Verbliebenen. Sie hatten schon zuviel von der Zivilisation angenommen, aber leider nicht das Beste.«[28]

Insgesamt fielen dem nationalsozialistischen Terror einige hunderttausend Sinti und Roma zum Opfer.[29] Das Ende des NS-Staats brachte mit dem Ende der Verfolgung aber keineswegs auch das Ende der Diskriminierung, und an

---

[28] Kommandant in Auschwitz, S. 107.
[29] Die Aufarbeitung der Opferzahlen steht noch in den Anfängen. Vgl. Memorial Book.

Entschädigung und Wiedergutmachung dieser Opfer dachte nach 1945 lange Zeit niemand. Den Sinti und Roma fehlte zur Durchsetzung entsprechender Forderungen nicht nur die Interessenvertretung, sonders auch das Verständnis der Öffentlichkeit.

Wurde das Judenbild der Mehrheit in Deutschland nach dem nationalsozialistischen Genozid durch die Opferrolle neu geprägt, so blieb das Zigeunerbild, von unzulänglichen literarischen Versuchen abgesehen, unverändert. Das weitgehend statische Zigeunerbild war im Negativen charakterisiert durch die Vermutung konstitutiver Kriminalität und »asozialen« Verhaltens. Dafür finden sich in der deutschen Nachkriegspublizistik reichlich Belege.

Im Frühjahr 1959 berichtete die Illustrierte ›Stern‹ über einen Aussiedlertransport aus Polen, mit dem 331 »Zigeuner« in Schleswig-Holstein ankamen. Eine dreiseitige Fotoreportage war dem »fahrenden Volk« gewidmet: »Die Zigeuner sind da! Aber sie sind eine unerwünschte und unerwartete Zugabe zu den Aussiedlertransporten, die seit Dezember 1955 im Rahmen einer gemeinsamen Aktion des Deutschen und des Polnischen Roten Kreuzes auf dem Zonengrenzbahnhof Büchen eintreffen.«[30] Zu den Eindrücken des Reporters gehört, daß »die Zigeuner« nur drei Wochen auf ihre Ausreisegenehmigung warten mußten, »die Deutschen« dagegen oft zehnmal so lange. Mit Momentaufnahmen werden die Erwartungen des Lesers bedient: »Katzenschnell will eine der kleinen Mädchengestal-

---

[30] Stern 10/1959: In die Freiheit abgeschoben, zit. nach Michael Schornstheimer, Bombenstimmung und Katzenjammer. Vergangenheitsbewältigung: Quick und Stern in den 50er Jahren, Köln 1989, S. 195 f. (Neuausgabe u. d. T.: Die leuchtenden Augen der Frontsoldaten. Nationalsozialismus und Krieg in den Illustriertenromanen der Nachkriegszeit, Berlin 1995).

ten – die meist schon Mütter mehrerer Kinder sind – unter der Postenkette des Grenzschutzes hindurchwischen. Diese Absperrung ist ihr unheimlich. Sie versucht, einem ungewissen Etwas zu entgehen, vor dem sie der ererbte Instinkt warnt. Dem ganzen Volk ist dieser Instinkt zu eigen, als notwendiges Gegengewicht zu der krassen Außenseiterrolle, die es seit jeher in Europa spielt; einem Volk, dessen einziges Schicksal immer wieder ›Flucht‹ heißt.«

Möglicherweise wurde mit dem Blick in die Zigeunerseele sogar eine gute Absicht verfolgt, allerdings nicht erreicht, wie Leserbriefe beweisen. An den »Nachkriegsgrausamkeiten gegen Deutsche« hätten sich Zigeuner führend beteiligt, schreibt ein Leser, der es »selbst in der Tschechei erlebte und wie es viele Flüchtlingsaussagen beweisen«. Daraus zieht er den Schluß: »Nun helfen die deutschen Behörden zwar den Zigeunern, aber um die Opfer dieses Volkes hat sich bisher noch keine Stelle gekümmert.« Ein anderer Leserbrief schien das Vorurteil kollektiver Kriminalität bei der unerwünschten Volksgruppe zu bestätigen: »Wenige Tage, nachdem die ersten Zigeuner aus dem Lager Büchen in die bundesdeutsche Freiheit entlassen wurden, mußte die Polizei in Altona drei dieser Damen festnehmen, weil sie in einem Gemüsegeschäft einer Hausfrau die Geldbörse mit 120 Mark aus der Tasche gezogen hatten. Human handeln kann teuer sein. Ich fürchte, diese ungebetenen Gäste werden unsere Gerichte und unsere Strafanstalten noch sehr beanspruchen.«[31]

Die Vorurteile wirkten über die Vernichtung der Menschen vom Volk der Roma hinaus.[32] Sie dienten noch lange nach den Morden in Auschwitz auch der nachträglichen

---

[31] Stern 13/1959 (Leserbriefe). Zit. nach Schornstheimer, S. 197.
[32] Vgl. dazu die zitierten Gutachten in Entschädigungsangelegenheiten, in diesem Band, S. 148 f.

Rechtfertigung der Verfolgung. Das Fremdbild vom asozialen, kriminellen, nicht akkulturierbaren Zigeuner erwies sich nicht nur als stabil, es war auch instrumentalisierbar zur Abweisung der Auseinandersetzung mit den Wirkungen – hier der nationalsozialistischen Verfolgung und Vernichtung – eben dieser Vorurteile. Der Zigeunermythos ist deshalb auch ein besonders eindrucksvolles Paradigma der erweiterten Antisemitismusforschung, die sich mit Vorurteilen in Fremdbildern von Minderheiten auseinandersetzt.

9. Wiederbelebter Antisemitismus in Osteuropa

Das Wiederauferstehen der offenen Judenfeindschaft nach dem Ende kommunistischer Herrschaft gehört zu den erstaunlichen Phänomenen im gegenwärtigen Osteuropa. 50 Jahre nach dem Holocaust, 75 Jahre nach dem Sturz der Zarenherrschaft wird in den Staaten der ehemaligen Sowjetunion und ihren Satelliten Antisemitismus im politischen Alltag propagiert und instrumentalisiert, als sei die Zeit stehengeblieben. Unterwanderungsphantasien und Weltverschwörungstheorien, Stereotypisierungen aus religiöser Wurzel und volkstümlicher Überlieferung bis hin zu Ritualmordlegenden und Blutbeschuldigungen sind in Rußland und Polen, in Ungarn und in den Baltenländern, in der Ukraine und in Weißrußland wieder Bestandteil des öffentlichen Diskurses.

Der Erklärung des Phänomens wird man sich möglicherweise mit Hilfe der folgenden drei Fragestellungen annähern können. Es wird erstens zu fragen sein nach den Wurzeln und Traditionen des Antisemitismus in Volkskultur, Religion und Alltagsbewußtsein des jeweiligen Landes. Zweitens interessiert das Schicksal der Juden in der Region, ihre Rolle vor der Etablierung kommunistischer Herrschaft und die Verfolgungsgeschichte unter deutscher Ägide. Die Verdrängungsmechanismen und Bewältigungsstrategien im Umgang mit dem Holocaust sind Indikatoren für das öffentliche Bewußtsein gegenüber Juden ebenso wie gegenüber der eigenen Geschichte. Damit im Zusammenhang steht möglicherweise drittens die Funktion des Antisemitismus bei der Identitätsfindung im nationalen Aufbruch nach dem Ende kommunistischer Herrschaft.

Die kryptomeren Formen des Antisemitismus im Zeichen des Stalinismus (man denke an die Ärzteprozesse in Moskau, den Slansky-Prozeß in Prag, die Säuberungen in Ostberlin zu Beginn der fünfziger Jahre) sind in die Traditionen des osteuropäischen Antisemitismus ebenfalls eingegangen, sie spielen freilich in den aktuellen Ausprägungen keine besondere Rolle. Immerhin wird man im Auge behalten müssen, daß ein latenter Antisemitismus auch vor Perestroika und Glasnost vorhanden war. Die Hypothese liegt jedenfalls nahe, daß alte Traditionen, die in Rußland aus der Zarenzeit oder in Polen aus kirchlich-klerikaler Überlieferung kommen, wiederbelebt worden sind und zusammen mit einer (schwächeren) mittleren Traditionslinie aus kommunistischer Zeit in vielen gegenwärtigen Sinnstiftungsversuchen zusammenfließen. Daß die Judenfeindschaft wegen der schlichten Konstruktion des antisemitischen Vorurteils und wegen seiner praktisch universellen Anwendbarkeit eine besondere Rolle im Prozeß der Identitätsgewinnung in Osteuropa hat, liegt nahe. Alle konkreten Beispiele sprechen dafür.

Die folgenden Überlegungen erheben keineswegs den Anspruch, als systematische Erklärungen oder weitere Interpretationen ausschließende Feststellungen zu gelten. Es handelt sich vielmehr um erste Ordnungsversuche anhand empirischen Materials mit Hilfe einiger Kategorien, die sich in der Antisemitismusforschung auf anderen Untersuchungsfeldern bewährt haben. Antisemitismus dient bei der Selbstdefinition nationaler Mehrheiten in Osteuropa als Leitmotiv. Die Funktion des anti-jüdischen Vorurteils als Katalysator für nationalistische und fundamentalistische politische Strömungen, für ethnischen Egozentrismus und als gemeinsamer Nenner für antiliberale, antikapitalistische, antikommunistische und antiaufklärerische Bewegungen geht weit über die quasi zweckfreie und selbstbezogene Artikulation des Vorbehalts gegenüber einer Minderheit hinaus.

In Ungarn zeigt sich die politische Funktion des Antisemitismus bei der nationalen Identitätsfindung, die immer noch vom Trauma des Vertrags von Trianon bestimmt ist, vielleicht noch deutlicher als in anderen osteuropäischen Staaten. Auch wenn man das Phänomen in Ungarn nur als kulturellen Antisemitismus, als latentes oder kodiertes Vorurteil versteht, so ist seine sowohl ausgrenzende als auch Gemeinschaftsgefühl stiftende Wirkung erheblich. Beim Versuch, eine staatstragende Mittelschicht, die christlich definiert und von magyarischem Volkstum geprägt ist, zu etablieren, spielt der Antisemitismus eine wesentliche Rolle.[1] Die Restituierung des nationalen Selbstgefühls in Ungarn mit Hilfe des Antisemitismus findet man nicht etwa nur in Äußerungen von oppositionellen Nationalisten oder in Pamphleten politischer Sekten, sondern in Reden prominenter Politiker wie Istvan Csurka, dem Gründungsmitglied der Partei Ungarisches Demokratisches Forum (MDF), und auch in Artikeln der regierungsnahen Presse. Die bekannten Metaphern finden sich zum Beispiel in einem Kommentar der ungarischen Wochenzeitschrift ›Ring‹ vom Frühjahr 1992. Die apostrophierte Minderheit ist gar nicht beim Namen genannt, es kann aber kein Zweifel aufkommen, wer gemeint ist: »Die mit dem ausländischen raffenden Kapital verflochtene neureiche kommunistisch-kosmoliberale ökonomisch führende Schicht hat die

---

[1] Gabor Berenyi, Antisemitismus in Ungarn. Vermessung eines kulturellen Phänomens, in: Peter Bettelheim u. a. (Hrsg.), Antisemitismus in Osteuropa. Aspekte einer historischen Kontinuität, Wien 1992, S. 105–114.

Massenmedien, das kulturelle und das künstlerische Leben, die geistige Blutzirkulation der Nation fast ausschließlich in den Händen [...]. Neben ihrer heimtückisch erworbenen wirtschaftlichen Überlegenheit halten sie die Bewußtseinsbildung in ihrem Eigentum, sie wollen sogar unsere Gedanken kolonisieren. Bisher bedienten sie die Weltherrschaftbestrebungen des sich auf Waffen stützenden russischen Reiches, jetzt verkaufen sie das Land der rücksichtslosen kosmopolitischen New Yorker Bankherrschaft, unseren alltäglichen Schweiß.«[2]

In historische Parallele gesetzt, zeigt sich der auf den ersten Blick abstruse Vorwurf eines jüdisch-kommunistischen Bündnisses als gefährliches Konstrukt: Exakt dieser Vorwurf nährte den ungarischen Antisemitismus unter Nikolaus Horthy, der seine Argumente aus dem Trauma der Räterepublik von Béla Kun bezog. (In gleicher Weise ließ sich nach dem Ersten Weltkrieg auch auf dem bayerischen Nährboden für die nationalsozialistische Ideologie die Tatsache verwerten, daß von der November-Revolution unter Kurt Eisner bis zur bayerischen Räterepublik im Frühjahr 1919 Männer jüdischer Herkunft eine Rolle gespielt hatten.) Wir finden den Vorwurf des jüdisch-kommunistischen Bündnisses als Motiv für Verfolgungen der Juden weiterverbreitet, selbstverständlich im Nationalsozialismus, aber etwa auch in Rumänien, wo unter deutscher Vorherrschaft, aber aus ganz eigenem Antrieb, 1941 Pogrome stattfanden und die Juden aus der Bukowina und Bessarabien in Lager jenseits des Dnjestr getrieben wurden, weil man ihnen vorwarf, mit den gerade abgezogenen sowjetischen Okkupationstruppen kollaboriert zu haben.

Die ganze Schuld der Juden hatte indes in ihrer auch

---

[2] Zit. nach Jürgen Elsässer, Antisemitismus in Ungarn, in: antifa 1993 Nr. 4, S. 17.

damals vergeblichen Hoffnung auf Emanzipation unter dem Regime der kommunistischen Ideologie bestanden. Die Verheißung, das Ende der Verfolgung aus ethnischen oder religiösen Motiven sei gekommen, erwies sich in so vielen Ländern Osteuropas als trügerisch, es hatte kaum eine Atempause gegeben, ehe neue und ärgere Verfolgung einsetzte. Der Hintergrund war folgender gewesen: Im Juni 1940 hatte Rumänien nach einem sowjetischen Ultimatum die Nordbukowina und Bessarabien an die Sowjetunion abgetreten, ein Jahr später, nach dem deutschen Überfall auf die Sowjetunion, beteiligte sich Rumänien an der Seite Hitlerdeutschlands am Ostfeldzug und gewann die verlorenen Gebiete zurück, außerdem Teile der südlichen Ukraine zwischen Dnjestr und Bug. In dieses Gebiet »Transnistrien« wurden die Juden der Bukowina und Bessarabiens unter grausamsten Begleitumständen vertrieben. Ihnen galt der Vorwurf der Kollaboration, dafür vegetierten sie in rechtlosem Zustand in Ghettos auf einem Territorium, dessen völkerrechtlicher Status im Ungefähren blieb, beliebiger Willkür preisgegeben, im »vergessenen Holocaust«[3], während die rumänische Regierung den Juden des Binnenlandes bei allem Elend doch das Schicksal der Deportation und Vernichtung ersparte, und zwar in ausdrücklicher Opposition zum Verbündeten in Berlin.

Vor dem historischen Hintergrund muß man auch die programmatische Abhandlung von Istvan Csurka sehen,

---

[3] Vgl. Krista Zach, Rumänien, in: Dimension des Völkermords. Die Zahl der jüdischen Opfer des Nationalsozialismus, hrsg. v. Wolfgang Benz, München 1991, S. 384 (Taschenbuchausgabe München 1996); s. a. Wolf Rosenstock, Die Chronik von Dschurin. Aufzeichnungen aus einem rumänisch-deutschen Lager, in: Dachauer Hefte 5 (1989), S. 40–86; Wolfgang Benz, Der Mord an den Juden der Bukowina, in: Isak Weißglas, Steinbruch am Bug. Bericht einer Deportation nach Transnistrien, hrsg. v. Ernest Wichner u. Herbert Wiesner, Berlin 1995, S. 91–100.

die er 1992 in der Wochenschrift ›Magyar Forum‹ veröffentlichte.[4] Der Publizist Csurka, der als Politiker zwar an
Ansehen und, seit er nur noch als Chef einer rechtsradikalen Splitterpartei agiert, an Einfluß verlor, kämpft gegen die
seiner Meinung nach noch lange nicht überwundene Macht
der kommunistischen Nomenklatura und sieht »die Juden«
als stützenden Pfeiler des kommunistischen Systems. Den
Vorwurf, Antisemit zu sein, weist er weit von sich, obwohl
er »die hegemoniale Macht des ungarischen Judentums«
als Bestandteil des nationalen Übels anprangert: »Es genügt,
die Geschichte von 1945 neu aufzurollen. Damals sah ein
großer Teil der durch die deutsche Besetzung schrecklich
dezimierten nach Ungarn zurückkehrenden, oder aus den
Verstecken sich hervorwagenden ungarischen Juden in der
kommunistischen Partei die einzige Garantie dafür, daß
nicht noch einmal ein dem Jahre 1944 ähnlicher Zustand
sich wiederholen wird, und daß sie ein neues Leben beginnen könnten. Dafür war nicht nur das der Grund, daß jedes Mitglied des die Macht in den Händen haltenden Moskauer Viergespanns Jude war, sondern eher das, daß die
hiesige Linke, das kommunistische Überbleibsel, auch die
materielle Unterstützung des ehemaligen liberalen bürgerlichen Judentums genoß. Sie waren miteinander verwach-
sen.«[5]

Unter János Kádár habe man systematisch die Spuren
des jüdischen Anteils an der kommunistischen Revolution

---

[4] Barbara Schwepcke, Antikommunist aber nicht Antisemit. Wie der
»Rechtsaußen« der ungarischen Politik seine Position verstanden wissen
will, in: Süddeutsche Zeitung 8./9. 4. 1993.

[5] Istvan Csurka, Nehany gondolat a rendszervaltozas Ket esztendeje es az
MDF vj programja Kapcsan [Einige Gedanken zu den vergangenen zwei
Jahren seit der Systemänderung und zum neuen Programm des MDF],
zit. nach der deutschen Übersetzung im Zentrum für Antisemitismusforschung der TU Berlin, S. 23.

verwischt, unter Kádár hätten sich die ungarischen Juden dann heimischer gefühlt als je zuvor, wozu beigetragen habe, daß der überwiegende Teil der nichtjüdischen Mehrheit der Nation die »Judenfrage« einfach vergessen habe. Während Rumänien seine jüdischen Bürger zum Ausverkauf angeboten habe, wanderten aus Ungarn nur verschwindend wenig Menschen nach Israel aus. Budapest und Wien seien, nach Csurka, in »dieser sich selbst überlebten krankhaften Epoche jene beiden Weltstädte« gewesen, »in denen das Wort des Judentums etwas galt, wo es offen oder verdeckt Einfluß hatte, wo es entscheidendes Element sein konnte«[6].

Der Sinn der Beschwörungen Csurkas und der Konstituierung eines jüdischen Problems ergibt sich aus dem Hinweis, auf den seiner Überzeugung nach im Jahre 1995 auslaufenden »Vertrag von Jalta«. Bis dahin gelange das Leben »der in Trianon um uns herumgesiedelten Nachfolgestaaten in andere Rahmen«. Angestrebt scheint also die Revision des Friedensvertrags von Trianon zu Gunsten einer großungarischen Zukunft. Auch verräterische Vokabeln wie »Lebensraum« und »Volkstum« oder »der Jugend müssen große Ziele gestellt werden« deuten darauf hin, daß Antisemitismus instrumentalisiert wird zur nationalistischen Selbstvergewisserung, daß einfache Erklärungen zur Motivation für revisionistische und expansionistische Zielsetzungen verwendet werden. Die angebliche hegemoniale Dominanz des Judentums in Ungarn hindert die erhoffte Entfaltung des Magyarentums und muß daher bekämpft werden.[7] Schuldzuweisung verbindet sich so mit Richtungsanzeige.

Die Auflösung der Sowjetunion war von Erwartungen und Ängsten begleitet, die sich in Formeln wie der »rus-

---

[6] Ebenda, S. 25 f.
[7] Ebenda, S. 79.

sischen Wiedergeburt« und der »Russophobie« dunkler westlicher Mächte kristallisierten. Mit dem Wegfall der kommunistischen Einigungsideologie, die alle Völker zum Sowjetvolk in eine internationalistisch definierte sowjetische Gesamtnation zwang, wurden Erklärungen für den Aufstieg und Zerfall des kommunistischen Imperiums benötigt. Es wäre ein Wunder, hätten die Propagandisten des nationalen Aufbruchs nicht in das Arsenal historischer Mythen gegriffen, aus dem Erklärungsversuche geholt wurden, seit Peter der Große das Russische Reich nach Westen öffnete. Igor Safarevic, renommiert als Gelehrter und als Angehöriger der Bürgerbewegung der sechziger und siebziger Jahre, beschwört die dunklen Mächte des Westens als die Schuldigen am historischen Schicksal Rußlands, das er als Tragödie begreift. Jüdische und freimaurerische Umtriebe werden als Metaphern für Bedrohungsängste eingesetzt – »die Juden« seien eine tödliche Gefahr für Rußland, heißt es im Rückgriff auf antirationale Motive des 19. Jahrhunderts – die Parallele zum deutschen Selbstmitleid der Wilhelminischen Epoche ist deutlich.[8]

Im politischen Alltag der Nachfolgestaaten der Sowjetunion, der gekennzeichnet ist durch sozialen Streß, ökonomische Probleme und ethnische Konflikte, werden die Schuldzuweisungen und Erklärungsmodelle für vergangene und aktuelle Schwierigkeiten noch deutlicher formuliert. So klagte der Vorsitzende des Krasnodarer Gebietssowjet im Kubangebiet im vorderen Kaukasus im Frühjahr 1991, »das Problem der zionistischen Gefahr, dieser realen Bedrohung für das Schicksal des russischen Volkes« werde totgeschwiegen. Wie man früher nichts gegen Stalin sagen durfte, so sei nun der Zionismus tabuisiert. Man brauche

---

[8] Vgl. Dietrich Geyer, Das Ende des Sowjetimperiums. Eine historische Betrachtung, in: Osteuropa 42 (1992), S. 295 ff.

nur die Zusammensetzung der politischen Führung seit 1917 zu analysieren, um zu erkennen, daß zeitweise 70 bis 80 Prozent der Sowjetführer »Vertreter des Zionismus« gewesen seien. Und daran habe sich auch nach dem Ende des kommunistischen Regimes nichts geändert. »Diese antisowjetischen Aufwiegler, die sich jetzt Demokraten nennen und sich die von ihnen selbst geschaffenen Schwierigkeiten zunutze machen, haben sich zum Ziel gesetzt, die Perestroika durch den Aufbau eines uns völlig fremden Systems zu vertauschen, so wie es schon ihre Väter und Großväter getan haben, die den Sozialismus mit dem trotzkistischen Gesellschaftsmodell vertauschten und diskreditierten. Sie haben unsere Wirtschaft und Kultur praktisch schon zersetzt, setzen das Volk einem unerhörten moralischen Terror aus, verstümmeln sein historisches Andenken und seine Zukunft.«[9]

Die alten Mechanismen nationaler Identitätsstiftung und Selbstvergewisserung durch die Ausgrenzung von Minderheiten sehen wir hier wieder in Gang gesetzt; sogar die Argumentation folgt traditionellen Mustern und benutzt Formeln wie »Überfremdung« und »Zersetzung«. »Zionismus« dient als Metapher für ein traditionelles, antirationales, antiintellektuelles und antiwestliches Erklärungsmodell, im Mittelpunkt das russische Volk als leidendes Subjekt, das durch Rückbesinnung auf seine irrationalen Vitalitätskräfte erlöst werden soll. Andere formulierten ihre Heilserwartung, die auf instrumentalisierter Judenfeindschaft basiert, drastischer und aggressiver, bis hin zur Ankündigung von Pogromen. In der Pamjat-Bewegung bildet der Antisemitismus eine wesentliche Komponente der Ideologie. Die Zielsetzung der russisch-orthodoxen Volks-

---

[9] Literaturnaja Gazeta, 5. 6. 1991.

bewegung umfasse »das Erwecken des nationalen und des geistigen Selbstbewußtseins der Russen, die Befreiung der Heimat von der judeosatanistischen Besetzung (judeo-sataninskaja okkupacija)«, schließlich die »Wiedergeburt Rußlands auf der Grundlage seiner nationalen und religiösen Traditionen«[10].

Für den Pamjat-Funktionär K. Smirnov-Ostasvili, der im Herbst 1990 wegen einer Pogrom-Ankündigung von einem Moskauer Gericht zu zwei Jahren Haft verurteilt wurde, gab es keinen Zweifel an der Schuld am russischen Elend: »Uns ist klar, wer an den Ursprüngen des Kommunismus steht, sowohl der kommunistischen Theorie als auch des tatsächlichen Umbruchs. Es war immer ein und dieselbe Nation: Manche nennen sie ›Eingewanderte‹, manche ›Juden‹, ›Hebräer‹ oder einfach nur ›Jidden‹. Wir sind überzeugt, daß an unserem Land, an unserer Urbevölkerung – Russen, Ukrainern, Weißrussen –, fast an jeder Nation Genozid begangen worden ist. Das, was Sie sehen, sind die Reste des russischen Volkes. Außerdem ist der Staat beraubt worden, das Wirtschaftslenkungssystem zerstört, die besten Wirtschaftsführer, Industriellen, Geschäftsleute vernichtet worden. Wir werden das Ganze aufdecken. Wir sind sicher, daß man den Juden die Ausreise verbieten muß und sie vor Gericht gestellt werden müssen.«[11]

Mit den Topoi, die die Argumentation des Pamjat-Führers bestimmen, ist die Bewegung unschwer als eine rechtsradikale zu definieren, nämlich durch ihren aggressiven Nationalismus und Rassismus, die Neigung zu Konspirationstheorien, die Schuldzuweisungen an eine Min-

---

[10] Ebenda.
[11] Zit. in »Solidarisch mit den gesunden patriotischen Kräften . . .«. Gespräch mit einem führenden Funktionär der »Pamjat«-Bewegung in der Sowjetunion, in: Osteuropa 41 (1991), S. A 88–A 94.

derheit und die Bereitschaft zu deren gewaltsamer Ausgrenzung.

Der Antisemitismus beschränkt sich aber nicht auf die Pamjat-Anhänger, wie er ja auch in Westeuropa nicht nur bei Rechtsextremisten vorkommt. Die Wiederbelebung der alten – religiösen, sozialen, kulturellen – Vorurteile gegen Juden kennzeichnet die Situation in den Staaten der ehemaligen Sowjetunion. Ob sich »die Juden« für den Kreuzestod Jesu Christi verantworten müßten, wurde im Frühjahr 1992 in den drei Ländern des Baltikums und in sieben GUS-Staaten bei einer demoskopischen Studie gefragt. Die zustimmenden Antworten bewegten sich zwischen 6 Prozent in Estland und 30 Prozent in Usbekistan. In Kasachstan waren bei der gleichen Umfrage 23 Prozent der Meinung, die Juden übertrieben bei der Darstellung ihrer leidvollen Geschichte gewaltig, in Belorußland wollten gar 54 Prozent nicht an die volle Realität des Holocaust glauben. Daß »die Juden« zuviel Einfluß auf die Weltpolitik hätten, meinten in Moldavien 12 Prozent der Befragten, in Aserbeidschan behaupteten es 42 Prozent.[12]

Wenn die Demoskopen Trends ausmachen, beschreiben sie natürlich nur einen Teil der Wirklichkeit. In der Ukraine, in Weißrußland und in Rußland besteht die Realität des beginnenden nachkommunistischen Zeitalters auch in Friedhofsschändungen, Attacken gegen Denkmäler und Kultstätten und in einer alltäglichen Propagandaflut, die sich in Kampfschriften, Zeitungen und Zeitschriften der Pamjat-Bewegung, neuer »patriotischer« Gruppierungen und nationalistischer Vereinigungen ergießt. In den GUS-Ländern, die im Zeichen nationalen Aufbruchs von ethnischer Unruhe erfüllt sind, haben die traditionellen Stereo-

---

[12] Institute of Jewish Affairs (Hrsg.), Antisemitism World Report 1992, London 1992, S. 60–69.

type gegen die jüdische Minderheit identitätsstiftende Funktion, überdies kanalisieren sie Frustrationen und Aggressionen in überschaubare und gewohnte Bahnen.

Der volkskulturelle Aspekt des antisemitischen Vorurteils ist signifikant in Polen, zugleich bestätigt sich in diesem Land die Vermutung, daß es zu antisemitischen Manifestationen keines nennenswerten jüdischen Bevölkerungsanteiles bedarf. Im christlich-klerikalen Antisemitismus gilt in Verbindung mit polnischem Volksbewußtsein der Jude als Inkarnation des Bösen. Das Bild des Juden ist tradiert als das des Gottesmörders, und er figuriert als Ursache von Naturkatastrophen; der Jude ist die Personifizierung des Bösen und dient als Chiffre für die vermuteten geheimen Antriebskräfte der Weltgeschichte. Während das kommunistische Regime nach zaristischem Vorbild einen latenten Antisemitismus in Reserve hielt, der als kollektives Einverständnis der Mehrheitsgesellschaft diente, ist der aktuelle Antisemitismus jetzt nach Vorkriegsmodellen wiederbelebt worden. »Jude« ist ein pejorativ besetzter Begriff, der in ganz verschiedener Bedeutung eingesetzt werden kann, etwa für jemanden, der unbeliebt ist, oder für jemanden, der sich seltsam benimmt oder durch sonderbare Kleidung auffällt; als Juden werden Prominente bezeichnet, die in der Öffentlichkeit *keine* antisemitischen Manifestationen abgeben. So war der ehemalige Ministerpräsident Tadeusz Mazowiecki ebenso zum Juden erklärt worden, wie Papst Johannes Paul II. des Krypto-Judaismus geziehen wurde.[13]

Der antisemitische Terror der Schwarzhunderter-Bewegung im zaristischen Rußland lebt als Bestandteil kollektiver Erinnerung fort, und die Pogrome der Zarenzeit zu

---

[13] Alina Cala, Antisemitism in Poland Today, in: Patterns of Prejudice 27 (1993), Nr. 1, S. 121–126.

Beginn des Jahrhunderts sind ebenso in die Volkskultur eingegangen wie die ›Protokolle der Weisen von Zion‹. Daß es sich dabei um ein Machwerk der zaristischen Geheimpolizei handelt, um ein antisemitisches Pamphlet, das seit Jahrzehnten als Fälschung entlarvt ist, tut seiner Wirkung als angeblichem dokumentarischem Beweis einer jüdischen Geheimkonferenz, bei der Weltherrschaftspläne auf der Basis von Gewalt, Betrug und List beschlossen wurden, keinen Abbruch. Das Machwerk kursiert wieder weltweit in vielen Übersetzungen, in der Propaganda nationalistischer Gruppen haben die ›Protokolle‹ in ganz Osteuropa eine zentrale Funktion.[14] Die revitalisierte orthodoxe Kirche spielt bei der Verbreitung der traditionellen Vorurteile eine nicht unwesentliche Rolle. So erklärt der Metropolit Johannes in St. Petersburg oft und gern, daß das einzige Ziel der Juden die Weltherrschaft sei, und er stützt sich dabei auf die ›Protokolle‹, die er für »authentisch« hält. Es sind nicht nur obskure Händler, die in Moskaus U-Bahn-Schächten antisemitische Zeitungen feilbieten (etwa 20 Blätter in Moskau und fünf in St. Petersburg suchen ihr Publikum), im Juli 1994 strahlte das Fernsehen in Weißrußland an einem religiösen Feiertag einen Film aus, der einen der legendären »Ritualmorde« zum Gegenstand hatte.[15]

Die Mutter des Vorurteils heißt Unwissenheit. Welche desinformierende Wirkung Propaganda auf Denkstrukturen und Bewußtsein hatte, brachte die empirische Studie an

---

[14] Vgl. Norman Cohn, Die Protokolle der Weisen von Zion. Der Mythos von der jüdischen Weltverschwörung, Berlin 1969; Michael Hagemeister, Sergej Nilus und die »Protokolle der Weisen von Zion«. Überlegungen zur Forschungslage, in: Jahrbuch für Antisemitismusforschung 5 (1996), S. 127–147.

[15] Antisemitism World Report 1995, London 1995, S. 203, 93.

den Tag, die im Oktober 1990 von einem Moskauer Institut für die Sowjetunion durchgeführt wurde. Auf die Frage, was Zionismus bedeute, wußte die Hälfte der Befragten keine Antwort. 22 Prozent hielten Zionismus für eine politische Bestrebung mit dem Ziel jüdischer Weltherrschaft. 8 Prozent meinten, es sei eine Ideologie, um »die israelische Aggression im Nahen Osten« zu rechtfertigen, ebenso viele hielten Zionismus für eine Bewegung mit der Absicht der Wiederbelebung jüdischer Traditionen und Kultur, 3 Prozent glaubten, es handele sich um die Religion des jüdischen Volkes. Eine einigermaßen richtige Anwort wußten 9 Prozent der Befragten.[16]

Welche Position der Antisemitismus in der politischen Auseinandersetzung mit der Vergangenheit und bei der Definition nationaler Identität hat, läßt sich auch an einem Beispiel aus Lettland zeigen.[17] Mitte Juni 1992 gaben politische Organisationen, die dem Lettländischen Republikanischen Nationalrat angehören, eine öffentliche Erklärung ab, die unter eindeutiger Ablehnung des Antisemitismus eine nationale Standortbestimmung versuchte. Es sei klar, heißt es in der Erklärung, daß der Antisemitismus immer die Grundlage von Rußlands Politik und Ideologie gebildet habe. Rußland habe in allen okkupierten Ländern stets Judenfeindschaft verbreitet. Deshalb sei es auch nur möglich gewesen, daß der nationalsozialistische Völkermord vor allem auch auf baltischem Territorium geschehen konnte. Dem Appell an die Letten, die Tatsache des Genozids auf

---

[16] Vgl. Attitudes toward Jews in the Soviet Union. A National Survey. Conducted for the American Jewish Committee by the Soviet Center for Public Opinion and Market Research, Moskau, Oktober 1990.

[17] Vgl. Antje Kuchenbecker, Juden und Judenfeindschaft in Lettland, in: Jahrbuch für Antisemitismusforschung 5 (1996), S. 13–21.

Lettlands Boden und die lettische Mitwirkung daran ohne Einschränkung einzugestehen, folgte die Ankündigung: »Wir werden alles tun, um eine Wiederholung des Genozids und der Judenverfolgung nicht zuzulassen, ebensowenig wie die Ausbreitung des Antisemitismus. Jede Rede, jedes Auftreten, jeden Artikel mit antisemitischem Charakter werden wir als einen Beweis für eine Zusammenarbeit mit dem Spionagedienst des russischen Imperiums werten.«

Hinter dem Versuch, den Antisemitismus als russische Erbsünde darzustellen, steht allerdings auch die Absicht, die historische Schuld der lettischen Judenfeindschaft zu verkleinern. Das wird aus den Reaktionen auf die ›Erklärung‹ noch deutlicher. Wenige Tage nach der Veröffentlichung erschien eine namentlich gezeichnete Erwiderung in einer lettischen Zeitung, die nur als antisemitische Haßorgie charakterisiert werden kann. Der Autor des Artikels, Uldis Freimanis, verstieg sich zu der Behauptung, die Vernichtung der Juden Europas (»das Kappen vertrockneter Äste des Zionismusbaumes«) sei auf Befehl »der Weltmächtigen von Zion« geschehen, »die Hitler für die Exekution hohe Geldsummen zahlten, was ihm die Möglichkeit gab, im Laufe von ein paar Jahren die mächtigste Armee der Welt mit der modernsten Bewaffnung aufzubauen. Um ihren Staat (Israel) zu errichten, beschlossen die Mächtigen von Zion, diesem Ziel jene Juden Europas zu opfern, die wie die Autoren der ›Öffentlichen Erklärung‹ die Traditionen ihrer Vorfahren vergessen und ihre völkischen Merkmale verloren hatten.«

Dem ebenso rassistischen wie abstrusen Artikel fügte die Redaktion einen Kommentar an, in dem sie ihre Distanz zum Verfasser und zu jeder Form von Antisemitismus beteuerte, der aber mit der Frage schloß, man wisse nicht, in wessen Interesse es sei, »noch und noch einmal an die Fra-

ge des Genozids an den Juden zu erinnern und sie herauszustellen, denn Opfer des Genozids sind wir doch alle«.
Die Zeitung habe zwar niemals die Vernichtung der Juden
während des Zweiten Weltkrieges gerechtfertigt: »Aber genauso unannehmbar ist es für uns, daß man dem ganzen
lettischen Volk eine kollektive Schuld zuschreiben will, für
Verbrechen, die zur Zeit der Herrschaft des Nazi- und
Rußlandregimes begangen wurden.«[18]

Der Vergleich mit »revisionistischen« Positionen in
Westeuropa gegenüber dem Völkermord an den Juden liegt
nahe. Das Singuläre am Holocaust, nämlich die systematische, präzise geplante Politik der Ausrottung, wird relati-
viert durch den Hinweis auf eigene Leiden, durch Vergleich
und Aufrechnen mit anderen Menschheitsverbrechen. Als
Ergebnis wird das dem eigenen Volk Widerfahrene gleich-
gesetzt, ohne daß ein kausaler Zusammenhang besteht. So
ist schließlich vom Genozid am russischen, lettischen,
ukrainischen – und so weiter – Volk die Rede. Der zum
Zweck empörter Zurückweisung konstruierte Vorwurf
kollektiver Schuld spielt im Umgang mit dem Holocaust in
Osteuropa neuerdings eine beträchtliche Rolle. Auch in
diesem Sinne haben in Deutschland und Westeuropa längst
verbreitete Denkfiguren Vorbildfunktion.

Mit dem Wegfall der offiziösen, durch »antizionistische« Ideologie motivierten und administrativ exekutierten
Diskriminierung der Juden in der Sowjetunion und in
ihren Satellitenstaaten hat sich der Antisemitismus also
nicht erledigt. Im Gegenteil, angesichts ökonomischer Krisen und des Verlustes gewohnter Strukturen und Orientie-

---

[18] Die »öffentliche Erklärung« erschien am 19. 6. 1992 in der Zeitung
›Lauku Avize‹ (›Land-Zeitung‹), die Entgegnung in ›Pilsonis‹ (›Der
Bürger‹). Für die Vermittlung und Übersetzung der Texte danke ich
Bernhard Press, Berlin.

rungen dient der tradierte volkstümliche Antisemitismus als Verständigungsmittel für die jeweilige Mehrheit in den Territorien der ehemaligen Sowjetunion ebenso wie in Polen oder auf dem Balkan. Die Mobilisierung des einschlägigen Vorurteils hat mindestens die Funktion, von konkreten Problemen und ihren Ursachen abzulenken und simple Erklärungen für komplizierte Sachverhalte zu liefern.

Ein gängiges Muster solcher antisemitischen Argumentation lautet folgendermaßen: »Im Jahre 1917 haben die Weltmächte des Bösen, die sich des jüdischen Bolschewismus als Waffe bedienten, ihren Haß auf das Gute und das Licht gegen Rußland und das Russische Volk als Staatswesen gerichtet und ein totales, blutiges Terrorregime errichtet. Der Genozid am russischen Volke, der auch heute noch in großem Umfang fortgeführt wird, wurde während der 75jährigen Herrschaft der jüdischen Bolschewiki von einer planmäßigen Plünderung der Naturschätze Rußlands und der Massenvernichtung der Natur allerorten begleitet.« So ist es nachzulesen im Programm der Russischen Nationalbewegung, die sich als »antizionistische und antimarxistische politische Organisation des russischen Volkes« versteht und »die Wiedergeburt Rußlands« propagiert.[19]

In die Tradition antisemitischer Argumentationslinien gehört die Unterstellung jüdischer Weltherrschaftspläne ebenso wie der Vorwurf an die Juden, als Durchsetzungsstrategie den Antisemitismus selbst zu instrumentalisieren. Die russische Publizistik der letzten Jahre bietet dazu

---

[19] Vozrozdenije Rossii. Programma Russkogo Nacional'nogo Dvizenija [Die Wiedergeburt Rußlands. Programm der Russischen Nationalbewegung], in: Bytie i Soznanie, Nr. 2/1993, zit. nach Osteuropa 43 (1993), S. A 562.

reichlich Anschauungsmaterial und Belege. In einer Wäscherei will ein Autor, der aus patriotischer Sicht die Gründe für den russischen Antisemitismus darlegt, folgendes vernommen haben: Ein hochgewachsener alter Jude verkündete dort den Umstehenden: »Natürlich muß es uns besser gehen als euch, weil ihr noch auf den Bäumen gesessen habt, als wir schon über die Schrift verfügten! Die Bibel muß man lesen!« Daraus wird der Schluß gezogen: »Gerade die stolze Abgrenzung der Judenheit von den anderen Völkern, das Bestreben, sich im Verhältnis zu den anderen in Gegensatz zu bringen und sich auf eine höhere Stufe zu stellen, haben zu allen Zeiten dem Antisemitismus Nahrung gegeben.«[20]

Von Lenin bis Jelzin sei »alles fest in jüdischer Hand«, behauptet ein Artikel, der in ›Volja Rossii‹ in Jekaterinburg erschienen ist. Als die Weltmacht den Zionisten zu entgleiten begann, hätten sie die Strategie gewechselt: »Heutzutage sind die Radikal-Demokraten das Hauptglied in einer Kette eines neuen gigantischen Experiments, dem wieder einmal Millionen Menschen, vor allem das russische Volk und Rußland, zum Opfer gebracht werden. Sie haben eine globale Beschimpfung der russischen Nation über die Massenmedien in Gang gesetzt, die in unserem Land von den sowjetischen Zionisten durchsetzt sind [...]. Warum haben all diese jüdischen Zionisten fast fünf Jahrzehnte lang mit der UdSSR Geduld gehabt und sind jetzt in Rage geraten? Vor allem deshalb, weil sie die kommunistische Idee und die Perspektive eines bevorstehenden Sieges des Weltkommunismus geblendet hat. Gerade die Weltherrschaft wird vom Zionismus, dem Gesetzesbuch des Juden-

---

[20] A. Ivanov, Jevrejam po zaslugam [Den Juden je nach Verdienst], in: Russkij vestnik, Nr. 30–31/1992, S. 22, zit. nach Osteuropa 43 (1993), S. A 557.

212

tums und des Zionismus, dem Alten Testament und insbesondere vom Talmud angestrebt. [...] Die Idee der Weltherrschaft stand deutlich mit einem Bein im Grab. Der internationale Zionismus schlug Alarm, es mußte etwas geschehen, die Pferde mußten schnell gewechselt werden, da sonst die Hufeisen des alten Pferdes Kommunismus sich abnutzen würden, und es sich weigern könnte, weiterzugehen [...].«[21]

Zur Behauptung, die Juden schändeten aus taktischen Gründen ihre Friedhöfe selbst, ist es nach der Unterstellung der Weltherrschafts-Strategie nicht weit. Folgendes war schon 1991 zu lesen: »Kann man denn die Meinung vieler Menschen einfach übergehen, die meinen, daß die Zionisten selbst (oder ihre Helfershelfer) die jüdischen Friedhöfe mit Hakenkreuzen und schmutzigen Beschimpfungen an die Adresse der Juden besudeln, dann diese Kunsterzeugnisse photographieren, die Photographien in der Presse veröffentlichen und schluchzend die antisemitischen Exzesse in dem einen oder anderen Land beklagen? Sie beweinen schon vorzeitig die Opfer der vermeintlich bevorstehenden jüdischen Pogrome. Dieses öffentliche Schluchzen wird ständig in den Massenmedien, die von den Zionisten selbst kontrolliert werden, zur Schau gestellt. Infolgedessen wird in der Gesellschaft künstlich eine Atmosphäre geschaffen, in der selbst die gerechteste Kritik am Judentum oder einigen konkreten Juden als »antisemitisch« oder sogar als »faschistisch« angesehen wird. Alle diejenigen werden zu Antisemiten gestempelt, deren Äußerungen über die Juden den Juden nicht gefallen. [...] Wenn du das zionisierte Judentum nicht in deinem eigenen Land schalten und walten

---

[21] Valentin Novosel'cev: Doroga v ad. Nacalo revoljucii [Der Weg in die Hölle. Der Anfang der Revolution], in: Volja Russii (Jekaterinburg), Nr. 5/1992, S. 7, zit. nach Osteuropa 43 (1993), S. A 555 f.

läßt, dann überschütten sie dich derartig mit Dreck, daß dich deine eigene Mutter nicht wiedererkennt. Oder aber sie bringen dich um.«[22]

In fundamentaler Schlichtheit wird schließlich das Gespenst des Nationalsozialismus als Vorbild beschworen. Das Bizarre am wiederbelebten Antisemitismus in Osteuropa läßt sich kaum treffender illustrieren als mit folgendem Zitat aus einem Artikel, der die hohe Moral eines Diktators feiert: »Trotz der Verleumdungen, die von den Juden verbreitet werden, führte Adolf Aloisowitsch kein ausschweifendes Leben, hat nicht gestohlen, nicht gelogen, nicht getrunken, nicht geraucht, weder Fleisch noch Fisch gegessen. Adolf Aloisowitsch war ein Vorbild an Bescheidenheit. Hier können wir einfach nicht an der Judenfrage vorbeigehen. Sie war aktuell geworden. In Deutschland gab es schon keinen einzigen Medizinprofessor mehr, der Deutscher war. [...] Von den bedeutenden Schriftstellern war der einzige Deutsche Gerhart Hauptmann [...]. Die übrigen, all die Manns, Brechts, Seghers, Remarques, Feuchtwangers und dergleichen waren Juden. Die Banken, der Handel und die Jurisprudenz befanden sich in den Händen der Juden. Außerdem gab es in Deutschland eine Krise [...] die jüdischen Banken hatten die deutsche Industrie erobert. Zudem hatten die Deutschen das Bild des durch die Juden zerstörten Rußlands vor sich. Das Volk erhob sich und brachte 1933 Adolf Aloisowitsch Hitler an die Macht.«[23]

Das Bedauern darüber, daß das »wunderbare Buch« von

---

[22] B. M. Simanov, Kommentarij [Kommentar], in: Neprjadva, Nr. 19/1991, S. 85, zit. ebenda, S. A 557 f.

[23] I. Slang-Kobracher, Hitler – Celovek vysokoj morali [Hitler – ein Mensch von hoher Moral], in: Russkoe voskresenie, Nr. 7/1992, S. 3, zit. ebenda, S. A 559 f.

»Adolf Aloisowitsch« in Rußland nicht erhältlich und verboten sei, ist inzwischen gegenstandslos. ›Mein Kampf‹ zirkuliert längst auch in einer russischen Übersetzung.

Unter den neuen politischen Gruppierungen, die vom Nationalismus bis zum Rechtsextremismus hitlerfaschistischer Observanz reichen, die die Wiedergeburt Rußlands aus der Kraft der Seele und durch Ausgrenzung »nichtrussischer« Elemente propagieren, grassieren antisemitische Ideologieversatzstücke. Das Programm der »Russischen Partei« besteht im »Ziel der Wiedergeburt des Russischen Staates und der Befreiung des Russischen Volkes vom zionistischen Joch und erniedrigender Armut«. Unter dem Rubrum »Die jüdische Frage« ist dort, nach bekanntem Muster, ein Siebenpunkte-Katalog von Schuldzuweisungen und politischen Postulaten zu finden, der in geradezu klassischer Weise die Topoi politischer und sozialer Judenfeindschaft bündelt.

Gefordert wird: »1. Die Unterstützung der Repatriierung der Juden aus Rußland entsprechend ihrer freien Willensäußerung. 2. Anerkenntnis der Schuld des Zionismus an der verbrecherischen Machtergreifung während der Oktoberrevolution 1917 und der Okkupation Rußlands durch die Zionisten. 3. Anerkenntnis der Schuld des Zionismus an der Entfesselung des Roten Terrors, des Bürgerkriegs und am Genozid des russischen Volkes. 4. Anerkenntnis der Schuld des Zionismus an der Ausplünderung des russischen Volkes, am Ruin Rußlands und der erniedrigenden Verelendung der Russen durch das zionistische Joch. 5. Anerkenntnis der Schuld des Zionismus an der Schaffung einer zionistischen Wirtschaft, bei der im Interesse der Zionisten ein Defizit der Grundwaren künstlich aufrechterhalten wird und die Russen gezwungen werden, in leeren Geschäften nach dem Notwendigsten in erniedrigenden Schlangen anzustehen. 6. Die Abhaltung einer öffentlichen

Gerichtssitzung über den Zionismus. 7. Die Deportation der Zionisten aus Rußland.«[24]

Das ist nichts anderes als die Gebrauchsanweisung zur Judenverfolgung; sie ist zusammengefügt aus der alten Sündenbock-Theorie, die eine Minderheit für beliebige Mißstände schuldig spricht, obwohl sie nichts mit den angeprangerten Nöten und Problemen ursächlich zu tun hat, aus Heilserwartungen und Erlösungsversprechen, die sich auf Schuldvorwürfe gründen, aus Feindbildern, die unter Verleugnung der Realität Gemeinschaft und Selbstgefühl stiften.

Daß Juden auf Flucht aus Rußland und den anderen Nachfolgestaaten der Sowjetunion sinnen[25], liegt nahe, denn rationale Argumente haben erfahrungsgemäß gegen die aus Vorurteilen und Feindbildern gespeisten Wahnvorstellungen keine Wirkung, und jede Verschlechterung der ökonomischen Situation vergrößert die Gefahr.

Der wiederbelebte Antisemitismus in Osteuropa hat viele Funktionen. Die Juden werden als Verursacher der kommunistischen Revolution wie als Agenten des Kapitalismus denunziert. Sie sind angeblich schuld an der ökonomischen Misere und an sozialen Mißständen. Vorbehalte gegen Modernisierung, gegen Demokratisierung und Liberalisierung werden auf »die Juden« projiziert, und traditionelle atavistische Ressentiments dienen bei nationalen Selbstdefinitions-Bemühungen als Katalysator. Das Unbehagen über den Holocaust, über den eigenen Anteil am Völker-

---

[24] Russkie Vedomosti, Nr. 6/1992, zit. nach Osteuropa 43 (1993), S. A 561f.

[25] Vgl. David Aptekman, Jewish Emigration from the USSR, 1990–1992: Trends and Motivations, in: Yisrael Elliot Cohen und Michael Beizer (Hrsg.), Jews in Eastern Europe, Centre for Research and Documentation of East European Jewry, The Hebrew University of Jerusalem 1993, S. 15–33.

mord spielt in einigen Ländern eine besondere Rolle. *Wir* kennen seit langem den Mechanismus der Abwehr und des Verdrängens aus Schuld und Scham. In Lettland und in der Ukraine, in Litauen und Polen muß der Umgang mit solchen entsetzlichen Elementen der eigenen Geschichte vielfach erst geübt werden.[26] Möglicherweise bleibt es auch bei der Weigerung, sich mit dem jüdischen Schicksal auseinanderzusetzen, auf jeden Fall bildet der Antisemitismus in Osteuropa ein Bedrohungspotential, und, wegen des symptomatischen Charakters dieses Vorurteils, vor dem Hintergrund der Kultivierung des Irrationalismus nicht nur für Juden.

---

[26] Vgl. Margers Vestermanis, Der Holocaust im öffentlichen Bewußtsein Lettlands, in: Jahrbuch für Antisemitismusforschung 5 (1996), S. 35–45.

Nachweise

Fremdenfeindlichkeit als Vorurteil und politische Aggression erschien zuerst in den Mitteilungen des Deutschen Germanistenverbandes, März 1995.

Vorurteil und Erinnerung. Der Krieg gegen die Sowjetunion im Bewußtsein der Deutschen wurde als Vortrag im Rahmen der Ausstellung »Der Krieg gegen die Sowjetunion 1941–1945« konzipiert und gedruckt im Sammelband: Erobern und Vernichten. Der Krieg gegen die Sowjetunion 1941–1945, hrsg. von Peter Jahn und Reinhard Rürup, Berlin 1991 (Argon Verlag). Die vorliegende Fassung ist stark überarbeitet.

Flucht und Vertreibung. Zur politischen Instrumentalisierung von Feindbildern ist in einer erheblich kürzeren Version in der Frankfurter Allgemeinen Zeitung vom 6. 4. 1996 erschienen.

Die Bundesrepublik im Kalten Krieg beruht auf einem Beitrag, der veröffentlicht wurde im Katalog zur Ausstellung des Deutschen Historischen Museums: Deutschland im Kalten Krieg 1945 bis 1963, Berlin 1992 (Argon Verlag).

Von der »Judenfrage« zur »Endlösung«. Zur Geschichte mörderischer Begriffe wurde veröffentlicht im Sammelband: Täter-Opfer-Folgen. Der Holocaust in Geschichte und Gegenwart, hrsg. von Heiner Lichtenstein und Otto R. Romberg, Bonn 1995 (Bundeszentrale f. politische Bildung) und zuvor in der Zeitschrift Tribüne, Heft 132/1994.

Die Aktualität des Vorurteils. Antisemitische Stereotype in Deutschland basiert auf einem Beitrag zum Katalog der Ausstellung des Jüdischen Museums der Stadt Wien »Die Macht der Bilder. Antisemitische Vorurteile und Mythen«, Wien 1995 (Picus Verlag).

Vorurteil und Realität. Das Lager Marzahn: Nationalsozialistische Verfolgung der Sinti und Roma und ihre anhaltende Diskriminierung erschien in der Festschrift für Wolfgang Scheffler: Die Normalität des Verbrechens. Bilanz und Perspektiven der Forschung zu den nationalsozialistischen Gewaltverbrechen, hrsg. von Helge Grabitz, Klaus Bästlein und Johannes Tuchel, Berlin 1994 (Edition Hentrich).

Mythos und Vorurteil. Zum modernen Fremdbild des »Zigeuners«, Erstveröffentlichung, basierend auf einem Vortrag auf dem Evangelischen Kirchentag 1993 in München.

Wiederbelebter Antisemitismus in Osteuropa, erweiterter und überarbeiteter Text, der bei der Ringvorlesung des Osteuropa-Instituts der FU Berlin im Wintersemester 1993/94 vorgetragen und dann publiziert wurde in: Juden und Antisemitismus im östlichen Europa, hrsg. von Mariana Hausleitner und Monika Katz, Berlin 1995 (Osteuropa-Institut der Freien Universität).

Gegen das Vergessen – Taschenbücher über das Dritte Reich

Anatomie
des SS-Staates
Von Hans Buchheim, Martin Broszat,
Hans-Adolf Jacobsen, Helmut Krausnick

dtv wissenschaft

Hans Buchheim/
MartinBroszat/Hans-
Adolf Jacobsen/
Helmut Krausnick:
**Anatomie des
SS-Staates**
dtv 4637

Martin Broszat:
Der Staat Hitlers
dtv 4009
Nach Hitler
dtv 4474

Karl Dietrich
Erdmann:
**Deutschland unter
der Herrschaft des
Nationalsozialismus**
dtv 4220
**Der Zweite
Weltkrieg**
dtv 4221
**Das Ende des
Reiches und die
Entstehung der
Republik Öster-
reich, der Bundes-
republik Deutsch-
land und der DDR**
dtv 4222

Lothar Gruchmann:
**Der Zweite
Weltkrieg**
dtv 4010

**Hitlers Macht-
ergreifung 1933**
Hrsg. v. Josef und
Ruth Becker
dtv 2938

Rudolf Höß:
**Kommandant in
Auschwitz**
Autobiographische
Aufzeichnungen
dtv 2908

Ian Kershaw:
Hitlers Macht
dtv 4582

Kurt Meier:
**Kreuz und
Hakenkreuz**
Die evangelische
Kirche im Dritten
Reich
dtv 4590

**Die Rückseite des
Hakenkreuzes**
Absonderliches aus
den Akten des
Dritten Reiches
Hrsg. v. Beatrice und
Helmut Heiber
dtv 2967

Bernd Rüthers:
Entartetes Recht
dtv 4630

**Legenden, Lügen,
Vorurteile**
Ein Wörterbuch
zur Zeitgeschichte
Hrsg. v. Wolfgang
Benz
dtv 3295

Die Dachauer Hefte

Heft 1: **Die
Befreiung**
dtv 4606
Heft 2: **Sklaven-
arbeit im KZ**
dtv 4607
Heft 3: **Frauen.
Verfolgung und
Widerstand**
dtv 4608
Heft 4: **Medizin im
NS-Staat**
dtv 4609
Heft 5: **Die verges-
senen Lager**
dtv 4634
Heft 6: **Erinnern
oder Verweigern**
dtv 4635

Deutsche Geschichte der neuesten Zeit
vom 19. Jahrhundert bis zur Gegenwart

Originalausgaben, herausgegeben von Martin Broszat, Wolfgang Benz und Hermann Graml in Verbindung mit dem Institut für Zeitgeschichte, München

Deutsche Geschichte der neuesten Zeit

Peter Burg:
Der Wiener Kongreß
Der Deutsche Bund im europäischen Staatensystem

dtv

Peter Burg:
Der Wiener Kongreß
Der Deutsche Bund
im europäischen
Staatensystem
dtv 4501

Wolfgang Hardtwig:
Vormärz
Der monarchische Staat
und das Bürgertum
dtv 4502

Hagen Schulze:
**Der Weg zum
Nationalstaat**
Soziale Kräfte und
nationale Bewegung
dtv 4503

Michael Stürmer:
Die Reichsgründung
Deutscher National-
staat und europäisches
Gleichgewicht im
Zeitalter Bismarcks
dtv 4504

Wilfried Loth:
Das Kaiserreich
Liberalismus, Feuda-
lismus, Militärstaat
dtv 4505 (i. Vorb.)

Richard H. Tilly:
**Vom Zollverein zum
Industriestaat**
Die wirtschaftlich-
soziale Entwicklung
Deutschlands 1834 bis
1914
dtv 4506

Helga Grebing:
Arbeiterbewegung
Sozialer Protest und
kollektive Interessen-
vertretung bis 1914
dtv 4507

Hermann Glaser:
**Bildungsbürgertum
und Nationalismus**
Politik und Kultur
im Wilhelminischen
Deutschland
dtv 4508

Michael Fröhlich:
Imperialismus
Deutsche Kolonial- und
Weltpolitik 1880 – 1914
dtv 4509

Gunther Mai:
**Das Ende des
Kaiserreichs**
Politik und Kriegführung
im Ersten Weltkrieg
dtv 4510

Deutsche Geschichte
der neuesten Zeit

Klaus Schönhoven:
Reformismus
und Radikalismus
Gespaltene Arbeiterbewegung
im Weimarer Sozialstaat

dtv

Klaus Schönhoven:
**Reformismus und
Radikalismus**
Gespaltene Arbeiter-
bewegung im Weimarer
Sozialstaat
dtv 4511

Horst Möller:
Weimar
Die unvollendete
Demokratie
dtv 4512

Peter Krüger:
Versailles
Deutsche Außenpolitik
zwischen Revisionismus
und Friedenssicherung
dtv 4513

Corona Hepp:
Avantgarde
Moderne Kunst,
Kulturkritik und
Reformbewegungen
nach der Jahrhundert-
wende
dtv 4514

Deutsche Geschichte der neuesten Zeit

vom 19. Jahrhundert bis zur Gegenwart

Fritz Blaich:
Der Schwarze Freitag
Inflation und
Wirtschaftskrise
dtv 4515

Martin Broszat:
Die Machtergreifung
Der Aufstieg der NSDAP
und die Zerstörung der
Weimarer Republik
dtv 4516

Norbert Frei:
Der Führerstaat
Nationalsozialistische
Herrschaft 1933 bis 1945
dtv 4517

Bernd-Jürgen Wendt:
Großdeutschland
Außenpolitik und
Kriegsvorbereitung des
Hitler-Regimes
dtv 4518

Hermann Graml:
Reichskristallnacht
Antisemitismus und
Judenverfolgung
im Dritten Reich
dtv 4519

Hartmut Mehringer:
**Emigration und
Widerstand**
Das NS-Regime
und seine Gegner
dtv 4520 (i. Vorb.)

Lothar Gruchmann:
Totaler Krieg
Vom Blitzkrieg zur
bedingungslosen
Kapitulation
dtv 4521

Wolfgang Benz:
Potsdam 1945
Besatzungsherrschaft
und Neuaufbau
dtv 4522

Wolfgang Benz:
**Die Gründung der
Bundesrepublik**
dtv 4523

Dietrich Staritz:
**Die Gründung
der DDR**
Von der sowjetischen
Besatzungsherrschaft
zum sozialistischen
Staat. dtv 4524

Kurt Sontheimer:
Die Adenauer-Ära
Grundlegung der
Bundesrepublik
dtv 4525

Manfred Rexin:
**Die Deutsche
Demokratische
Republik**
dtv 4526 (i. Vorb.)

Ludolf Herbst:
Option für den Westen
Vom Marshallplan bis
zum deutsch-französi-
schen Vertrag
dtv 4527

Peter Bender:
Neue Ostpolitik
Vom Mauerbau bis zum
Moskauer Vertrag
dtv 4528

Thomas Ellwein:
Krisen und Reformen
Die Bundesrepublik seit
den sechziger Jahren
dtv 4529

Helga Haftendorn:
**Sicherheit und
Stabilität**
Außenbeziehungen
der Bundesrepublik
zwischen Ölkrise
und NATO-Doppel-
beschluß
dtv 4530

Deutsche Geschichte
der neuesten Zeit

Ludolf Herbst:
Option für den Westen
Vom Marshallplan bis zum
deutsch-französischen Vertrag

dtv

Deutsche Geschichte
der neuesten Zeit

Martin Broszat:
Die Machtergreifung
Der Aufstieg der NSDAP und die
Zerstörung der Weimarer Republik

dtv

Gesellschaft
Politik
Wirtschaft

Christoph
Buchheim:
**Industrielle
Revolutionen**
dtv 4622

Ralf Dahrendorf:
**Der moderne
soziale Konflikt**
dtv 4628

Gilberto Freyre:
**Das Land in der
Stadt**
Die Entwicklung
Brasiliens
dtv/Klett-Cotta
4537

Erich Fromm:
**Arbeiter und
Angestellte am
Vorabend des
Dritten Reiches**
dtv 4409

Ernest Gellner:
**Der Islam als Gesell-
schaftsordnung**
dtv 4588

Bronislaw Geremek:
**Geschichte der
Armut**
dtv 4558

Gerd Hardach:
Der Marshall-Plan
Auslandshilfe und
Wiederaufbau in
Westdeutschland
1948-1952
dtv 4636

Indianische Realität
Nordamerikanische
Indianer in der
Gegenwart
Herausgegeben von
Wolfgang Lindig
dtv 4614

**Klassische Texte
der Staatsphilo-
sophie**
Herausgegeben von
Norbert Hoerster
dtv 4455

Hans van der Loo/
Willem van Reijen:
Modernisierung
Projekt und Paradox
dtv 4573

Herbert Marcuse:
**Der eindimen-
sionale Mensch**
Studien zur Ideologie
der fortgeschrittenen
Industriegesellschaft
dtv 4623

Peter Cornelius
Mayer-Tasch:
**Politische Theorie
des Verfassungs-
staates**
dtv 4557

Jörg P. Müller:
**Demokratische
Gerechtigkeit**
dtv 4610

Oskar Weggel:
Die Asiaten
dtv 4629